DURCH STARTEN
FRANZÖSISCH

1

COACHINGBUCH

Verfasserin: Beatrix Rosenthaler

Mitarbeiterinnen: Christa Breiter, Véronique Chartier-Tchoumta

Diesem Buch ist ein Lösungsheft zu den Übungen beigelegt.

Entspricht der Rechtschreibreform 2006

Bibliografische Information der Deutschen Bibliothek:
Die Deutsche Bibliothek verzeichnet diese Publikation in der
Deutschen Nationalbibliografie; detaillierte bibliografische Daten
sind im Internet über http://dnb.ddb.de abrufbar.

VERITAS-VERLAG, Linz
www.durchstarten.at
Alle Rechte vorbehalten,
insbesondere das Recht der Verbreitung
(*auch durch Film, Fernsehen, Internet,
fotomechanische Wiedergabe, Bild-,
Ton- und Datenträger jeder Art*) oder
der auszugsweise Nachdruck

Lektorat: Klaus Kopinitsch
Grafische Gestaltung: Gottfried Moritz
Illustrationen: Helmut »Dino« Breneis
Satz: Anton Froschauer
Herstellung: Kathrin Schager

Auf umweltfreundlichem Papier gedruckt bei:
siehe https://produkt.veritas.at/16427#additional

5. Auflage 2020   ISBN 978-3-7058-7560-9

VER▮TAS
Gemeinsam besser lernen

Inhalt

Salut!

„Heutzutage ist es besonders wichtig …" – **Stopp!**

Du weißt selbst, dass **Fremdsprachenkenntnisse vorteilhaft** sind – immer und überall. „Warum" du zB Französisch lernen sollst, muss dir (meist) keiner erklären.

Daher bleiben folgende Bereiche, die beim Erlernen einer Fremdsprache wichtig sind, offen:

- **die Erklärungen der Regeln,**
- **das Üben,**
- **die „Anwendung im Leben".**

Normalerweise deckt die **Schule** das **Erklären** und das **Üben** ab – jedoch nicht immer mit dem erwünschten (und geforderten!) Erfolg.

Oft entstehen Probleme dadurch, dass das **theoretische Wissen** um Regeln nicht so lange geübt bzw. praktisch angewandt wird, bis es in eine sogenannte **„unbewusste Kompetenz"** übergeht – in jenen **Zustand**, in dem man **nicht nachdenken muss**, um etwas zu tun. In dem man **„ganz automatisch"** weiß, was man wissen soll. (Oder musst du noch nachdenken, was „ich" auf Französisch heißt?)

Hier kommt **DURCHSTARTEN FRANZÖSISCH** ins Spiel.

Dieses Buch bietet dir einerseits die Möglichkeit, die nötigen **Sprachregeln, die übersichtlich und verständlich** präsentiert werden, zu **wiederholen** oder (neu) **zu begreifen**, und andererseits **die Regeln in zahlreichen Übungen anzuwenden** – damit dein Wissen automatisiert wird.

Früher glaubte man, dass beim Lernen ein „großer Mensch" Wissen durch einen Trichter in das Gehirn eines kleinen Menschen schüttet. Und dass der dadurch gescheiter wird, wenn er nur brav aufpasst.

In Wirklichkeit ist das aber nicht so. **Willst** du etwas lernen, so **nimmt** dein Gehirn aktiv **die Informationen auf, verarbeitet sie, bearbeitet sie, vergleicht** sie mit schon Vorhandenem, **baut** sie in Bestehendes **ein, findet Unterschiede** und stellt **neue Verbindungen** her.

Da die meisten Benützerinnen und Benützer des Buches wahrscheinlich auf Deutsch denken, wird immer wieder darauf hingewiesen, welche **Regeln im Deutschen** gelten: **Gleichheiten zu finden** und **Unterschiede festzustellen** ist ein **erster und wichtiger Schritt in Richtung leichteres Verstehen** und **Lernen!**

Bevor es aber so richtig losgeht, noch einige **Hinweise zur Verwendung von DURCHSTARTEN FRANZÖSISCH:**

Das **Inhaltsverzeichnis** sagt dir, worum es in den einzelnen Kapiteln des Buches geht. Es ist detailliert und die Kapitel sind durchnummeriert.

Die Übungen beinhalten meist den **Wortschatz von Alltagssituationen**, was dir ermöglicht, diesen zu festigen und gleichzeitig Dialoge und kurze Texte zu üben bzw. „ins Gefühl" zu bekommen. (Ein **Vokabelverzeichnis** im Lösungsheft hilft dir dabei!)

Die **„Tests" ab Seite 128** kombinieren die Inhalte mehrerer Kapitel. Sie beinhalten im Schwierigkeitsgrad das, was du im ersten Lernjahr beherrschen musst, wenn du für das zweite Lernjahr gewappnet sein willst.

Du findest **bei den Übungen** immer wieder **Übersetzungen vom Deutschen ins Französische**. Sie sind **wichtig**, weil du normalerweise, wenn du **freie Texte** schreibst, **vom Deutschen ausgehst**. Das heißt, **du** selbst denkst dir die Sätze aus, die du **übersetzen musst!**

Und da es das **Ziel jedes Fremdsprachenunterrichts** ist, dich zu einem **freien Sprecher/ einer freien Sprecherin zu machen** (und nicht nur zu einem Lückenfüller!), wage die Übersetzungen! Sie zeigen viel besser, wo es noch **Fehler** gibt. Was nur bedeutet, **dass noch etwas „fehlt"**. Und wenn **du weißt, was fehlt**, kannst du es ja „wieder holen" ...

Die **Hörtexte** und die dazugehörigen **Hörübungen** ab Seite 140 trainieren dein Hörverständnis.

Und damit du schnell findest, wonach du suchst, zeigt dir ein **Stichwortverzeichnis** am Ende des Buches in alphabetischer Reihenfolge alle wichtigen Stichwörter mit Seitenangabe.

Wie schon erwähnt, gibt es auch ein **Lösungsheft**. Verwende es zum **Vergleichen** und **Verbessern** deiner Antworten – aber erst, wenn du die Übungen erledigt hast! Sich selbst zu beschwindeln, ist unsinnig.

Im Lösungsheft wirst du stellenweise übrigens auch **Erklärungs-Hinweise** zu den einzelnen Lösungen finden bzw. Hinweise darauf, was dir noch **„fehlt"** ...

Du entscheidest natürlich selbst, wie du mit dem Buch arbeitest. Sinnvoll ist es wahrscheinlich, sich mit den Kapiteln zu beschäftigen, die du gerade vertiefen willst (oder musst). Insgesamt ist es jedoch unerlässlich zu wissen, dass **Lernen ohne Konzentration** wie **Autofahren ohne Benzin** ist: Es funktioniert nicht und ist reine Zeitverschwendung!

Womit wir schon bei einem **Lerntipp** wären: Du wirst einige wesentliche **Lerntipps** ab Seite 149 finden. Diese Lerntipps basieren **„auf den Erkenntnissen der Wirksamkeit"** – sie sind getestet und für erfolgreich befunden worden. **Das Lernen zu lernen** ist eine **Grundvoraussetzung**, die Ärger und Kummer erspart und dafür **sicheren Erfolg** und **mehr Freizeit** bringt!

In diesem Sinne: Los geht's!

<table>
<tr><td>1. KAPITEL</td><td><h1>DAS NOMEN (HAUPTWORT) UND SEINE BEGLEITER</h1></td></tr>
</table>

ERKLÄRUNG

Das Nomen – *le nom*

Während es im Deutschen bekanntlich drei Geschlechter gibt, sind im Französischen die Nomen entweder männlich (*masculin*) oder weiblich (*féminin*).

Leider haben die Wörter teilweise andere Geschlechter als im Deutschen.

Während bei uns „Tisch" männlich ist, ist „er" im Französischen weiblich, was durch unterschiedliche Wortwurzeln erklärt werden kann: „Der Tisch" leitet sich ab vom lateinischen (männlichen) „discus", während *la table* aus dem weiblichen „tabula" entstanden ist.

> **Der Artikel ist unbedingt mitzulernen**! Das Geschlecht ist Ausgangspunkt für zahlreiche andere Regeln, die du sonst nicht einhalten kannst!
>
> Damit die **„Verarbeitungstiefe"** beim Lernen der Wörter steigt, markiere alle **weiblichen Nomen** von vornherein **rot**.
>
> Außerdem kannst du sie bildlich in Gedanken mit einem Wort verbinden, von dem du das Geschlecht sicher kennst: etwa mit dem Wort **Mutter** oder **Großmutter** oder **Schwester** oder **Tante** etc.
>
> ZB *la table*: Dazu stellst du dir vor, wie deine Großmutter versucht, einen riesigen Holztisch allein ins Freie zu tragen … Wenn du dann in der Erinnerung die Großmutter mit dem Tisch siehst, weißt du, dass „er" weiblich ist …

1 MASKULINUM UND FEMININUM BEI PERSONEN

Bei den Personen entspricht das Geschlecht des Wortes dem natürlichen Geschlecht:
le père, la mère, le frère, la sœur.

- Bei Personenbezeichnungen, die beide Geschlechter haben können, bildet man das Femininum im Allgemeinen mit **-e**:

  un étudiant, un ami ▶ *une étudian**te**, une am**ie***

- Endet das männliche Wort mit **-e**, ändert sich nur der Artikel:

  un journaliste, un secrétaire ▶ ***une** journaliste, **une** secrétaire*

- Manchmal gibt es aber auch mehr Veränderungen:

-(i)en/-(i)enne	▶	*un musicien*	▶	*une musicie**nne***
-(i)er/-(i)ère	▶	*un cuisinier*	▶	*une cuisin**ière***
-eur/-euse	▶	*un coiffeur*	▶	*une coiff**euse***
-teur/-trice	▶	*un acteur*	▶	*une ac**trice***

■ Bei manchen Wörtern gab es bis vor kurzem keine eigene weibliche Form, nicht einmal durch den Artikel:

*Jean est un bon **professeur**. Isabelle est aussi un bon **professeur**.*
*Ma mère est un **médecin connu**, mon père, lui aussi, il est **médecin**.*

2 MASKULINUM UND FEMININUM BEI DINGEN

Im Wesentlichen muss man das Geschlecht des Nomens mitlernen, obgleich manche **Endungen Hinweise** geben können:

■ **masculin:** *-age* ▶ *le from**age**, le gar**age**, le mess**age***
(aber: *la plage, la page, l'image*)

-ment ▶ *le gouverne**ment**, le médica**ment***
-eau ▶ *le bur**eau**, le cout**eau***
-isme ▶ *le réal**isme**, le romant**isme***

■ **féminin:** *-tion/-sion* ▶ *la na**tion**, la traduc**tion**, la télévi**sion**, la déci**sion***
-té ▶ *la liber**té**, la beau**té**, la socié**té***
(aber: *l'été, le pâté*)

-ette ▶ *la bicycl**ette**, la cigar**ette***
-ance/-ence ▶ *la connaiss**ance**, la différ**ence***
-ure ▶ *la cult**ure**, la nourrit**ure**, la nat**ure***
-ode/-ade/-ude ▶ *la méth**ode**, la sal**ade**, la certit**ude***

 Achtung: männlich!
le groupe, le modèle, le problème, le programme, le rôle, le beurre, le chômage

Achtung: weiblich!
la couleur, la douleur, la fleur, la peur, la fin

1 ÜBUNG

***Un* oder *une*? Setze ein und kennzeichne die weiblichen Wörter rot!**

1. ...... garçon, ... actrice, ... amie, ... chanteuse, ... docteur

2. ...... groupe, ... société, ... musicien, ... gouvernement, ... culture

3. ...... beurre, ... pain, ... baguette, ... dîner, ... jambon, ... lait

4. ...... fourchette, ... assiette, ... couteau, ... table, ... chaise

5. ...... bateau, ... voiture, ... voyage, ... train, ... vélo, ... avion

6. ...... image, ... émotion, ... couleur, ... problème, ... situation

7. ...... traduction, ... médicament, ... cœur, ... vérité, ... message

8. ...... montre, ... affiche, ... armoire, ... porte, ... fenêtre

Vervollständige die Sätze.

exemple: L'acteur s'appelle Jean, ▶ *...l'actrice... s'appelle Jeanne.*

1. Monsieur Paul est avocat, sa femme est ... aussi.
2. Elle devient architecte, lui aussi, il devient ...
3. Mon père est ouvrier, sa sœur est ... aussi.
4. La voisine est médecin, son mari est aussi ...
5. Sa tante est technicienne, son oncle est ... depuis longtemps.
6. J'habite à côté d'un coiffeur, mon frère habite à côté d'une ...
7. Le boulanger se lève tôt, sa femme, la ..., se lève tôt aussi.
8. Ma fille est enseignante, mon fils est ...
9. Rodrigue est cuisinier, sa sœur est ...
10. Jean est un homme, Jeanne est une ...

3 PLURAL

A Zur Kennzeichnung des Plurals wird meist ein **-s** an das Nomen gehängt:
*un homme – deux homme**s**, une femme – deux femme**s***

B **Sonderfälle** (Natürlich gibt es auch bei den Sonderfällen wieder Sonderfälle. Aber die lassen wir hier vorerst einmal beiseite!)

- ■ Endet die **Singularform auf -s, -x** oder **-z**, sieht **auch die Pluralform** so aus:
  *un **cas** – deux **cas**, un **gaz** – deux **gaz***

- ■ Hat die Form im Singular **-al** oder **-au**, so steht im Plural **-aux**:
  *un journ**al** – deux journ**aux**, un table**au** – deux table**aux***

- ■ Enden die Formen im Singular mit **-eu**, so wird im Plural jeweils ein **-x** angehängt: **-eux**
  *un j**eu** – deux j**eux***

Setze die folgenden Nomen in den Plural.

1. le jeu	8. la question	15. le cas
2. le marché	9. l'hôpital	16. le pays
3. le cheval	10. le jus	17. l'animal
4. l'oiseau	11. la pomme	18. le couteau
5. le bureau	12. le bal	19. le citron
6. le cheveu	13. la voix	20. la fleur
7. la copine	14. le journal	21. le poisson

4 ÜBUNG

(Er)Finde die französischen Nomen zu den deutschen (bzw. englischen) Wörtern.

exemple: die Dusche ▶ *la douche*

1. die Filme	**7.** die Flöte	**13.** die Gitarre
2. die Ideen	**8.** das Büro	**14.** die Gruppe
3. die Probleme	**9.** die Garage	**15.** die Torte
4. das Bier	**10.** der Kaffee	**16.** die Weine
5. die Kultur	**11.** die Salate	**17.** die Musik
6. the history	**12.** the colour	**18.** the difference

ERKLÄRUNG
Die Begleiter des Nomen – *les déterminants des noms*

1 DER BESTIMMTE UND DER UNBESTIMMTE ARTIKEL

Abgesehen davon, dass es im Französischen nur zwei Geschlechter gibt, finden sich bei den Artikeln und ihrer Verwendung mehr Ähnlichkeiten mit dem Deutschen als Unterschiede.

der bestimmte Artikel *(l'article défini)*			der unbestimmte Artikel *(l'article indéfini)*		
m. sg.	*le* (der)	*le père*	m. sg.	*un* (ein)	*un homme*
f. sg.	*la* (die)	*la mère*	f. sg.	*une* (eine)	*une femme*
m. f. pl.	*les* (die)	*les parents*	m. f. pl.	*des* (–)	*des personnes*

A **Besonderheiten und Unterschiede**

■ Beginnt das Wort nach dem Artikel mit einem Vokal (oder einem stummen *h*), bleibt von *le* und *la* nur *l'*! Man erkennt das Geschlecht nicht mehr!

m: l'ananas, l'hôtel   *f: l'orange, l'heure*

■ Im Deutschen gibt es keinen unbestimmten Artikel in der Mehrzahl.

*J'achète **les fleurs**.*	Ich kaufe **die Blumen**.
*J'achète **des fleurs**.*	Ich kaufe **Blumen**.
*Je cherche **les livres**.*	Ich suche **die Bücher**.
*Je cherche **des livres**.*	Ich suche **Bücher**.

5 ÜBUNG

Füge *un, une, des, le, la, les* oder *l'* ein.

1. .... tour Eiffel est .... grande tour de fer à Paris. Chaque fois que Mme Léo vient à Paris, elle achète .... tours Eiffel pour .... enfants. M. Léo achète .... cartes postales avec .... Arc de triomphe.

2. Thierry cherche .... voiture. .... voiture doit être rouge.

3. Tu as .... ordinateur? – Oui, mais .... ordinateur se trouve dans .... chambre de ma mère.

4. .... enfants doivent acheter .... atlas et .... dictionnaire.

5. Où sont .... fruits? – Ils sont sur .... table dans .... cuisine.

6. M. Vincent, ... facteur, sonne à .... porte. Il apporte .... lettre. .... lettre est pour maman.

7. Evelyne lit .... magazines. Elle trouve .... magazines de mode très intéressants. Elle aimerait écrire .... articles pour .... magazine.

8. J'achète .... ananas. Ce sont .... fruits exotiques que j'adore.

9. Rodrigue a .... pull-over rose. Il n'aime pas .... pull-over.

10. Dans .... livres d'enfants, ... princesses portent .... robes de bal et .... couronnes.

6 ÜBUNG

Übersetze.

1. die Kinder – Kinder – der Dichter – die Freundin – ein Freund – Freunde
2. das Mädchen – Schwestern – die Schauspielerinnen – eine Friseurin
3. das Schuljahr – die Ferien – die Stunde – Mathematik – Hausaufgaben
4. der Honig – das Wasser – die Kuchen – die Butter – die Milch
5. Herzen – Geschenke – der Computer – ein Brief – Nachrichten
6. Zimmer – Betten – die Türe – ein Sessel – die Lampen – ein Plakat
7. ein Lied – eine Region – der Vogel – die Augen – das Meer – die Sonne
8. der Mond – der Himmel – Wolken – der Regen – der Schnee
9. die Adresse – eine Nummer – Supermärkte – die Häuser – das Hotel
10. der Großvater – die Eltern – ein Bruder – die Nachbarin – der Franzose
11. die Minute – Stunden – der Morgen – die Abende – Nächte

B Verwendung der Artikel

- Insgesamt verwendet man im Französischen die (bestimmten) Artikel bei mehr Gelegenheiten als im Deutschen!

fernsehen	regarder **la** télé	am Morgen	**le** matin
Einkäufe machen	faire **les** courses	sonntags	**le** dimanche
kochen	faire **la** cuisine	am Abend	**le** soir
blaue Augen haben	avoir **les** yeux bleus		
Zeit haben	avoir **le** temps		

- Auch die Verben **aimer** (lieben, mögen) und **préférer** (bevorzugen, lieber mögen) verlangen den bestimmten Artikel.

Er mag Katzen.	Il aime **les** chats.
Sie mag Mäuse lieber.	Elle préfère **les** souris.

J'AIME LES SOURIS..!

- Ausnahmen: Redewendungen ohne Artikel

achtgeben	faire attention	Angst haben	avoir peur
Angst machen	faire peur	Hunger haben	avoir faim
Durst haben	avoir soif	Lust haben	avoir envie

7 ÜBUNG

Artikel oder kein Artikel?

1. Qu'est-ce que vous prenez? – Je prends .... café crème et .... croissant.
   – Pardon, ... croissants sont d'hier.

2. C'est .... ami de ton père? – Non, c'est .... voisin. Mais il me fait .... peur. Je ne l'aime pas.

3. On regarde .... télé? – Non, je préfère écouter .... CD.

4. C'est ta mère qui fait .... courses aujourd'hui? – Non, c'est mon père. Ma mère n'a pas .... temps. Elle travaille aussi .... samedi matin.

5. Enzo aime .... vin? – Non, il n'aime pas .... vin, il préfère .... coca.

6. Ma sœur a .... faim. Elle achète .... frites. Elle aime .... frites et .... mayonnaise. Elle ne fait pas .... attention aux calories.

7. Le chat de Tom a .... yeux bleus. Il adore .... sardines et .... lait. .... soir, Tom le promène dans .... rue, avec .... laisse.

8. Elle aime .... tennis et .... natation. Elle n'aime pas .... jogging.

■ Die Präpositionen *de* und *à* **verschmelzen mit** den Artikeln *le* und *les*:

~~de + le~~ ▶ *du*   ~~à + le~~ ▶ *au*
~~de + les~~ ▶ *des*   ~~à + les~~ ▶ *aux*

■ Aber aufgepasst! **Nur *le* und *les* verschmelzen mit *de* und *à***, die anderen bestimmten Artikel nicht. Die Formen sehen daher so aus:

m. sg.	**du**	*(la maison **du** directeur)*
vor Vokal oder stummem *h*	**de l'**	*(en face **de l'**église)*
f. sg.	**de la**	*(Elle vient **de la** ville.)*
m. f. pl.	**des**	*(Lyon, la ville **des** cinémas)*
m. sg.	**au**	*(Je suis **au** marché.)*
vor Vokal oder stummem *h*	**à l'**	*(Je vais **à l'**église.)*
f. sg.	**à la**	*(Elle est **à la** maison.)*
m. f. pl.	**aux**	*(une pizza **aux** champignons)*

Achtung: Folgt den Präpositionen ein anderes Wort (zB ein unbestimmter Artikel oder ein Pronomen), gibt es keine Verschmelzung!

*Quel est le prix **d'un** kilo de thon?*
*Il pense **à son professeur** de chimie.*
*Il aime raconter ses histoires **à des** enfants.*

8 **ÜBUNG**

Setze die richtige Form ein.

exemple: *(à)* Elle va *à la* piscine? – Non, elle va *au* cinéma.

1. *(à)* On a rendez-vous .... jardin des Plantes.

2. *(de)* Sylvie sort .... école à quatre heures. *(de)* Je l'attends près ....
   Galeries Lafayette. *(à, de)* Après on va .... restaurant en face .... gare.

3. *(à, de)* Ma voiture est .... parking .... aéroport.

4. *(de)* Son costume sort .... pressing.

5. *(à, de)* Je vais .... théâtre à côté .... métro «Châtelet».

6. *(à, à)* Vincent et Frédéric mangent .... crêperie. Ils commandent des crêpes
   .... champignons. *(à, à)* .... dessert, ils choisissent des crêpes .... sirop
   d'érable.

7. *(à)* On va .... cantine? – *(à)* Non, je dois aller .... marché.

- Damit du die Formen des Artikels gleich anhand verschiedener nützlicher Sätze üben kannst, folgen hier ein paar Unterschiede in der Verwendung des Artikels bei der Übersetzung von **spielen** bzw. **diverser Sportarten** und **Aktivitäten**.

faire de + alle Arten von Sport, Freizeitaktivitäten		
Je fais	*du cheval.*	Ich reite.
	de la natation.	Ich schwimme.
	du dessin.	Ich zeichne.
jouer à + Mannschaftssportarten und Spiele		
Je joue	*au tennis.*	Ich spiele Tennis.
	aux échecs.	Ich spiele Schach.
	à l'ordinateur.	Ich spiele am Computer.
jouer de + Musikinstrumente		
Je joue	*du piano.*	Ich spiele Klavier.
	de la clarinette.	Ich spiele Klarinette.

9 ÜBUNG

Setze die fehlenden Artikel ein.

1. Grand-père a déjà 85 ans, mais .... dimanche, il fait .... golf avec un ami. Grand-mère joue .... cartes avec ses sœurs. Ma mère joue .... tennis et fait .... cheval. Quelquefois, elle fait aussi .... jogging.

2. Mon père aime jouer .... football, mais quand il fait froid, il regarde .... télé ou lit tous .... livres de Georges Simenon. Quelquefois, il joue .... guitare et chante. Il apprend aussi à jouer .... saxophone.

3. L'après-midi, ma petite sœur joue .... poupées, mon petit frère joue .... ordinateur, et moi, je fais .... sport avec des amis.

4. Au lycée, nous jouons souvent .... basket, mais moi, je préfère faire .... volley à la plage.

5. Tante Isabelle fait souvent .... vélo. Elle dit que c'est super pour rester en forme. Son mari n'aime pas .... sport. Mais en ce moment, il regarde souvent les athlètes qui font .... saut à ski.

Was machst du am Nachmittag nach der Schule? Am Abend? Am Wochenende? Stell dir vor, du schreibst einer neuen Chat-Bekanntschaft! (mindestens je 60 Wörter)

3 DER TEILUNGSARTIKEL – *L'ARTICLE PARTITIF*

Wie schon erwähnt, verwendet man im Französischen viel öfter einen Artikel als im Deutschen. Dass im Deutschen in vielen dieser Fälle gar nichts steht, scheint die Sache kompliziert zu machen. In Wirklichkeit aber ist es ziemlich logisch, was man da im Französischen zu tun hat.

Stell dir vor, Lisa und Max machen im Supermarkt Einkäufe. Sie kaufen Milch. Die ganze Milch des Supermarkts? Nein, natürlich nur **einen Teil davon**!
Sie kaufen Marmelade? Die ganze Marmelade? Nein, natürlich nur einen Teil davon!
Und da hat man ihn auch schon, den **Teilungsartikel**.
(Wörtlich ließe sich der Teilungsartikel mit „von" übersetzen: Sie kaufen **von** der Milch, **von** der Marmelade.)

Sie kaufen (–) Milch.	*Ils achètent **du lait**.*
Sie kaufen (–) Wasser.	*Ils achètent **de l'eau**.*
Sie kaufen (–) Marmelade.	*Ils achètent **de la confiture**.*
Sie kaufen (–) Gemüse.	*Ils achètent **des légumes**.*

Achtung:
Der Teilungsartikel wird dann **verwendet**, wenn man eine **unbestimmte Menge von nicht zählbaren Dingen** ausdrücken will (Milch, Butter, Geld, Glück, Liebe etc.).

Der Teilungsartikel besteht aus der Präposition *de* (von) und dem bestimmten Artikel. Das führt zu den (schon bekannten) Formen:

m. sg.	*du*	*du lait*
vor Vokal oder stummem *h*	*de l'*	*de l'eau*
f. sg.	*de la*	*de la confiture*
m. f. pl.	*des*	*des légumes*

Achtung:
Das Wörtchen *des* hat streng genommen verschiedene grammatikalische Bedeutungen. Ob es jedoch ein **unbestimmter Artikel in der Mehrzahl** ist *(Dans la cuisine, il y a des tomates.)* oder ein **echter Teilungsartikel** bei einem „Mehrzahlwort" *(Dans la cuisine, il y a des légumes.)*, ist egal. Wichtig ist nur zu wissen, dass du es verwenden musst!

Frühstücksvarianten. Setze *du, de l', de la* oder *des* ein.

1. Le matin, Eric mange .... pain, ... beurre et .... confiture. Il boit
   .... chocolat chaud. Sa sœur boit .... café avec .... lait. Elle mange
   .... biscuits.
2. Maman boit .... thé, elle mange .... tomates, ... œufs et ....
   fruits. Papa boit .... coca et .... limonade. Il mange .... crêpes
   avec .... miel et .... sucre. Le dimanche, il mange .... crêpes avec
   .... chocolat et .... bananes.
3. Mémé mange .... soupe et boit seulement .... eau chaude. Elle dit que
   ça donne .... force.
4. Tante Flora, sa sœur, prend son petit déjeuner vers onze heures du matin. Elle
   mange .... viande, ... riz et .... salade. Elle boit .... vin rouge.
   Elle dit aussi que ça donne .... force.

Setze die fehlenden Artikel ein.

1. Quand on a .... animaux de compagnie, on n'est pas seul. Mais il faut avoir
   .... temps pour .... animaux. Nous, on a .... chien. Notre grand-
   père préfère .... animaux exotiques. Il n'aime pas .... chiens.
2. A la boulangerie. – Je voudrais .... baguette et .... pain. Ah, vous avez
   aussi .... croissants. .... croissants coûtent combien?
3. Ma mère achète .... fromage et .... légumes. Comme elle aime ....
   fruits, elle achète aussi .... pommes et .... melon.
4. Rébecca écrit au Père Noël. Elle voudrait .... poupée, ... jeu et ....
   livres. Son frère voudrait .... ordinateur, ... modem et .... argent.
5. Quand on travaille avec .... enfants, il faut avoir .... patience et
   .... énergie. .... enfants sont très dynamiques et demandent ....
   attention.
6. Nathan aime .... livres. Il emprunte souvent .... livres à .... bibliothèque. Il achète surtout .... livres de science-fiction.
7. On regarde .... télé? – Non, je préfère écouter .... CD. J'aime ....
   chansons françaises. – Oh, tu écoutes .... chansons? Ça va faire ....
   plaisir à ton prof de français.

- Wenn **eine bestimmte Menge** angegeben ist, **so verwendet man nur** *de* (bzw. *d'*) und **nicht den vollen Teilungsartikel**.

Max achète	**un litre de**	lait,
	un pot de	confiture,
	trois bouteilles d'	eau minérale et
	beaucoup de	légumes.

- Mengenangaben können sehr konkret sein ...

...UN PEU DE FROMAGE!

ein Glas Milch	**un verre de** lait
ein Kilo Äpfel	**un kilo de** pommes
eine Tasse Kaffee	**une tasse de** café

- ... oder nicht so konkret:

viel Bier	**beaucoup de** bière
genug Wasser	**assez d'**eau
ein wenig Käse	**un peu de** fromage
wenig Wein	**peu de** vin
zu viel Pastis	**trop de** pastis

- **Als Mengenangabe gilt auch die Frage nach dem „Wie viel"!**

Wie viel Bier trinkt er?	**Combien de** bière est-ce qu'il boit?

- Eine „verneinte Menge", also eine „Nullmenge", ist ebenfalls eine Mengenangabe:

Ich trinke **kein Bier**.	Je *ne* bois **pas de** bière.
Er isst **keine Äpfel** mehr.	Il *ne* mange **plus de** pommes.

- **Besonderheit**

  Ist das Honig? – Nein, das ist kein Honig, das ist Marmelade.
  *C'est **du miel**? – Non, ce **n'est pas du miel**, c'est **de la** confiture.*

  Da ist etwas, was wie Honig aussieht. Es ist aber kein Honig, sondern Marmelade. Man **verneint also nicht die Menge, sondern die Bezeichnung**.

Noch ein Beispiel:
Ich sehe merkwürdige Männer, die sich mit meinem Vater unterhalten.
Ich frage meine Mutter: **Sind das Freunde** von Papa?
Sie antwortet: Nein, **das sind keine Freunde**, das sind Kriminalbeamte.

  – *Ce sont **des amis** de Papa?*
  – *Non, ce **ne sont pas des amis**, ce sont des agents de la police judiciaire.*

Weitere Übungen dazu ab Seite 108.

Die Regel für diese Besonderheit könnte auch so lauten:

> **Wenn „être" verneint wird, bleibt der Artikel bestehen.**
> Es wird ja nicht die Menge verneint, sondern die Bezeichnung.

 Achtung:
Eric **mag Kaffee**,   Emmy mag Kaffee nicht (**mag keinen Kaffee**).
*Eric **aime le café**,   Emmy **n'aime pas le** café.*

Nach „*aimer*" steht immer der bestimmte Artikel *(le, la, les)*, auch wenn es verneint ist!

Überblick			
Elle achète	*de la* confiture.		unbestimmte Menge
	du café.		
	de l'eau minérale.		
	des fruits.		
Elle achète	*un kilo*	*de* café.	bestimmte Menge
	une bouteille	*d'eau* minérale.	
	beaucoup	*de* pommes.	
	un peu	*de* légumes.	
Elle n'achète	*pas*	*de* confiture.	„Nullmenge"
	plus	*de* café.	
	pas encore	*de* fruits.	

 13 ### ÜBUNG

Setze in der Frage die fehlende Form des Teilungsartikels ein und beantworte sie mit der Angabe in der Klammer.

exemple: Tu prends *du* café? – Oui, je prends (*une tasse*) *une tasse de café*.

1. Marie boit ... alcool? – Oui, elle boit (*un peu*) ...
2. Vous prenez ... vin? – Oui, je prends (*un verre*) ...
3. Elle achète ... pommes? – Oui, elle achète (*un kilo*) ...
4. J'apporte ... eau? – Oui, apporte-nous (*une carafe*) ...
5. Max boit ... chocolat chaud? – Oui, il boit (*beaucoup*) ...
6. Mehdi prend ... sucre? – Oui, il prend (*un peu*) ...
7. Tu achètes ... riz? – Oui, j'achète (*un sac*) ...
8. Vous voulez ... limonade? – Oui, nous voulons (*une bouteille*) ...
9. Mémé prend souvent ... médicaments? – Oui, elle prend (*des boîtes*) ...
10. Tu manges ... confiture? – Oui, je mange (*beaucoup*) ...

Heikel? Ich doch nicht!

exemple: Tu manges *du* sucre? – Non, *je ne mange pas de sucre.*

1. Tu manges ... salade? – Non, ...
2. Tu manges ... viande? – Non, ...
3. Tu manges ... riz? – Non, ...
4. Tu manges ... brioches? – Non, ...
5. Tu bois ... eau? – Non, ...
6. Tu manges ... pommes? – Non, ...
7. Tu manges ... poisson? – Non, ...
8. Tu bois ... thé? – Non, ...
9. Tu bois ... lait? – Non, ...
10. Tu manges ... confiture? – Non, ...
11. Tu manges ... croissants? – Non, ...
12. Tu bois ... chocolat chaud? – Non, ...
13. Tu bois ... café? – Non, ...
14. Alors, qu'est-ce que tu bois? – Moi, je bois ... champagne.

15 **ÜBUNG**

Übersetze.

1. Sie hat Freunde. Sie hat keine Freunde. Das sind keine Freunde. Sie hat viele Freunde.

2. Benoît kauft Äpfel. Er kauft drei Kilo Äpfel. Er liebt Äpfel. Er isst viele Äpfel. Sein Bruder isst keine Äpfel. Er mag Äpfel nicht.

3. Petra trinkt niemals Alkohol. Sie trinkt Kaffee und Tee. Sie trinkt drei Liter Wasser. Sie trinkt zu viel Coca-Cola. Sie trinkt wenig Orangensaft.

4. Ist das Käse? Nein, das ist kein Käse, das ist Fisch. Ich esse keinen Fisch. Und ich esse wenig Käse. Ich esse viel Brot. Ich liebe Butter.

5. Nehmen Sie Wein? Ja, ich nehme ein Glas Wein. Und eine Flasche Wasser, bitte. Nehmen Sie auch Wasser? Lieben Sie Tee? Ich trinke nie Tee.

6. Er hat Geld. Er hat viel Geld. Aber er hat nie genug Geld. Sie hat kein Geld. Wie viel Geld hast du? Du hast noch kein Geld?

7. Er sucht Freundschaft und Liebe. Er findet keine Liebe. Das ist keine Liebe.

Die Formen			
m. sg.	*ce*	*ce directeur*	(dieser Direktor)
männliche Nomen mit Vokal oder stummem *h*	*cet*	*cet homme*	(dieser Mann)
f. sg.	*cette*	*cette femme*	(diese Frau)
m. f. pl.	*ces*	*ces personnes*	(diese Personen)

Achtung:
Nur vor den männlichen Nomen mit Vokal oder stummem *h* steht **cet**,
bei den weiblichen brauchst du **cette**: *cet étudiant*, *cette étudiante*

- Was die **Verwendung** betrifft, so gibt es kaum Unterschiede zum Deutschen.

Schau **dieses Photo** an!   *Regarde **cette photo**!*
Ich kenne **dieses Kind** nicht.   *Je ne connais pas **cet enfant**.*
Dieses Fahrrad gehört Enzo.   ***Ce vélo** est à Enzo.*

- Mit einem *adjectif démonstratif* bezeichnet man jedoch auch einen **gegenwärtigen oder nahen Zeitabschnitt**:

heute Morgen	*ce matin*	diese Woche	*cette semaine*
heute Nachmittag	*cet après-midi*	diesen Sommer	*cet été*
heute Abend	*ce soir*	dieses Wochenende	*ce week-end*

16 ÜBUNG

Setze das fehlende *adjectif démonstratif* ein.

1. Comment s'appelle .... auteur? .... livre me plaît beaucoup.

2. .... cousines habitent à Grenoble.

3. Elle n'est pas bonne, ... salade. Et dis, où est-ce que tu as acheté

   .... oranges? Et .... poisson n'est pas frais non plus. Je n'aime pas

   .... marché.

4. Tu prends .... verres? Et .... assiette est à qui?

5. Qui a fait .... gâteau? Moi, je le préfère sans .... sorte de sucre.

6. Elle est formidable, ... idée. .... projets vont plaire à tous.

7. Je ne veux plus écouter .... cassette. Je déteste .... musique.

8. J'ai trouvé .... porte-monnaie. Tu penses qu'il est à .... homme?

9. Qu'est-ce qu'on va faire .... week-end?

6 DER INTERROGATIVBEGLEITER – *L'ADJECTIF INTERROGATIF*

				Die Formen	
m. sg.	*quel*	f. sg.	*quelle*	*quel homme?*	*quelle femme?*
				welcher Mann?	welche Frau?
m. pl.	*quels*	f. pl.	*quelles*	*quels hommes?*	*quelles femmes?*
				welche Männer?	welche Frauen?

Die **Interrogativbegleiter** werden also **mit dem Geschlecht und der Zahl des Nomens, das sie begleiten, übereingestimmt.**

■ **Verwendung**

Wird der Begleiter **attributiv** gebraucht, steht er (wie im Deutschen) direkt beim Nomen:

> *Quelle adresse a-t-il?* (**Welche Adresse** hat er?)

Wird der Begleiter **prädikativ** gebraucht, ist er **vom Nomen durch *être* getrennt, mit diesem aber natürlich ebenfalls übereingestimmt.**

> *Quelle est son adresse?* (**Welche** ist seine **Adresse**?)

Bei diesem Gebrauch wird er auch mit „was" oder „wie" übersetzt, je nachdem, was besser passt.

> *Quelle est son adresse?* Wie ist seine Adresse?
> *Quel est votre plat préféré?* Was ist Ihr/euer Lieblingsessen?

Manche Sätze werden überhaupt ganz **anders übersetzt**:

> *Quelle heure est-il?* Wie spät ist es?
> *Quel est ton âge? Quel âge as-tu?* Wie alt bist du?

17 ÜBUNG

Setze die fehlenden Interrogativbegleiter ein und übersetze.

1. Excuse-moi, ... heure est-il?

2. Dis-moi, tu viens de .... pays? Tu fréquentes .... école?

3. Tu vas dans .... classe? Oh, ... âge as-tu?

4. .... sont tes auteurs préférés? .... langues parles-tu?

5. Tu écoutes .... musique? Tu pratiques .... sport?

6. .... est la profession de ton père?

7. .... est ton numéro de téléphone? A .... heure est-ce que je peux t'appeler? .... est ton nom?

8. Vous habitez .... rue? Tu habites à .... étage?

Viele Schüler und Schülerinnen glauben, dass dieser Begleiter, der die Besitzverhältnisse klärt, etwas ganz Kompliziertes ist. In Wirklichkeit ist seine Konstruktion nur anders als im Deutschen, aber recht logisch. (Wenn nicht sogar logischer!)

- Das Erste, was geklärt werden muss, ist die Frage:
  Wer genau ist der Besitzer? (Ich? Du? Er oder sie? Wir? Seid ihr es oder sind Sie es, Herr Direktor? Oder sind sie es, die Leute dort?)

- Als Nächstes bestimmt man, ob das **Nomen, das besessen wird**, in der **Einzahl oder in der Mehrzahl** steht.
  Steht es in der **Einzahl**, ist auch noch **sein Geschlecht** zu bestimmen.

TIPP

Präge dir die folgende Tabelle so ein, dass du sie entweder auch mit geschlossenen Augen sehen kannst oder dass sie auf deinem „visuellen Speicherplatz" (vgl. Seite 151 und 154) steht!

		Besitz im Singular		Besitz im Plural
		m.	**f.**	
Besitzer im Singular	*je*	*mon*	*ma*	*mes*
	tu	*ton*	*ta*	*tes*
	il/elle	*son*	*sa*	*ses*
Besitzer im Plural	*nous*	*notre*		*nos*
	vous	*votre*		*vos*
	ils/elles	*leur*		*leurs*

18 |

Übersetze:

Eric a une sœur. C'est **sa sœur**. Il dit à Max: J'aime **ma sœur**. Elle est sympa. Max dit: J'aime **mes sœurs** aussi. Mais j'en ai trois. **Nos parents** ont beaucoup de travail avec nous. **Notre grand-mère** nous aide souvent.

A | **Besonderheit – *mon/ton/son* statt *ma/ta/sa***

Beginnt das Nomen, das „besessen" wird, mit einem **Vokal** *(ami)* **oder einem stummen *h*** *(hôtel)*, so steht **in jedem Fall die männliche Form des besitzanzeigenden Begleiters, auch wenn das Wort weiblich ist**.

Mehdi ist mein Freund.	*Mehdi est **mon ami**.*
Isabelle ist meine Freundin.	*Isabelle est **mon amie**.*
Was ist ihre/seine bevorzugte Aktivität?	*Quelle est **son activité préférée**?*

Besonderheit – *votre/vos*

Diese beiden Begleiter werden für verschiedene Fälle gebraucht. Auch hier ist es wichtig zu wissen, **wer denn nun eigentlich was besitzt …**

Ihr seid die Besitzer.	
Spricht man eine Mehrzahl von Personen an, mit denen man per Du ist, verwendet man ***votre*** für den „Einzahlbesitz" und ***vos*** für den „Mehrzahlbesitz".	
Das ist **euer Problem**!	*C'est **votre problème**!*
Das sind **eure Ideen**?	*Ce sont **vos idées**?*

Sie, mein **Herr**, sind der Besitzer. Oder **Sie, Herr und Frau Fabien? Vielleicht gar Sie, meine Damen und Herren?**	
Ist man mit dem Besitzer per Sie, verwendet man in beiden Fällen bei einem „Einzahlbesitz" ***votre***, bei einem „Mehrzahlbesitz" ***vos***.	
Monsieur! Ist das **Ihr** Hund?	*C'est **votre chien**?*
Sind das **Ihre Katzen**?	*Ce sont **vos chats**?*
Madame und Monsieur! Ich muss über **Ihren** Hund und **Ihre** Katzen sprechen!	*Je dois parler de **votre chien** et de **vos chats**!*

19	**ÜBUNG** **Setze die fehlenden** **Possessivpronomen ein.**

exemple: Tu cherches des livres? Voilà *tes livres.*

1. Elle a des enfants. Voilà …
2. Papa achète deux voitures. Voilà …
3. Cette chemise est à Isabelle. C'est …
4. Elle a écrit un roman. Voilà …
5. Elle habite dans une maison. C'est …
6. Ces chevaux sont à moi. Ce sont …
7. Ce sont vos rollers? Oui. Ce sont …
8. C'est le chien des voisins? C'est …
9. Ce sont les cigarettes des enfants? Ce sont …
10. Les films sont à vos fils, Monsieur. Ce sont …
11. Ces souris sont à Bernadette. Ce sont …

Beantworte die Fragen nach folgendem Muster.

exemple: Cette **cassette** est à toi? ▶ *Oui, c'est ma cassette.*

1. **Cette maison** est à Paulette? Oui, …
2. **Ces chaussures** sont à Paul? Oui, …
3. **Cette voiture** est à Alain et Yvette? Oui, …
4. **Ces anoraks** sont à vous, les enfants? Oui, …
5. **Cette assiette** est à Véronique? Oui, …
6. **Ces cadeaux** sont pour nous? Oui, …
7. **Cet immeuble** t'appartient? Oui, …
8. **Ce violon** est à Nelson? Oui, …
9. **Ces boucles d'oreille** sont à vous, Madame? Oui, …
10. **Ce vélo** est à moi, papa? Oui, …

21 ÜBUNG

Setze die fehlenden Possessivbegleiter ein. (Tipp: Bestimme zuerst immer, wer der Besitzer ist und in welcher Zahl das Nomen steht bzw. welches Geschlecht es hat.)

exemple: **Papa** achète **une voiture** rouge. C'est *sa* voiture maintenant.
(Besitzer: il, Besitz Sg. f.)

1. Ce sont **les parents** de **ta mère**? Oui, ce sont …………… parents.
2. Voilà Sandrine. C'est **la sœur** de **Paul**. Alors, c'est …………… sœur.
3. **Je** m'appelle Béatrice. …………… **nom** est Béatrice Rosenthaler.
4. Tu apportes des cassettes? Oui, **j'**apporte …………… **cassettes**.
5. **Claire** a vraiment vendu …………… **ordinateur**?
6. Et **toi**, Alain, quelle est …………… **musique** préférée?
7. **Madame**, ce chien est à vous? C'est …………… **chien**?
8. **Je** vais passer …………… **vacances** en Toscane dans ……………
   appartement.
9. Et toi, où est-ce que **tu** vas passer …………… **vacances**?
10. **Jean et** …………… **frères** vont offrir un voyage au Portugal à ……………
    mère.
11. Quand est-ce qu'ils vont faire …………… **devoirs**?
12. Bonjour, Madame et Monsieur Neveu. Comment allez-**vous**? Et ……………
    enfants? …………… **fille** travaille au Canada, n'est-ce pas?
13. **Ma tante** va vendre …………… **maison**. Elle est trop grande. ……………
    enfants n'habitent plus chez elle.
14. **Madame Chartier**, quelle est …………… **profession**?

Setze die fehlenden Possessivbegleiter ein.

1. Caroline prend .... apéritif chez Guibert.

2. Nous aimons inviter .... ami Bert.

3. Madame, je peux vous présenter .... parents?

4. Les Mayer ont un appartement à Nice. .... appartement est magnifique.

5. Vous venez chez nous ce soir? Vous apportez .... photos du Maroc?

6. Elle fête un anniversaire aujourd'hui! C'est .... anniversaire? – Non, ce n'est pas .... anniversaire, c'est l'anniversaire de .... sœur.

7. Tu cherches des abricots? Voilà .... abricots. Et bon appétit.

8. Où sont les cigarettes de Monsieur Grave? Qui a vu .... cigarettes?

9. Maman, tu n'as pas vu .... lecteur MP3? Je ne le trouve pas dans .... chambre. – Oh, je pense que .... frère l'a pris, chérie.

10. Les enfants rentrent de colonie; .... mère doit défaire .... valises et laver .... vêtements.

11. Madame, ... passeport et .... billets, s'il vous plaît.

12. Nous attendons .... fils devant l'aéroport. Et toi, Géraldine, où est-ce que tu attends .... fille?

C Weitere Besonderheiten

Verwirrung entsteht meist dann, wenn man versucht, deutsche Sätze, in denen Possessivbegleiter vorkommen, ins Französische zu übersetzen.

Wichtig ist, dass man in so einem Fall **das deutsche Wort einfach „vergisst"** und **streng nach folgenden Fragen** vorgeht:

1. Wer ist der Besitzer?
2. Ist der Besitz Singular oder Plural? Wenn Singular – welches Geschlecht?

Dann werden folgende Sätze ganz logisch:

■ **Eric** trifft **seine Mutter**.   *Eric rencontre **sa mère**.*
Besitzer: 3. P. Sg. (Eric)
Besitz: Sg. f. (die Mutter)

■ **Isabelle** trifft **ihre Mutter**.   *Isabelle rencontre **sa mère**.*
Besitzer: 3. P. Sg. (Isabelle)
Besitz: Sg. f. (die Mutter)

Bei den weiteren Beispielen gibt es mehrere Möglichkeiten:

- Ich treffe **ihre Eltern**.   *Je rencontre **ses parents**.*
  Besitzer: 3. P. Sg. (zB Marie)
  Besitz (die Eltern): Pl.

- oder:
  Ich treffe **ihre Eltern**.   *Je rencontre **leurs parents**.*
  Besitzer: 3. P. Pl. (zB die Schüler)
  Besitz (die Eltern): Pl.

- oder:
  Ich treffe **Ihre** Eltern.   *Je rencontre **vos parents**.*
  Besitzer: Sie (Anrede, Sg./Pl.)
  Besitz (die Eltern): Pl.

| 23 | ### ÜBUNG |

Setze die fehlenden Possessivbegleiter ein. (In der Übersetzung heißt jedes fehlende Wort „IHR(E)".)

1. Les Dupin cherchent .... tickets de bus et .... passeports.

2. Marie Dupin ne trouve plus .... lunettes et .... sac à dos.

3. Madame Dupin cherche aussi .... anorak et .... cartes postales.

4. Elle ne trouve pas .... porte-monnaie et .... livres non plus.

5. Emmy aime rencontrer .... amie Belle. Les deux filles prennent souvent .... vélos et rendent visite à .... amies Diane et Martine.

6. Bonjour, Madame! Où sont .... petits-enfants? .... fille ne travaille plus? Elle s'occupe de .... enfants elle-même? – Oui, ma fille et .... mari ont des vacances et sont allés en Italie avec .... enfants.

7. Mesdames, vous cherchez .... places? Vous me montrez .... tickets?

8. Pierre et Renée fêtent .... mariage. Ils invitent aussi tous .... collègues de travail.

9. Regarde cette femme. C'est Madame Mayer avec .... fille et .... fils. Elle adore .... enfants.

10. Eva va sortir avec .... amie Lise. .... amis n'ont pas le temps ce soir.

11. En vacances, Muriel emporte .... ordinateur portable pour chatter avec .... amies sur Internet. Elle peut aussi lire .... mails.

Übersetze. Teil A

1. sein Freund, unsere Freunde, ihre Freundin, Ihr Freund, deine Freunde
2. mein Leben, sein Leben, unser Leben, ihr Leben, euer Leben
3. euer Zimmer, unsere Zimmer, Ihre Zimmer, ihr Zimmer
4. sein Teller, ihr Teller, eure Teller, Ihr Teller, dein Teller
5. mein Atlas, sein Atlas, ihr Atlas, unser Atlas, Ihr Atlas
6. unsere Betten, euer Bett, Ihre Betten, sein Bett, mein Bett
7. dein Computer, unsere Computer, ihr Computer, eure Computer
8. unser Hund, euer Hund, Ihr Hund, Ihre Hunde, sein Hund
9. eure Eltern, ihre Eltern, seine Eltern, Ihre Eltern, deine Eltern
10. sein Auto, ihr Auto, unsere Autos, ihre Autos, eure Autos

Übersetze. Teil B

1. Er zeigt seine Filme meinen Schülern. (*montrer, le film, l'élève*)
2. Ihr gebt eurem Professor eure Bücher. (*donner, le livre*)
3. Wann verkaufen Sie Ihr Haus? (*vendre, la maison*)
4. Wann verkaufen sie ihr Haus? Wann verkauft sie ihr Haus?
5. Meine Kinder suchen ihre Bücher. (*chercher, l'enfant, le livre*)
6. Wann zeigst du deinen Eltern deinen Computer? (*quand, montrer, les parents, l'ordinateur*)
7. Meine Damen, wo sind Ihre Aufgaben? Wer ist Ihr Französisch-Professor? (*le devoir*)
8. Darf ich Ihnen meine Freundin Anne vorstellen? (*présenter, pouvoir*) Sie arbeitet mit ihren Schwestern und ihrem Bruder im Restaurant Ihrer Eltern. (*travailler, la sœur, le frère*)
9. Seine Mutter und sein Vater warten in ihrem Appartement. (*attendre*)
10. Ist das Ihr Hund? (*le chien*)
11. Seine Kinder mögen ihren Cousin Marcel sehr. (*aimer beaucoup*)
12. Marcel fragt, ob wir seinen Geburtstag feiern wollen. (*demander, l'anniversaire*)
13. Wann schreibst du deiner Freundin? (*écrire*) Ihre Mutter ist sehr krank. (*malade*) Sie muss ihre Ferien bei ihr verbringen. (*passer, les vacances, chez elle*)

Was fehlt? (Alle Artikel und Begleiter sind möglich!)

1. Florence aime .... souris. Elle en a trois. .... souris s'appellent Mia, Zoe et Pit. Mais .... famille Léo a aussi .... chat. Mais .... chat déteste .... souris. Il mange seulement .... plantes!

2. Fabienne veut devenir actrice. Beaucoup .... jeunes veulent devenir acteurs. Quand on a .... parents ou .... amis dans .... métier, c'est plus facile. Quand on n'a pas .... parents acteurs, on dit peut-être qu' «acteur, ce n'est pas .... métier».

3. David demande à .... parents .... scooter pour .... anniversaire. Mais .... parents préfèrent .... vélos. Ils pensent que .... scooters sont trop dangereux, il y a trop .... accidents.

4. Je prends .... vélo et je vais .... piscine. Jessy, tu me prêtes .... maillot? .... vêtements sont trop cools. Moi, j'ai .... vêtements que je n'aime plus.

5. Nous n'avons plus .... coca dans .... frigo. Tu peux acheter deux bouteilles .... coca et trois litres .... lait. Il reste .... bouteille .... jus. Ça suffit pour .... semaine.

6. Marie déteste .... sport, mais .... enfants adorent .... tennis. .... filles aiment bien aller .... cours de gym aquatique avec .... copines.

7. Salut, François et Jeanne! Vous êtes seuls? – Oui, ... enfants sont .... maison et préparent .... dîner pour nous faire .... plaisir. – Ah. .... enfants sont très gentils!

8. Beaucoup .... garçons tournent autour de Morgane. C'est .... fille très sympa. Elle a .... yeux bruns. .... cheveux sont très longs. Mais elle ne fait pas attention .... garçons. .... passion, c'est .... danse et elle pense seulement à .... avenir .... opéra.

9. Manon est en vacances .... montagne. Elle a .... temps d'écrire .... grands-parents mais elle n'a pas .... adresse. Elle va .... poste et cherche dans .... annuaire.

10. Christine joue .... tennis. Après l'entraînement, elle mange .... pizza .... thon et boit deux bols .... lait. Et .... soir, elle mange beaucoup .... pâtes et énormément .... desserts .... chocolat. .... calories? Ce n'est pas .... problème pour elle.

2. KAPITEL	DAS ADJEKTIV (EIGENSCHAFTSWORT) – *L'ADJECTIF*

ERKLÄRUNG

Die Verwendungsarten des Adjektivs

attributiv	prädikativ
Wenn das Adjektiv **direkt beim Nomen** steht, wird es **attributiv** verwendet. (Im Deutschen nennt man es dann „Beifügung" und es lässt sich mit „was für ein/e/r?" erfragen!)	Ist das **Adjektiv** durch ein **Verb** (meist „*être*") **vom Nomen getrennt**, ist die Verwendung **prädikativ**. (Im Deutschen fragt man dann mit „wie" danach. Man bestimmt damit aber kein Verb näher, sondern das Nomen.)
Emmy ist ein **junges Mädchen.** *Emmy est une **jeune fille.***	Emmy **ist jung.** *Emmy **est jeune.***
Enzo ist ein **junger Mann.** *Enzo est un **jeune homme.***	Enzo **ist jung.** *Enzo **est jeune.***

ERKLÄRUNG

Die Bildung der weiblichen Singularformen

Das *adjectif* wird mit dem Nomen, das es näher bestimmt, in **Geschlecht und Zahl** **übereingestimmt.**

- Normalerweise fügt man **für die weibliche Einzahl ein -e an die männliche Form.**

  ♂ –   ♀ -e   *Papa* est **grand**, *Maman* est **grande** aussi.

- Endet das männliche Adjektiv schon auf *-e*, so ändert sich bei der weiblichen Form nichts.

  ♂ -e   ♀ -e   *Jules* est **jeune**, *Julie* est **jeune aussi.**

- Bei den **männlichen Adjektiven** auf **-er/-et** ist die weibliche Endung **-ère/-ète**

  ♂ -(i)er   ♀ -(i)ère   *Cher Jules, chère Julie. (dernier, dernière)*
  ♂ -et   ♀ -ète   *Jules* est **discret**, *Julie* est **discrète.**

- Bei machen Endungen wird der **Konsonant am Ende verdoppelt, bevor man ein -e** anhängt.

  ♂ -il   ♀ -ille   *Paolo* est **gentil**. *Cara* est **gentille** aussi.
  ♂ -(i)en   ♀ -(i)enne *Ce film* est **autrichien**. *L'actrice* est **Autrichienne.**
  ♂ -el   ♀ -elle   *Ce film* est **exceptionnel**. *Cara* est **exceptionnelle.**
  ♂ -on   ♀ -onne   *Le film* est **bon**. *Cette actrice* est **bonne.**

- Zu **Veränderungen des Endkonsonanten** kommt es zB bei

♂ *-f*	♀ *-ve*	*Jules est naïf, Julie est naïve.*
♂ *-x*	♀ *-se*	*Jules est heureux, Julie est heureuse.*
♂ *-c*	♀ *-che*	*Le sac est blanc, la serviette est blanche.*
♂ *-c*	♀ *-cque*	*Le film est grec, la langue est grecque.*

ERKLÄRUNG
Die Bildung der Pluralformen

- Im Normalfall benötigt man zur Bildung der Pluralformen nur ein *-s*, das man an die jeweilige (männliche oder weibliche) Singularform des Adjektivs hängt.

Mon oncle est	**petit.**	*Ma tante est*	**petite.**
Mes oncles sont	**petits.**	*Mes tantes sont*	**petites.**

- Adjektive, die in der **männlichen Singularform** auf „*-s*“ oder „*-x*“ enden, werden in der **männlichen Pluralform nicht** verändert. (Die weiblichen Pluralformen bekommen einfach ein *-s* an ihre Singularform!)

Le pull est	**gris.**	*La robe est*	**grise.**
Les pulls sont	**gris.**	*Les robes sont*	**grises.**
Mon cousin est	**sérieux.**	*Ma cousine est*	**sérieuse.**
Mes cousins sont	**sérieux.**	*Mes cousines sont*	**sérieuses.**

- Einige Adjektive gibt es **nur in einer einzigen Form**! Es sind dies jene, die ursprünglich nur als Nomen verwendet wurden:
marron (braun)*, orange, citron, olive, chic, bon marché* (billig)

*Mon pull est **citron**, ma veste est **citron**,*
*mes pantalons sont **citron** et mes chaussures sont **citron**. Que je suis beau!*

25	**ÜBUNG**

Setze die jeweils richtige Form ein. Wir bleiben zuerst im Singular!

exemple: Pierre est charmant et poli. Yvette est *charmante et polie.*

1. Steve est créatif et intelligent. Chantal est ...
2. Ton fils est mignon et drôle. Ta fille est ...
3. Notre chien est jeune et timide. Votre chienne est ...
4. Marc est sportif et bronzé. La sœur de Marc est ...
5. François est grand, brun et gentil. Léa est ...
6. Paul est bavard et énervant, Christine est ...
7. Yves est soigneux et optimiste. Yvette est ...
8. Fabius est passif et paresseux. Fabienne est ...
9. Ton père est généreux et riche. Ma mère est ...

Streiche die falschen Formen durch:

1. Mes parents sont gentil / gentils / gentilles.
2. Ces films sont intéressants / intéressante / intéressantes.
3. Cet hôtel est trop cher / chères / chère.
4. Ses chambres sont grands / grandes / grande.
5. Les filles sont jolis / jolies / jolie.
6. Notre école est très petit / petite / petites.
7. Ses cheveux sont déjà assez long / longues / longs.
8. Ses cours ne sont jamais ennuyeux / ennuyeuses / ennuyeuse.
9. Ces actrices ne sont pas connus / connues / connu.
10. Mes chaussures sont marron / marronne / marrons.
11. Il n'achète pas de voitures bon marché / bonne marché / bonnes marché.
12. Mes enfants sont heureuses / heureux / heureuse.

27 ÜBUNG

Finde die anderen Formen des jeweiligen Adjektivs.

	Singular		Plural	
	männlich	**weiblich**	**männlich**	**weiblich**
exemple:	gris	*grise*	*gris*	*grises*
1.	bon			
2.		heureuse		
3.	jaune			
4.			gentils	
5.				inquiètes
6.	blanc			
7.		longue		
8.				petites
9.	agréable			
10.			méchants	
11.				intéressantes
12.	sûr			

Besondere Adjektive (*beau, vieux, nouveau*)

Einige Adjektive verändern ihre Formen so, dass es sich lohnt, ihnen ein eigenes Kapitel zu widmen. Es sind dies die Wörter **schön, alt** und **neu**.

Bei ihnen gibt es eine **eigene Form**, wenn das Adjektiv vor einem **männlichen Nomen im Singular** steht, das **mit einem Vokal** beginnt.

schön		
beau, bel, belle; beaux, belles		
männlich **Singular**	**weiblich** **Singular**	
beau **bel** (vor Vokal)	**belle**	un **beau** film, une **belle** femme le **bel** ami
Plural **beaux**	Plural **belles**	les **beaux** films, les **belles** femmes

> **Achtung:**
> Die Form **bel** wird **nur attributiv** und im Singular verwendet! Bei der prädikativen Verwendung bzw. im Plural besteht keine Veranlassung dazu!
>
> *Voilà mon **bel anorak**.*   Aber: *Mon **anorak** est **beau**.*
> *Voilà mes **beaux anoraks**.* [-z]
> Die Liaison (x wie stimmhaftes s [-z]) macht eine besondere Form überflüssig.

28 ÜBUNG

Setze die richtigen Formen ein.

1. Oh là là, cet acteur est très .... – Oui, c'est vraiment un
   .... acteur. Mais sa femme est .... aussi, n'est-ce
   pas? Les deux tournent de .... films.

2. Regarde, la petite Mercedes. C'est une .... voiture.

3. Emmy est une .... fille avec de .... jambes
   longues. Ses parents sont .... aussi. Même le chien de la famille
   est .... Quelle .... famille!

4. Hélène, je vais acheter un .... ordinateur. – Mais Mémé, un ordinateur ne doit pas être....................., mais bon. – Toutes les choses que
   j'achète doivent être....................., ma chérie.

5. Mehdi a acheté un .... appartement en Espagne. C'est un très
   .... pays.

alt *vieux, vieil, vieille; vieux, vieilles*		
männlich **Singular**	**weiblich** **Singular**	
vieux	*vieille*	un **vieux** film une **vieille** femme
vieil (vor Vokal)		le **vieil** ami
Plural *vieux*	Plural *vieilles*	les **vieux** films, les **vieilles** femmes

Achtung:

Kein Unterschied zwischen männlicher Singular- und Pluralform!
Il est vieux. Ils sont vieux.

Außerdem:

Die Form *vieil* wird **nur attributiv** und im Singular verwendet! Sonst besteht auch hier keine Veranlassung dazu!

*Voilà mon **vieil** anorak.* Aber: *Mon **anorak** est **vieux**.*
*Voilà mes **vieux** anoraks.* [-z]
Durch die Liaison (x ausgesprochen wie stimmhaftes s) wird eine besondere Form überflüssig.

29 ÜBUNG

Vieux, vieil, vieille oder *vieilles*?

1. C'est une très .... ville. Moi, j'adore tous ces ....
   quartiers.
2. Maman ne veut plus prendre sa .... voiture. Elle a peur qu'elle
   tombe en panne.
3. Papa aime regarder les .... films de Georges Simenon.
4. On va vendre notre .... ordinateur. Il est trop .... pour
   avoir accès à Internet.
5. Pépé donne ses .... chemises à Luc. Luc adore ses ....
   vêtements.
6. Nous habitons une .... maison dans un .... quartier.
   Dans cette maison, tout est .... J'aime surtout le ....
   escalier. Les .... meubles datent du dix-septième siècle. Dans le
   mur, il y a un .... rat qui sort seulement la nuit. – Mémé, arrête de
   raconter ces .... histoires!

neu		
nouveau, nouvel, nouvelle; nouveaux, nouvelles		
männlich Singular	weiblich Singular	
nouveau **nouvel** (vor Vokal)	**nouvelle**	le **nouveau** film, la **nouvelle** photo le **nouvel** ami
Plural **nouveaux**	Plural **nouvelles**	les **nouveaux** films, les **nouvelles** photos

Beachte wieder:
Voilà mon **nouvel anorak**. Aber: Mon **anorak** est **nouveau**.
Voilà mes **nouveaux anoraks**. [-z]

Kennst du den Unterschied zwischen **neuf** und **nouveau**, die beide mit „neu" übersetzt werden?
neuf, neuve: bedeutet „funkelnagelneu", nicht gebraucht, und es wird vor allem für Dinge verwendet! (*Cette voiture est vraiment neuve!*)
nouveau: bedeutet „neu" im Sinne von „etwas Neues, anderes".
(„*Une nouvelle voiture*" kann auch ein paar Jahre alt sein!)

30 ÜBUNG

Alles neu! (*nouveau*)

1. Salut, Philippe, tu veux voir mon .... portable?

2. Manon achète de .... chaussures.

3. Est-ce qu'il y a déjà un .... livre de Paulo Coelho?

4. On va acheter un .... ordinateur dans ce

   .... magasin. Ils ont aussi un .... jeu

   pour toi.

5. Le .... prof adore ses .... élèves. Il

   les trouve vraiment sympathiques.

6. Tu as déjà une .... correspondante? – Oui, elle habite à la

   .... Orléans.

7. Les Leroux ont déjà une .... voiture? – Oui, ils adorent les

   .... voitures. Incroyable!

8. Nous avons de .... voisins. Ils ont acheté la

   .... maison à côté de chez nous.

ÜBUNG

Alt oder neu?

exemple: Victor vend son *vieux* bus et va acheter une *nouvelle* voiture.

1. Lucie aime bien sa … chambre. Elle y habite depuis deux jours.
2. Comment vous appelez-vous? Vous êtes le … secrétaire de Madame Freud?
3. Maman, mon … portable ne fonctionne plus. Tu m'achètes un … portable?
4. Qu'est-ce qu'on fait aujourd'hui? Tu as un … film vidéo?
5. Je passe mon dimanche avec ma famille. Ma … tante fête son anniversaire.
6. Paulette, c'est vrai que tu as un … ami? – Oui, c'est un … ami, mais il est déjà … , il a 25 ans.
7. La … année scolaire va commencer le 3 septembre.
8. Qu'est-ce que je dois faire avec mes … livres? J'ai besoin de place pour mes … cahiers et mes … affaires d'école.
9. Qu'est-ce que tu penses de notre … professeur de maths? – Je pense qu'il est aussi sévère que les … profs.
10. Ils ont ouvert une … salle de jeux. – Oui, mais les clients ne sont pas …
11. Le … anorak de Marie est super. C'est la … mode.
12. Malheureusement, les … informations ne sont pas bonnes.
13. Son … livre n'est pas encore en vente.

32

ÜBUNG

Setze die richtigen Adjektivformen ein.

1. Eurodisney est un (*nouveau*) … parc d'attraction dans la (*beau*) … région (*parisien*) … .
2. Ton amie Christine est vraiment (*beau*) … . Et Véro aussi. Elles sont (*beau*) … , les deux. Tu ne veux pas me présenter?
3. Un entraîneur (*fâché*) … dit à deux boxeurs: Vous pouvez être (*content*) … . Continuez comme ça et je vais vous proposer pour le prix Nobel de la paix.
4. Paul et Henri sont (*enrhumé*) … . Ils doivent rester à la maison.
5. Marcello est (*jaloux*) … . Sa (*nouveau*) … copine Sophia est trop (*joli*) … .
6. Tu es (*prêt*) … , ma chérie? – Oui, maman, les autres et moi, nous sommes (*prêt*) … .
7. Max et Rébecca, vous n'êtes pas (*fatigué*) … ?
8. Cathy, tu es (*marié*) … ? – Non, je suis (*célibataire*) … .
9. Martin et Marie sont (*heureux*) … . Ils ont trouvé une (*nouveau*) … maison.
10. Nadia est trop (*nerveux*) … . Elle ne peut pas rester (*calme*) … avant un examen.
11. Vous avez vu la première de la comédie? – Oui, elle était (*merveilleux et sensationnel*) … .
12. Oh, ce bouillon est (*bon*) … . – Oui, c'est une (*bon*) … recette. Je l'ai trouvée dans un roman (*policier*) … .

Die Farbadjektive

Da es auch im täglichen Leben wichtig sein kann, Farben benennen zu können („Los! Verfolgen Sie dieses rote Auto!") bzw. die Bezeichnungen für die Farben zu kennen (*Attention, ce petit serpent gris est très dangereux!*), kannst du deine Kenntnisse darüber hier in einem eigenen Kapitel üben.

- **Unveränderliche Adjektive**
  marron (kastanienbraun), *orange, citron, olive, rose*
  un manteau marron, une chemise rose, des pantalons olive

- **männlich = weiblich**
  rouge (rot), *jaune* (gelb), *beige*
  un manteau jaune, une chemise jaune, des voitures jaunes

- **weiblich = männlich + -e**
  noir (schwarz), *bleu, gris* (grau), *vert* (grün), *brun* (braun)
  un manteau noir, une chemise noire, des pantalons noirs, des voitures noires

- **Sonderformen**
  blanc – blanche (weiß), *violet – violette*
  un manteau blanc, une chemise blanche, des pantalons blancs, des voitures blanches

- Werden die **Schattierungen „hell"** *(clair)* **und „dunkel"** *(foncé)* angefügt, ändern sich die Farbadjektive nicht. Sie ändern sich auch nicht, wenn ein Nomen angefügt wird:
  une robe bleu ciel, des robes bleu ciel (himmelblau), *des pantalons bleu foncé*

---

33 **ÜBUNG**

Manche Dinge werden automatisch mit einer Farbe in Verbindung gebracht.

1. Le Danube est .... 2. Les robes de mariée sont ....

3. Les épinards sont .... 4. Les souris sont ....

5. La neige est .... 6. Les tomates sont ....

7. Le sang est .... 8. La nuit, tous les chats sont ....

9. Les haricots sont .... 10. Le comte Dracula s'habille toujours de

vêtements .... 11. Les bananes sont ....

12. Quand j'ai trop bu, je suis .... 13. J'aime tes ....

lèvres .... 14. Les ours sont .... ou ....

15. Les carottes sont .... 16. La vache Milka est ....

Setze die richtigen Formen des Adjektivs ein.

La famille Léo va au supermarché.

1. Regarde ces (*gros*) … poulets. Monsieur, ils sont (*chaud*) … , vos poulets?
   – Bien sûr, (*jeune*) … homme.
2. Je prends des tablettes de chocolat? – Oui, mais si c'est une (*grand*) …
   tablette, tu en prends seulement une. – Elle est (*petit*) … , et elle n'est pas du
   tout (*cher*) … . J'en prends quatre, d'accord?
3. Je peux avoir le (*nouveau*) … CD de Gwen Stéphanie? – Mais non, cette
   musique est (*horrible*) … .
4. Regarde, Maman, ces pommes (*vert*) … et ces fraises (*espagnol*) … . On dit
   qu'il faut manger des fruits. – Oui, mais ils sont trop (*cher*) … .
5. Nous allons prendre des épinards (*frais*) … . Ils sont aussi (*bon*) … . – Des
   épinards? Pas question que j'en mange.
6. J'ai besoin de (*nouveau*) … cahiers, mes (*vieux*) … cahiers sont déjà (*complet*)
   … . Et tout le monde a déjà ces stylos (*formidable*) … de Lamy.
7. Je suis d'accord pour les cahiers, mais pas pour le stylo. Ton (*vieux*) … stylo
   n'est pas (*cassé*) … .
8. Maman, je veux de (*nouveau*) … chaussures. – Pourquoi? Tu as des problèmes
   avec tes (*vieux*) … chaussures? – Non, pas vraiment, mais elles ne sont plus
   (*moderne*) … , et elles ne sont plus (*joli*) … .
9. Écoutez! Nous ne sommes pas (*riche*) … .
10. Au rayon sport. Maman dit: Les enfants, j'ai absolument besoin de ce (*nouveau*)
    … vélo. Je veux rester en forme. Et ces pantalons (*noir*) … sont (*bon marché*)
    … . C'est une (*bon*) … occasion.
11. Les enfants disent: Elles sont (*injuste*) … , les (*grand*) … personnes!

ERKLÄRUNG

Die Stellung des attributiven (beigefügten) Adjektivs

Im Französischen können die **Adjektive vor oder nach dem Nomen** stehen.
Die wichtigsten Regeln dazu lauten:

Einige wenige (vor allem **kurze und häufig gebrauchte**) **Adjektive** stehen im Allgemeinen **vor dem Nomen.**
grand, petit, bon, mauvais, beau, joli, long, jeune, vieux, nouveau, gros; alle Zahladjektive
une grande maison, un petit garçon, un bon ami, une mauvaise note, un beau garçon, une jolie fille, un jeune homme, une vieille dame, un nouveau roman, un gros livre, mon premier amour, la deuxième fois etc.

Die weitaus größte Zahl der Adjektive steht hinter dem Nomen!
ZB Adjektive, die eine seelische Eigenschaft bezeichnen;
Adjektive, die eine Zugehörigkeit zu irgendeinem Bereich ausdrücken;
alle Partizipien; alle Farbadjektive

chaud, froid, dure, lourd, léger, rapide, sympathique, maigre, mince, gentil, français, catholique, gauche, moderne, cassé, fatigant, vert, rouge, bleu

l'eau froide, une chaise confortable, une maison moderne, un cours fatigant, un pull-over vert etc.

35 ÜBUNG

Setze die übereingestimmten Adjektive an den richtigen Platz.

exemple: Maman aime boire *du vin* (*rouge*) ▶ *du vin rouge*

1. Nathan va acheter *une mobylette* (*vieux*)
2. Christian est amoureux *d'une fille* (*américain*)
3. Max est en train de manger *son croissant* (*quatrième*)
4. Quand Catherine fait un voyage, elle a toujours *des valises* (*gros*)
5. Pour M. Hervé, le calme est important. Il aime passer *ses vacances* (*grand*) en Bretagne dans *une maison* (*petit, loué*)
6. Nous adorons *la cuisine* (*français et italien*)
7. *Mon amie* (*japonais*) habite à Tokyo avec *sa famille* (*petit*)
8. *Mes deux frères* (*grand*) ne sont pas toujours gentils.
9. *Les tartes* (*bon*) de ma mère contiennent beaucoup de calories.
10. Il pleut. Les gens se hâtent dans *les rues* (*gris, triste*)
11. Le garçon a besoin *d'une chaise* (*roulant*) après son accident.
12. *Les bistrots* (*vieux*) de Paris sont *des endroits* (*magnifique*)
13. Notre oncle adore *les voitures* (*vieux, anglais*)
14. Hélix est *un chien* (*gros*), mais c'est *un animal* (*doux*)
15. Jessy est *une femme* (*beau*), mais *une actrice* (*mauvais*)
16. Tu as lu ces livres? – Oui, ce sont *des livres* (*intéressant*)

Achtung:
„Er schreibt gute Bücher."
Heißt das übersetzt: *„Il écrit **de bons livres**"* oder *„Il écrit **des bons livres**"*?

Prinzipiell „darf" man nun schon beides schreiben. „Richtiger" war es aber, im Plural bei einem vorangestellten Adjektiv nur *„**de**"* zu verwenden!
*„**Des** bons livres"* gehört(e) eher der Umgangssprache an, weshalb bei allen Lösungen und im Buch nur *„de"* zu finden sein wird.

Der Infinitiv (Nennform) – *l'infinitif*

Jene Form, in der ein Verb im Wörterbuch „genannt" ist, nennt man **Nennform** (Infinitiv/ *l'infinitif*).

Im **Deutschen** gibt es im Wesentlichen nur **eine Art von Infinitiv-Endung,** nämlich **-en:** lach-**en**, tanz-**en**, sing-**en**, lern-**en**, schlaf-**en**.
(Manche Verben enden auch nur auf -**n**: lächel-**n**, flüster-**n**, kletter-**n** etc.)

Im **Französischen** findet man **vier verschiedene Infinitiv-Endungen:**

-er: *téléphon-**er**, visit-**er**, réserv-**er***
-ir: *ven-**ir**, sort-**ir**, fin-**ir***
-re: *vend-**re**, prend-**re**, ri-**re***
-oir: *recev-**oir**, dev-**oir**, voul-**oir***

Das Präsens (Gegenwart) – *le présent*

1 DIE BILDUNG DER PERSONALFORMEN

„Wann **kommen du** heute nach Hause?", fragt Leo seine Schwester.
„Was ist denn mit dir los?", erwidert Lena darauf, statt eine Antwort zu geben.
„**Ich haben beschlossen**, dass **ich** nur mehr Infinitive **verwenden. Das sein** lustig.
Finden du nicht?"
„Was dir immer einfällt", sagt Lena und schüttelt den Kopf.

Um „anständige" Sätze bilden zu können, muss man aus den Infinitiven Formen machen, die der Person, der Zahl und der Zeit angepasst sind.
Man nennt diese Formen **Personalformen.**

Will man im Deutschen aus dem Infinitiv eine Personalform machen, entfernt man die Endung und **behält nur den Stamm**: lieb..., lach..., küss... etc.
An diesen Stamm hängt man die Endungen, die zu den jeweiligen Personen gehören:

1. P. Sg.	ich lieb-**e**	1. P. Pl.	wir lieb-**en**
2. P. Sg.	du lieb-**st**	2. P. Pl.	ihr lieb-**t**
3. P. Sg.	er lieb-**t**	3. P. Pl.	sie lieb-**en**

Im Französischen funktioniert die Sache (im Wesentlichen) **genauso**:
Du **entfernst** bei den Verben **die Infinitiv-Endungen** und **hängst** an die Stämme
folgende **Personalform-Endungen**:

		Stamm + *er*	Stamm + *ir*	Stamm + *re*	Stamm + *oir*
1. P. Sg.	*je*	-e		-s [1]	
2. P. Sg.	*tu*	-es		-s [1]	
3. P. Sg.	*il/elle*	-e		-t (-d)	
1. P. Pl.	*nous*		-ons		
2. P. Pl.	*vous*		-ez [2]		
3. P. Pl.	*ils/elles*		-ent		

TIPP
Lerne die Endungen laut auswendig. Du darfst dabei die Silben sogar so
aussprechen, wie sie aussehen: *e, es, e; s, s, t; ons, ez, ent*

Ausnahmen:

[1] **Zwei Verben** enden in der 1. und 2. Person Singular **nicht auf -s**, sondern auf **-x**:

    je veux (ich will)   *je peux* (ich kann)

    tu veux   *tu peux*

[2] **Drei Verben** enden in der 2. Person Plural **nicht auf -ez**, sondern auf **-es**:

    (*dire*)   *vous **dites*** (ihr sagt)

    (*être*)   *vous **êtes*** (ihr seid)

    (*faire*)   *vous **faites*** (ihr macht)

Merkhilfe: „**Ditta** (*dites*) und **Edda** (*êtes*)
sind **fett** (*faites*)."

2   VERBEN AUF -*ER*

Das sind die einfachsten und zum Glück auch die meisten! Bei fast allen von ihnen hängt
man die **Endungen an den Stamm**, und schon hat man die richtige Personalform:

	parler	*aimer*		
je	parl-**e**	j'aime	stammbetont	(Stammbetont: Man
tu	parl-**es**	tu aimes	stammbetont	hört nichts von der
il	parl-**e**	il aime	stammbetont	Endung.)
nous	parl-**ons**	nous aimons	endungsbetont	(Man hört die Endung.)
vous	parl-**ez**	vous aimez	endungsbetont	
ils	parl-**ent**	ils aiment	stammbetont	

36 ÜBUNG

Setze die richtigen Formen ein.

1. gagner   je _____   ils _____

2. demander   tu _____   nous _____

3. trouver   il _____   ils _____

4. entrer   tu _____   elles _____

5. aimer   j' _____   vous _____

6. téléphoner tu _____   ils _____

7. marcher   elle _____   nous _____

37 ÜBUNG

Welche Formen sind falsch? Korrigiere sie.

1. j'entres ... tu trouves ... il aime ... nous dansez ... ils formez
2. tu gagne ... vous regrettez ... je cherche ... ils parlent ... elle danses
3. nous regardons ... vous donnons ... il entrent ... tu donne
4. ils chante ... nous aimons ... elle mange ... tu joue
5. il amuse ... tu répare ... nous montrez ... vous montez

38 ÜBUNG

Bilde aus den Wortgruppen Sätze.

exemple: manger / Enzo / dans la cuisine / le matin / son petit déjeuner ▶
Le matin, Enzo mange son petit déjeuner dans la cuisine.

1. parler / Ernesto / trop vite
2. chanter / la mère / bien / de Stéphane
3. préparer / elle / un nouveau CD / sous le nom de Fabienne
4. aimer / Jacqueline et Kévin / les CD de Fabienne
5. chercher / tu / toujours / tes affaires d'école
6. regarder / vous / la télé / toute la journée
7. réserver / nous / une chambre / dans un bel hôtel
8. trouver / je / mon porte-monnaie / sous la table
9. donner / tu / le cadeau / à ma sœur
10. danser / les deux / toute la nuit
11. dîner / on / ensemble / ce soir
12. monter / les touristes / sur la tour Eiffel
13. entrer / elle / dans la classe / à neuf heures

ÜBUNG

Bilde mithilfe der Wörter so viele Sätze, wie dir einfallen!
(Die richtigen Formen musst du selbst schaffen!)

exemple: *Aujourd'hui, Sandrine joue au foot avec son petit copain Jean.*
Je parle de mes problèmes de famille avec Emma.

- Sandrine / Emma / Jean / Philippe / vous / je / nous / tu / ils / les enfants
- aimer / donner / jouer / discuter / entrer / chercher / trouver / parler
- football (m) / problème (m) / famille (f) / chat (m) / parents (m. pl)
  soupe (f) / appartement (m) / maison (f) / livre (m) / musique (f) /
  copain (m) / natation (f) / danse (f) / sport (m) / ping-pong (m) /
  skateboard (m)
- dans / avec / pour / derrière / devant / sur / du / des / de / à / au / aux
- aujourd'hui / bientôt / heureusement
- sympathique / petit / grand / nouveau / beau / bon

3 | *AVOIR, ÊTRE, ALLER*

Da diese drei Verben zu den wichtigsten und am meisten verwendeten gehören, bekommst du schon jetzt die Möglichkeit, ihre Formen kennenzulernen und dann auch bei allen anderen Übungen immer wieder zu trainieren.

avoir (haben)		*être* (sein)		*aller* (gehen)	
j'	**ai**	je	**suis**	je	**vais**
tu	**as**	tu	**es**	tu	**vas**
il	**a**	il	**est**	il	**va**
nous	**avons**	nous	**sommes**	nous	**allons** regelmäßig
vous	**avez**	vous	**êtes**	vous	**allez** regelmäßig
ils	**ont**	ils	**sont**	ils	**vont**

Sieh dir die Wörter *avoir* und *aller* nochmals nebeneinander an!

j'	**ai**	je	**vais**
tu	**as**	tu	**vas**
il	**a**	il	**va**
nous	**avons**	nous	**allons**
vous	**avez**	vous	**allez**
ils	**ont**	ils	**vont**

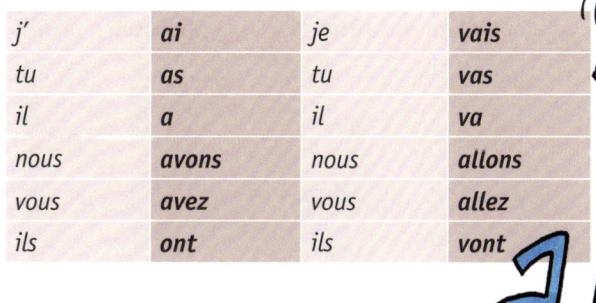

TIPP

Da bei diesen Formen immer wieder Fehler gemacht werden, widmen wir ihnen noch ein paar Eselsbrückengedanken, auch **Merkhilfen** genannt:

*a*voir – beginnt mit **a** – und heißt daher h**a**ben

*ê*tre – beginnt mit **e** – und heißt daher s**e**in

Einiges an den beiden Wörtern ist „regelmäßig":

- das *-s* in der 2. Person Singular (*tu es, tu as*)
- die Singular-Endungen des Wortes *être* sind *-s, -s, -t,* wie es sich gehört ...
- „sie **s**ind" heißt „*ils* **s***ont*"

40 ## ÜBUNG

Setze die richtigen Formen von *avoir* oder *être* ein.

1. Mon ami Max .... un chat. Ce chat .... gris.

2. Tu .... un ordinateur? Il .... rapide?

3. A quelle heure est-ce que vous .... à la maison?

4. Je .... au lit, j(e) .... la grippe. – Oh, tu

.... aussi mal à la tête?

5. Nous .... tristes quand tu .... malade.

6. Maman, nous .... soif. Tu .... encore du

coca?

7. Ce soir, vous .... aussi chez Marc? C'........................... son

anniversaire. – Oui, nous .... chez Marc.

41 ## ÜBUNG

Setze die richtigen Formen ein.

aller	avoir	chercher	être	discuter
tu	il	nous	nous	vous ....
je	j'	tu	ils	je ....

avoir	aller	être	jouer	avoir
ils	elle	tu	nous	ils ....
vous	vous	vous	je	nous ....

Suche ein passendes Verb aus und setze es in die richtige Form:

avoir, être, aider, demander, jouer, aimer, réserver, parler, donner, préparer, rester, regarder, montrer

1. Manon .... à Hervé: On .... à la maison ce

   soir? On .... la télé? – Oh non, je n'........................... pas

   ce film.

2. On .... des crêpes? Tu .... de la farine et

   des œufs? Moi, j'........................... faim.

3. Vous .... une chambre dans cet hôtel? – Oui, nous

   .... l'hôtel et cette région.

4. Elle .... longuement de ses aventures. Nous

   n'........................... pas envie de l'écouter.

5. Moi, j' .... une amie qui m' .... quand

   j'........................... des problèmes.

6. Où .... Maman? – Elle .... dans la cuisine.

   Elle .... le petit déjeuner.

7. Tu nous .... les photos? Oh, qui .... -ce?

   Ton père? Nous .... beaucoup tes photos. Elles

   .... belles.

8. Elle .... avec sa voisine pendant les cours.

9. Le professeur n' .... pas d'accord quand les élèves ne

   .... pas leurs devoirs.

10. Roselyne .... les horaires d'avion sur Internet et

    .... ses billets en ligne.

11. Tobias dit: Nous .... étudiants à la Sorbonne et nous

    .... une thèse. Nous .... Autrichiens, mais

    nous .... français couramment.

12. Pendant les vacances, Luc .... au lit toute la matinée et

    .... beaucoup la télé. Il .... aussi à la

    Playstation avec ses copains.

13. Vous .... libre ce soir, M. Flaubert? – Oui, pourquoi? – Vous

    m'........................... à laver ma voiture? – Ah, je ....

    désolé, dans ce cas, je ne .... pas libre.

ERKLÄRUNG

Die zusammengesetzte Zukunft – *le futur composé* („*le futur proche*")

Wenn du die Formen von **aller** beherrschst, kannst du auch eine andere Zeit als das Präsens bilden: nämlich eine Form der Zukunft, die im Französischen entweder **futur composé** (im Gegensatz zum **futur simple,** das Stoff des 2. Lernjahres ist) oder auch **futur proche** (also „nahe Zukunft") heißt.

Diese Form besteht aus der **Personalform von** *aller* und **einem Infinitiv!**

futur composé			
je	*vais*	*aller*	ich werde gehen
tu	*vas*	*donner*	du wirst geben
il/elle	*va*	*parler*	er/sie wird sprechen
nous	*allons*	*discuter*	wir werden diskutieren
vous	*allez*	*venir*	ihr/Sie werdet/werden kommen
ils/elles	*vont*	*avoir*	sie werden haben

▼ ▼

aller + **Infinitiv**

43 ÜBUNG

Setze folgende Sätze in das *futur composé.*

 exemple: Je **parle** avec mes parents. ▶ *Je vais parler avec mes parents.*

1. Mes parents **demandent** quand je rentre le soir.
2. Je **rencontre** Frédérique devant le multiplexe à Limoges.
3. Nous **écrivons** des mails à des amis en Angleterre.
4. Ils **cherchent** leurs livres avant d'aller à l'école.
5. Elle **trouve** de nouveaux amis en France.
6. Elle **a** beaucoup de temps, elle **regarde** la télé.
7. Le prof **rend** les interrogations aux élèves. Ils **sont** contents.
8. J'**ai** une nouvelle voiture cette semaine.
9. Pierre **rentre** de Paris. Anne **est** contente.
10. Où est Sophie? Elle **arrive** trop tard.
11. Tim **va** au cybercafé. Il **donne** rendez-vous à une fille sur Internet.
12. Elles **font** des achats. Elles **cherchent** des bikinis pour cet été.
13. Nous **campons** sur la plage. Nous **allumons** un feu de bois.
14. Ils **offrent** du vin aux invités.
15. Tu **aimes** cette sorte de musique.
16. Nous **buvons** du thé.

Die Kapitel, in denen die folgenden beiden Punkte ausführlich besprochen und geübt werden, findest du ab Seite 92 (Verneinung; Stellung der Pronomen).
Hier werden ein paar Übungen dazu in einfacher Art vorweggenommen.

1 DIE VERNEINUNG DER INFINITIVKONSTRUKTION „ALLER + INFINITIF"

Die beiden **Teile der Verneinung** (*ne ... pas; ne ... jamais; ne ... plus* etc.) **umrahmen die Personalform**.

Bei **einer Infinitivkonstruktion** wie dieser **passiert das** natürlich **auch**:

Je   *vais*   **acheter** *ce livre.*

Je   *ne*   *vais*   *pas*   **acheter** *ce livre.*

Der Infinitiv bleibt „unangetastet".

2 DIE STELLUNG DER OBJEKTPRONOMEN

- **Normalerweise** stehen **die Objektpronomen vor der Personalform**:
  zB *Je **t'**aime.*

- **Bei Infinitivkonstruktionen** stehen sie jedoch **vor dem Infinitiv**:

  Je   **montre**   *mon livre*   **à Paul.** (ersetzt durch **lui**)

  Je *lui* **montre**   *mon livre.*

- Aber:

  Je *vais*   **montrer**   *mon livre*   **à Paul.**

  Je *vais* *lui* **montrer**   *mon livre.*

- **Verneint** sieht der Satz so aus:

  Je   *ne vais pas*   *lui*   **montrer**   *mon livre.*

Zur Sicherheit zwei weitere Beispiele:

*Nous allons voir **mes amis**. (= **les**)*
*Nous allons **les** voir.*
*Nous **n'**allons **pas les** voir.*

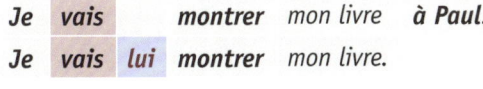

*Tu **vas** rencontrer **Janine**? (= **la**)*
*Tu **vas la** rencontrer?*
*Tu **ne vas pas la** rencontrer.*

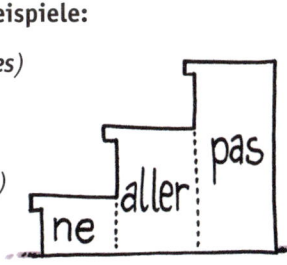

ÜBUNG

Setze folgende Sätze zuerst in das *futur composé* und verneine sie dann.

exemple: Maman cherche son sac. ▶ *Maman va chercher son sac.*
Maman ne va pas chercher son sac.

1. Je **traverse** la rue de Clichy.
2. Je **vais** chez Sandrine.
3. Madame Renoir **arrive** à six heures.
4. Mes amis **écoutent** la radio.
5. Moi, je **regarde** la télé.
6. Elle **mange** nos croissants.
7. Nous **jouons** aux cartes au casino.
8. Vous **êtes** contents de votre résultat.
9. Ils **ont** peur du chien.
10. Nous **traversons** la rue derrière la voiture.
11. Je **rentre** à la maison à huit heures.
12. Tu **manges** ton sandwich après les cours.
13. Il **joue** à l'ordinateur.
14. Vous **aimez** les films américains.
15. Il **donne** les fleurs à sa mère.

45

ÜBUNG

Ersetze das fett gedruckte Objekt durch das angegebene Objektpronomen und verneine den Satz anschließend.

exemple: Il va voir **son amie.** (*la*) ▶ *Il va la voir. / Il ne va pas la voir.*

1. Nous allons chercher **la rue.** (*la*)
2. On va offrir un verre de vin **à Gérard.** (*lui*)
3. Tu vas finir **ce travail** le soir? (*le*)
4. Je vais accompagner **mes parents** à Paris. (*les*)
5. Henri consulte **ce site web** tous les jours. (*le*)
6. Il aime beaucoup **sa page d'accueil.** (*l'*)
7. Nelly va proposer un apéritif **à ses invités.** (*leur*)
8. Sophia Coppola tourne **son film** au Louvre. (*le*)
9. Elle fait un cadeau d'anniversaire **à son copain.** (*lui*)
10. J'emporte **mon lecteur MP3** en classe. (*l'*)
11. Tanguy prête son lecteur de DVD **à sa copine.** (*lui*)
12. Je vais prendre **mon scooter** pour aller au lycée. (*le*)
13. Au cinéma, vous allez montrer **votre carte d'étudiant.** (*la*)
14. Maman montre le journal **à ses amies.** (*leur*)

- **Verben mit Stammerweiterung:**

	fin-ir (beenden)	*chois-ir* (auswählen)	*réag-ir* (reagieren)
je	*fin-i-s*	*choisis*	*réagis*
tu	*fin-i-s*	*choisis*	*réagis*
il	*fin-i-t*	*choisit*	*réagit*
nous	*fin-**iss-ons***	*choisissons*	*réagissons*
vous	*fin-**iss-ez***	*choisissez*	*réagissez*
ils	*fin-**iss-ent***	*choisissent*	*réagissent*

Ebenso abgewandelt werden zB **réfléchir** (nachdenken), **remplir** (aus/füllen),
obéir (gehorchen) etc.

- **Verben ohne Stammerweiterung, Verlust eines Konsonanten im Singular:**

	sort-ir (ausgehen)	*part-ir* (abreisen)	*dorm-ir* (schlafen)
je	*sor-s*	*pars*	*dors*
tu	*sor-s*	*pars*	*dors*
il	*sor-t*	*part*	*dort*
nous	*sort-**ons***	*part**ons***	*dorm**ons***
vous	*sort-**ez***	*part**ez***	*dorm**ez***
ils	*sort-**ent***	*part**ent***	*dorm**ent***

Ebenso abgewandelt
werden:
sentir (fühlen; riechen)
servir (be/dienen)
mentir (lügen)

46 ## ÜBUNG

Setze die richtigen Formen ein.

entrer	**sortir**	**parler**	**dormir**	**partir**
tu	il	nous	elle	vous ....
j'...................	je	tu	ils	je ....

trouver	**servir**	**choisir**	**finir**	**réagir**
je	je	tu	nous	tu ....
vous	vous	il	je	ils ....

mentir	**sentir**	**avoir**	**être**	**aller**
tu	je	tu	tu	tu ....
ils	ils	ils	ils	ils ....

■ **Verben auf *-ir* mit Endungen wie bei den Verben auf *-er*:**

	ouvr-ir (öffnen)	*offr-ir* (anbieten)	*couvr-ir* (bedecken)
j(e)	ouvr-**e**	offre	couvre
tu	ouvr-**es**	offres	couvres
il	ouvr-**e**	offre	couvre
nous	ouvr**ons**	offr**ons**	couvr**ons**
vous	ouvr**ez**	offr**ez**	couvr**ez**
ils	ouvr**ent**	offr**ent**	couvr**ent**

Ebenso abgewandelt wird: ***découvrir*** (entdecken)

■ **Unregelmäßige Verben (also Ausnahmen):**

	ven-ir (kommen)	*ten-ir* (halten)	
je	vien-**s**	tiens	
tu	vien-**s**	tiens	**Hier ändert sich der Stamm!**
il	vien-**t**	tient	
nous	venons	tenons	regelmäßig!
vous	venez	tenez	
ils	vienn-**ent**	tiennent	**Stammänderung!** (vgl. Singular)

Ebenso abgewandelt werden alle Zusammensetzungen mit ***venir***:
zB ***devenir*** (werden), ***revenir*** (zurückkommen) etc.

 TIPP
Bei **unregelmäßigen Verben** kommt es oft vor, dass sich **im Singular der Stamm ändert**, die **1. und 2. Person Plural** aber **regelmäßig** gebildet werden. Die **3. Person Plural** hat dann jedoch oft wieder **den Stamm der Singularformen**.

Überblick: Verben auf *-ir*

■ **Verben mit Stammerweiterung:** *finir, choisir, réagir, obéir* etc.
■ **Verben ohne Stammerweiterung, Verlust eines Konsonanten im Singular:** *sortir, partir, dormir, mentir, sentir* etc.
■ **Verben auf *-ir* mit Endungen wie bei den Verben auf *-er*:** *ouvrir, offrir, couvrir, découvrir* etc.
■ **Unregelmäßige Verben** (also Ausnahmen): *(de)venir, tenir*

Setze die richtigen Formen ein. (Verben auf *-er* und *-ir*, *aller*, *être* und *avoir*)

1. ouvrir il .... ils .... nous ....

2. aller je .... ils .... tu ....

3. offrir j' .... il .... nous ....

4. être je .... vous .... tu ....

5. sentir nous .... je .... il ....

6. venir je .... nous .... ils ....

7. dormir tu .... vous .... il ....

8. finir ils .... tu .... nous ....

9. choisir il .... ils .... nous ....

10. sortir nous .... je .... ils ....

11. jouer vous .... tu .... ils ....

Welche Formen sind falsch? Stelle sie richtig!

1. je va, je finis, je choisi, je sors, je parles, je donne, je part, j'ouvres
2. tu couvres, tu dormes, tu vient, tu sent, tu offris, tu vas, tu pars, tu a
3. il vont, il as, il sent, il vient, il parts, il sort, il fint, il offrit, il es
4. nous vienons, nous sentissons, nous finissons, nous vont, nous donnons
5. nous offrons, nous tenons, nous parlez, nous allons, nous êtes
6. vous sortez, vous finissez, vous parlons, vous choisissez, vous vienez
7. vous alles, vous ouvrirez, vous offrez, vous avez, vous etez
8. ils avez, ils allent, ils parlont, ils réagissent, ils dormez, ils sortent
9. ils dorment, ils offrirent, ils venent, ils tiennons, ils restent, ils sont

Erzähle unter Verwendung der in Klammer stehenden Wörter die vorgegebenen Geschichten. Verwende auch direkte Reden.

exemple: Ein Freund ruft dich an. Er will mit dir am Abend fortgehen. Du gehst jedoch mit deiner Cousine weg, die zu dir kommt. Du fragst ihn, ob er euch begleitet. *(sortir, ce soir, être désolé, ma cousine, venir, accompagner, bonne idée, où, se rencontrer, devant la gare, être là, à huit heures)*

— *Salut, est-ce que tu sors avec moi ce soir?*
— *Non, je suis désolé, ma cousine vient chez moi. On sort ensemble.*
  (oder: Je sors avec elle). Mais est-ce que tu nous accompagnes?
— *Oui, je vous accompagne. C'est une bonne idée. On se rencontre où?*
— *Devant la gare. A huit heures.*
— *Bon, d'accord, je suis là à huit heures.*
— *Salut, à ce soir.*

1. Du bist bei Max. Seine Eltern sind daheim und fragen dich, was du gerne machst. Sie bieten dir auch etwas zu trinken an. Du nimmst nur ein Glas Wasser. Dann gehst du mit Max, der einen neuen Computer hat, in sein Zimmer. Ihr überlegt, was ihr machen könnt. Dann surft ihr im Internet.
   (être chez Max, ses parents, être à la maison, demander, aller bien, aimer faire, jouer au football et jouer au piano, offrir quelque chose à boire, prendre un verre d'eau, aller, la chambre, avoir un nouvel ordinateur, qu'est-ce que, surfer sur Internet)

2. Anne kommt in die Schule, ihre Freundin ist traurig, sie fragt sie, was los ist. Alice erzählt, dass ihr Freund Bertrand mit seinen Eltern in die USA fährt, wo er ein Jahr bleiben wird. Er geht dort auch in die Schule. Alice ist sicher, dass er sie vergessen und eine andere Freundin finden wird.
   (arriver au collège, triste, qu'est-ce qu'il y a, raconter, aller aux Etats-Unis, rester une année, fréquenter une école, être sûr(e), oublier, trouver, une autre amie)

3. Deine Eltern fahren für drei Tage weg und geben dir einige Anweisungen (siehe unten). Sie sind sehr besorgt um dich und das Haus. Du bist etwas genervt.
   (partir pour trois jours, dire, ce que je dois faire; répondre au téléphone, quitter la maison – fermer la fenêtre, appeler Mémé, mettre le répondeur en marche, trouver, une ratatouille au frigo, être prêt, mettre au four, faire les devoirs; d'accord, être énervé)

4. Deine Eltern sind weggefahren, du telefonierst mit Freunden. Du willst eine Party feiern. Jeder bringt etwas zu essen und zu trinken mit. Ihr habt eine tolle Party. Als die Eltern anrufen, dass sie in zwei Stunden heimkommen, könnt ihr rechtzeitig aufräumen.
   (partir, inviter à faire une boum, emporter quelque chose à manger et à boire, les boissons, la bière, le coca, les sandwichs, préparer, le fromage, rentrer, ranger la maison, à temps, avant l'arrivée des parents, tout le monde, aider)

Auch hier haben wir wieder versucht, ein bisschen **Ordnung in die Verben** zu bringen, ihre Unterschiede aufzuzeigen und auf ihre Gemeinsamkeiten hinzuweisen.
Die meisten Gehirne freuen sich über Ordnungen, über Systematisierungen, über festgelegte Strukturen. Mache dir daher beim Lernen bewusst, dass die **Konjugation der französischen Verben nicht nach dem Zufallsprinzip** funktioniert oder jedes **irgendwie anders** abgewandelt wird, sondern dass sie **alle in ein Schema passen**. So ersparst du dir lästiges Auswendiglernen jedes einzelnen Wortes!

■ **Regelmäßige Verben auf *-dre*:**

	attend-re (warten)	*descend-re* (hinuntergehen)
j(e)	attends	descends
tu	attends	descends
il	attend	descend
nous	attendons	descendons
vous	attendez	descendez
ils	attendent	descendent

Ebenso: *vendre* (verkaufen), *rendre* (zurückgeben), *répondre* (antworten) etc.

■ **Unregelmäßige Verben auf *-dre*:**

	prend-re (nehmen)	*comprend-re* (verstehen)	
je	prends	comprends	regelmäßig
tu	prends	comprends	
il	prend	comprend	
nous	pren-**ons**	**comprenons**	Das *d* des Stammes **fällt weg!**
vous	pren-**ez**	**comprenez**	
ils	prenn-**ent**	**comprennent**	

Ebenso: *apprendre* (lernen) und *surprendre* (überraschen)

50 ÜBUNG
Übersetze.

1. ich nehme, wir verstehen, du bist, sie gehen, ihr wartet, er antwortet
2. ihr seid, du gehst hinunter, sie nehmen, er hat, wir lernen, du gehst
3. ihr verkauft, ich antworte, er gibt zurück, sie warten, er überrascht
4. ich warte, ich lerne, sie haben, ihr seid, ich bin, er lernt, Sie nehmen

- **Im Singular regelmäßig, im Plural -s bzw. unregelmäßig:**

	li-re (lesen)	plai-re (gefallen)	di-re (sagen)	fai-re (machen)
je	lis	plais	dis	fais
tu	lis	plais	dis	fais
il	lit	plaît	dit	fait
nous	li-s-ons	plai-s-ons	di-s-ons	fai-s-ons
vous	li-s-ez	plai-s-ez	**dites**	**faites**
ils	li-s-ent	plai-s-ent	di-s-ent	**font**

Ebenso: **connaître** (kennen: *je connais, nous connaissons*)

- **Regelmäßige Verben auf -re** (teilweise Änderungen in der Schreibweise):

	ri-re (lachen)	croi-re (glauben)	mett-re (setzen, legen, stellen)
je	ris	crois	met-s
tu	ris	crois	met-s
il	rit	croit	met
nous	rions	croyons	mettons
vous	riez	croyez	mettez
ils	rient	croient	mettent

Ebenso: **vivre** (leben), **suivre** (folgen), **permettre** (erlauben), **promettre** (versprechen)

- **Im Singular regelmäßig, im Plural unregelmäßig:**

	écri-re (schreiben)	boi-re (trinken)
j(e)	écris	bois
tu	écris	bois
il	écrit	boit
nous	écri-v-ons	**buv-ons**
vous	écri-v-ez	**buv-ez**
ils	écri-v-ent	boi-v-ent

Überblick: Verben auf -re

- **regelmäßige Verben auf -dre**: *attendre, descendre, vendre, rendre, répondre*
- **unregelmäßige Verben auf -dre**: *prendre, comprendre, apprendre, surprendre*
- **im Singular regelmäßig, im Plural ein -s dazu bzw. unregelmäßig:**
  lire, plaire, dire, faire, connaître
- **regelmäßige Verben auf -re** (teilweise kleine Änderungen in der Schreibweise):
  rire, croire, mettre, suivre, vivre, permettre, promettre
- **im Singular regelmäßig, im Plural unregelmäßig:** *écrire, boire*

ÜBUNG

Prendre, mettre oder *faire*?

1. Pour aller au Trocadéro, je ... le métro.
2. Est-ce que ton père ... la cuisine chez vous?
3. Le dimanche, nous ... du sport ensemble.
4. Il pleut et il ... froid. Tu ... un manteau et tu ... un parapluie quand tu sors.
5. Mesdemoiselles, vous ... un steak au poivre?
6. Vos enfants sont à la maison? – Non, ils ... du jogging.
7. Nos pères ne ... jamais de cravates. Mais nous, nous ... souvent des cravates.
8. Qui ... le ménage aujourd'hui? – Ce sont Papa et Enzo qui ... le ménage. – Mais non! Nous ... du tennis, n'est-ce pas, Papa?
9. Les élèves entrent dans la salle de classe et ... leurs livres sur la table.
10. Le matin, je ... une tasse de thé.

ÜBUNG

Dire, plaire, lire oder *écrire*?

1. Est-ce que ta grand-mère ... encore sans lunettes?
2. Bernadette et Sara, qu'est-ce que vous ... ? Donnez-moi cette revue.
3. Regarde ce pull, il me ... . Et les pantalons me ... aussi.
4. Nous ... beaucoup de lettres à nos correspondantes françaises.
5. Est-ce que la nouvelle voiture te ... ?
6. Elle ... bonjour au professeur et entre dans la salle de classe.
7. Mes filles ... surtout des contes de fée.
8. Les bons résultats ... beaucoup aux élèves.
9. Ces auteurs ... des romans policiers excellents.
10. Je ne vous comprends pas. Qu'est-ce que vous ... ?

ÜBUNG

Boire, croire, attendre, faire oder *comprendre*?

1. Vous ... toujours trop de bruit, les enfants! dit Mémé.
2. Tu nous ... devant le collège? – Oui, je vous ... vers une heure, d'accord?
3. Ils ne ... pas pourquoi Emmy n'apprend pas le vocabulaire.
4. Je ... que mes amis ne viennent pas aujourd'hui.
5. Nous ... de belles excursions autour de Paris.
6. Quand le professeur explique la grammaire nous ne ... rien.
7. Les élèves ... devant la salle de biologie.
8. Vous ... toujours du lait? Non, nous ... surtout du café.
9. Après les cours, les enfants ne ... rien pendant une heure.
10. Non, tu mens! Nous ne ... pas ce que tu dis.

■ *Plaire:*

Damit das Wort „gefallen" sicher und richtig verwendet werden kann, gibt es ein paar Gedächtnishilfen.

■ **„Bitte"** heißt *„s'il te plaît"* oder *„s'il vous plaît"*, wörtlich übersetzt: „Wenn es dir gefällt" oder „Wenn es Ihnen gefällt".
Das Verb **„gefallen"** wird also übersetzt mit *plaire*.

■ „Wer oder was" gefällt „wem"?

Der Pullover (Subjekt)		gefällt	meiner Mutter.	(indirektes Objekt)
Le pull-over		*plaît*	*à ma mère.*	(ersetzbar durch *lui*)
Der Pullover		gefällt	ihr.	
Le pull-over	*lui*	*plaît.*		
Die Bücher		gefallen	uns.	
Les livres	*nous*	*plaisent.*		

Es kann aber vorkommen, dass man Sätze wie „Euch gefallen diese Bücher?" übersetzen muss. Hier ist es wichtig, dass man die **Satzglieder** zuerst **ordnet**.
Das Subjekt (wer/was gefällt = diese Bücher) kommt **an erste Stelle** und bestimmt die Personalform.
Das Objekt (wem gefallen die Bücher) kommt **entweder als indirektes Objekt** (das mit *à* gebildet wird) danach oder als **Objektpronomen** (*me, te, lui* etc.) vor die Personalform.

Zur Erinnerung: *Ça plaît à Paulette*
                     au directeur
                     à l'ami
                     à la dame
                     aux professeurs

54 ÜBUNG

Alles gefällt – es fragt sich bloß, wem!

1. Dieses Haus gefällt meinen Eltern.
2. Ich denke, das Bild (*le tableau*) wird dem Professor gefallen.
3. Nathan? Mir gefällt er. Auch meinen Freundinnen gefällt er.
4. Ihr wollt sagen, dass euch diese Hosen gefallen? (*ces pantalons*)
5. Mit diesen Haaren gefallt ihr eurer Tante nicht. (*ces cheveux*)
6. Die französischen Autos gefallen uns sehr.
7. Ein Sommer am Strand gefällt Kindern.
8. Ich denke, dass dieser Hund der Dame gefallen wird.

ÜBUNG

Finde die richtigen Formen der richtigen Verben. Zur Auswahl stehen:

prendre, lire, dire, faire, mettre, boire, écrire, aller, avoir, être, attendre

1. Qu'est-ce que vous … ? Un verre de vin?
2. Au lycée, nous … un roman de Victor Hugo.
3. Mes parents m' … souvent des lettres.
4. Mon ami Tobias … à Paris pour apprendre le français.
5. Nous, nous ne … jamais d'alcool.
6. Tu … ta voiture au parking devant l'hôtel? Il y a assez de place.
7. Les enfants … froid, je leur … du thé.
8. Ces filles … la vérité?
9. Les enfants, vous … trop de bruit!
10. Chaque jour, M. Scriabin … deux journaux.
11. Pourquoi est-ce que vous ne … pas «au revoir»?
12. Qu'est-ce qu'ils … l'après-midi? Ils … leur père qui arrive à cinq heures?
13. Vous … votre lettre en espagnol?
14. Pour aller à Moscou, mes parents … l'avion.
15. Vous … Français, monsieur?
16. Je … toujours le bus pour aller à l'école.
17. Ils … les livres sur la table et … les histoires.
18. Je ne discute pas avec ma mère, elle … toujours raison.
19. Nous … en France pendant les vacances.

ÜBUNG

Welche Pronomen passen zu welchen Personalformen?

lisez	vend	descend
plaisons	a	croient
dit	comprennent	vont
réponds	dites	font
ris	ont	faites
vais	bois	fais
sommes	attends	boit
êtes	mettons	buvons
crois	sent	venons
conduisent	plaît	mettez
vends	vit	suis

Finde die richtigen Formen.

1. Qu'est-ce qu'on (*faire*) aujourd'hui? Tu (*avoir*) ton nouveau film vidéo? – Non, j'(*attendre*) le film depuis deux jours. On (*pouvoir*) regarder «Star Wars» encore une fois. J'(*avoir*) la cassette vidéo à la maison. J'(*emporter*) la cassette et du coca.

2. Tu (*avoir*) le temps de m'accompagner? Nous (*aller*) au marché pour acheter un cadeau à Julie. – Oui, je (*venir*) vers dix heures chez vous. – Non, tu nous (*attendre*) devant le marché, d'accord?

3. Merci pour ton invitation. Je (*aller*) venir avec Jeannine. Mais comment nous (*faire*) pour aller chez toi? Nous (*prendre*) la voiture. Tu nous (*expliquer*) la route? Tu nous (*écrire*) un message électronique?

4. Les deux garçons (*faire*) les courses. Au supermarché, ils (*rencontrer*) des filles qui (*être*) dans leur classe. Ils leur (*demander*) où elles (*aller*). Elles leur (*dire*) qu'elles (*chercher*) une pharmacie. Mais après, ils (*aller*) ensemble dans un petit café. Ils (*boire*) des bières, ils (*rire*) beaucoup.

5. M. Fred (*être*) dans un musée où on (*exposer*) des statues de Niki Saint Phalle. Ces statues ne lui (*plaire*) pas. Il (*écrire*) à sa sœur qu'il (*ne pas comprendre*) comment on peut faire des choses comme ça.

6. Grégory (*lire*) un article dans «l'Express». Il (*parler*) de l'exposition «Les Cathédrales de Monet» à Rouen. Ça (*tomber*) bien! Il (*aimer*) la peinture et il n'(*habiter*) qu'à quelques kilomètres de Rouen. Il (*prendre*) sa voiture et y (*aller*). Au musée, il (*rencontrer*) Nicole et Michèle. Il n'en (*croire*) pas ses yeux! Elles (*être*) aussi en vacances et (*visiter*) le même musée.

7. Tu (*avoir*) beaucoup à faire samedi. Tu (*apprendre*) la chimie. Une copine (*téléphoner*). Elle t'(*inviter*) au cinéma. Tu (*dire*) que tu dois rester à la maison. Mais c'(*être*) son anniversaire. Alors, vous (*passer*) une belle soirée.

8. Les parents (*téléphoner*). Ils (*rentrer*) d'un petit voyage. Vous (*être*) surpris. Vous (*attendre*) les parents le lendemain. La maison (*ne pas être*) en ordre. Bernard (*ranger*) la salle de séjour. Marie (*faire*) la vaisselle. Pierre (*descendre*) la poubelle. Quand les parents (*arriver*), ils (*trouver*) une maison parfaite. Ils (*être*) contents.

9. Tu (*être*) malade. Tu (*avoir*) de la fièvre. Une amie (*sonner*) à la porte. Elle (*apporter*) des cahiers. Elle (*réviser*) les cours avec toi. Elle (*montrer*) aussi sa nouvelle cassette. Vous (*écouter*) de la musique. Quand ta mère (*arriver*), elle se (*mettre*) en colère. Tu te (*coucher*) tout de suite. La fièvre (*monter*).

10. Ta classe (*faire*) une excursion de biologie dans un parc naturel. Tu (*ne pas avoir*) envie de faire cette excursion. Tu (*faire*) un pique-nique au bord d'un lac. Tout à coup tes copains et ton prof (*arriver*). Tu veux te cacher mais tu (*tomber*) dans le lac. Les autres (*rire*) et ton prof (*être*) fâché.

11. Ta cousine te (*rendre*) visite. Elle (*habiter*) en Allemagne. Elle (*venir*) rarement. Tu (*rire*) toujours beaucoup avec elle. Tu (*préparer*) un beau programme pour son séjour.

Manche dieser Verben **wechseln in stammbetonten Formen** (also 1., 2. und 3. Person Singular und 3. Person Plural) den **Stammvokal**!

	sav-oir (wissen)	*recev-oir* (erhalten)	
je	**sais**	**reçois**	**stammbetont** (= man hört die Endung nicht)
tu	**sais**	**reçois**	
il	**sait**	**reçoit**	
nous	savons	recevons	**endungsbetont** (= man hört die Endung)
vous	savez	recevez	
ils	savent	**reçoivent**	**stammbetont**

Drei besonders wichtige Verben fallen auch in die Gruppe der Verben auf *-oir*:

	pouvoir (müssen)	*vouloir* (wollen)	*devoir* (müssen)
je	**peux**	**veux**	**dois**
tu	**peux**	**veux**	**dois**
il	**peut**	**veut**	**doit**
nous	pouvons	voulons	devons
vous	pouvez	voulez	devez
ils	**peuvent**	**veulent**	**doivent**

pouvoir, vouloir und devoir sind **Modalverben**, mit denen man **Nennformkonstruktionen** (Infinitivkonstruktionen) bilden kann. Es stehen dann nur die **Modalverben in der Personalform! Der Infinitiv bleibt unverändert!**

Je **peux** aller.	Nous **voulons** aller.	Ils **doivent** aller.
Ich kann gehen.	Wir wollen gehen.	Sie müssen gehen.

Zuletzt kommt noch das Wort *voir* (sehen), das regelmäßig abgewandelt wird – von einer kleinen Abweichung in der Schreibweise abgesehen.

	voir (sehen)
je	vois
tu	vois
il	voit
nous	voyons
vous	voyez
ils	voient

ÜBUNG

Setze die jeweils gesuchten Personalformen ein.

	avoir	savoir	aller	faire
j(e)	....	....	....	....
nous	....	....	....	....
ils	....	....	....	....
	vouloir	pouvoir	être	devoir
il	....	....	....	....
nous	....	....	....	....
ils	....	....	....	....

ÜBUNG

Bilde aus den Infinitiven richtige Personalformen.

1. Bonsoir, Madame. Vous (*aller*) bien? Qu'est-ce que vous (*faire*) à Lyon? Vous (*être*) en vacances? Et votre mari, il n'(*être*) pas ici? Oh, il (*devoir*) rester chez vous pour garder vos chats. Combien de chats (*avoir*)-vous? Combien de jours est-ce que vous (*pouvoir*) rester ici? Eh bien, j'espère qu'il (*aller*) faire beau.

2. Salut, Gérard! Où est-ce que tu (*aller*)? – Je (*aller*) à la maison, je (*devoir*) préparer quelque chose à manger pour Eric parce que mes parents (*être*) chez mon oncle. Tu m'(*accompagner*)? – Non, je ne (*pouvoir*) pas aller avec toi, je (*devoir*) encore écrire un message électronique à un ami qui (*être*) malade. Il (*avoir*) la grippe et il (*devoir*) rester au lit. Je (*vouloir*) lui écrire quelques blagues pour le faire rire.

3. Maman, tu (*savoir*) où nous (*pouvoir*) acheter des cigarettes? – Oui, vous (*descendre*) les escaliers, puis vous (*aller*) tout droit et après 100 mètres, il y (*avoir*) un bureau de tabac. Mais je ne vous (*permettre*) pas de fumer à la maison.

4. Aujourd'hui, il ne (*faire*) pas beau. Je (*aller*) chez des amis où nous (*vouloir*) jouer au ping-pong. Nous (*prendre*) les raquettes mais nous ne (*trouver*) pas la balle. Jean (*demander*) à sa mère si elle (*savoir*) où (*être*) la balle. Elle lui (*répondre*) que la balle (*devoir*) être dans l'armoire. La voilà! Maintenant nous (*pouvoir*) commencer à jouer.

5. Je (*pouvoir*) parler à Véro, s'il vous plaît? – Oui, bien sûr, je (*aller*) te la passer. Elle (*devoir*) sans doute préparer le déjeuner. – Véro? Mes amies (*vouloir*) manger des crêpes mais je n'(*avoir*) pas la recette. Tu (*être*) une bonne cuisinière, tu la (*connaître*) sûrement par cœur!

6. Max (*partir*) en classe de neige. Sa mère (*savoir*) qu'il ne (*vouloir*) pas écrire. Elle (*dire*): Je te (*mettre*) dans ta valise six cartes timbrées, à notre adresse. Tu (*devoir*) seulement écrire: Je (*aller*) bien. – Non, (*répondre*) le garçon. Tu (*écrire*) toi-même: Tout (*aller*) bien. Et le jour où ça ne (*aller*) pas bien, je ne vous (*envoyer*) pas de carte.

ÜBUNG
Übersetze.

1. wir wollen glauben, er kann kommen, sie müssen lachen, er erhält
2. ich kann nicht wissen, sie wollen nicht gehen, sie müssen nicht gefallen
3. er will verkaufen, du musst arbeiten, sie können verstehen, ich kann nicht
4. wir wissen, wir erhalten, ich muss, wir sehen, Sie können sehen
5. du willst abreisen, wir können sagen, ihr seid, er hat, du gehst, sie weiß

61

ÜBUNG
Übersetze.

jouer à l'ordinateur, l'interrogation de français, prendre le bus, aller à pied au collège, recevoir, la lettre, apprendre plus, faire du bruit, de la semaine dernière, malade, l'exemple de mathématiques, deux fois, expliquer, faire attention, avoir raison

1. Was macht ihr? Wollt ihr bei uns am Computer spielen? Oder müsst ihr eure Französisch-Schularbeit vorbereiten? Wir müssen daheimbleiben, weil unser Hund krank ist. Er kann nicht allein bleiben.
2. Ich kann heute den Bus nehmen, ich muss nicht zu Fuß in die Schule gehen.
3. Ich weiß, dass du heute den Brief meines Englisch-Professors erhalten wirst. Er glaubt, dass ich mehr lernen soll. Ich will lernen, aber ich kann nicht, wenn Jean und sein Freund Lärm machen. Sie dürfen keinen Lärm machen.
4. Ich will heute nicht in die Schule gehen, weil der Professor die Hausaufgaben der letzten Woche sehen will. Ich werde meiner Mutter sagen, dass ich krank bin und nicht in die Schule gehen kann.
5. Verstehst du das Mathematikbeispiel? – Nein, ich kann diese Beispiele nicht verstehen. Aber unser Professor will die Beispiele nicht zweimal erklären. Er sagt, dass wir aufpassen sollen, wenn er spricht. – Hat er recht?

62

ÜBUNG
Finde die Fehler und korrigiere sie.

1. Nous ~~boivons~~ du thé parce qu'il ~~prend~~ froid. Tu prends aussi du thé?
2. J'a mal à la tête. – Si tu veut, je peux te faire un massage.
3. Nous devons nous reposer, nous sommes déjà trop fatigués.
4. Bonjour! Je voit que vous travaillons au jardin. Vous allez besoin de moi pour vous aider?
5. Il manges de la glace parce qu'il fais beau.
6. Il as 14 ans aujourd'hui. Il va faire une fête. Il invit ses amis.
7. Tu vas bien? Non, je suis triste, mon chat es mort.
8. Nous nous appellez Leroc, mais nous êtes Autrichiens.

Eine Mischung aus allen bisher besprochenen Verben!

1. Tu (*savoir*) conduire? – Non, je ne (*savoir*) pas encore. J'(*apprendre*) l'année prochaine.

2. Vous (*apprendre*) le français depuis deux ans. Pourquoi est-ce que vous ne me (*comprendre*) pas? – Nous ne vous (*comprendre*) pas parce que vous (*parler*) trop vite, Monsieur.

3. Mémé dit: Les enfants (*faire*) du sport. Maintenant, ils (*avoir*) soif. Je (*aller*) leur offrir quelque chose à boire. Est-ce que je leur (*offrir*) une bière? – Non, Mémé. Ils ne (*boire*) pas de bière. Ils (*vouloir*) seulement de l'eau.

4. Vous (*être*) contents de votre séjour? – Oui, nous (*être*) très contents.

5. Séverine, tu (*dormir*)? Tu ne (*sortir*) plus avec moi? Nous (*aller*) au cinéma. Henri nous (*attendre*) déjà devant le Rex. – Non, je ne (*vouloir*) plus sortir. J'(*avoir*) mal à la gorge. Je (*aller*) rester au lit. Tu (*dire*) à Henri qu'il (*devoir*) me téléphoner demain matin?

6. Pourquoi est-ce que les jeunes (*sortir*) très tard le soir? – Ils (*dire*) que personne n'(*arriver*) dans les boîtes avant 10 heures.

7. La petite fille (*être*) triste. Ses amies ne (*venir*) pas parce qu'elles (*devoir*) encore faire leurs devoirs. Leurs mères (*dire*) toujours qu'on ne (*pouvoir*) pas jouer avant les devoirs.

8. Nous (*vouloir*) aller à la piscine aujourd'hui. Il (*faire*) beau. Nous (*mettre*) nos maillots de bain, nous (*prendre*) nos matelas pneumatiques et nous (*partir*).

9. Les filles (*offrir*) de la limonade à leurs amis. Maurice ne (*vouloir*) pas de limonade. D'habitude, il (*boire*) du coca.

10. Elle (*écrire*) beaucoup d'e-mails à ses amis. Elle (*être*) contente parce qu'elle n'(*attendre*) pas longtemps pour avoir des réponses.

11. Le professeur (*sortir*) vite de la salle des professeurs. Les élèves (*devoir*) passer un examen important.

12. Aujourd'hui, elle (*partir*) pour la France. Elle (*avoir*) beaucoup d'amis qui (*vouloir*) l'inviter. Elle (*être*) très heureuse de les voir.

13. Nous (*faire*) le tour du monde et nous (*aller*) d'abord à Londres. Là-bas, nous (*prendre*) l'avion pour aller en Australie. Ce pays (*être*) un continent formidable.

14. Entre deux rondes, le boxeur (*dire*) à son entraîneur: Je (*pouvoir*) le battre? Qu'est-ce que tu (*croire*)? – Bien sûr, (*répondre*) l'entraîneur. Si tu (*continuer*) à agiter l'air comme ça, il (*aller*) finir par attraper une pneumonie.

15. Il (*faire*) vraiment chaud aujourd'hui. Je ne (*aller*) pas bien. Mais je (*jouer*) quand même au tennis avec mes amis.

16. Nous (*partir*) pour l'Italie ce week-end. Nos grands-parents nous (*accompagner*). Nous (*vouloir*) prendre des chambres dans un petit hôtel tranquille.

17. Notre chat (*être*) aveugle, mais il (*vivre*) comme un chat normal. Il (*courir*) dans toute la maison.

18. Qu'est-ce que vous (*faire*) d'une voiture qui (*tomber*) en panne tous les cent kilomètres? – Oh, je la (*vendre*) à un inconnu.

6 UNREGELMÄSSIGE VERBEN AUF *-ER*

Bei manchen **Verben auf *-er*** gibt es noch **Besonderheiten** zu besprechen und zu üben, die die **Schreibweise** betreffen.

	hörbare Endung	unhörbare Endung (stammbetont)		ebenso
(s')appeler (nennen, heißen)	*nous (nous) appelons*	*j(e m')appelle*	*l ▶ ll*	*épeler* (buchstabieren)
jeter (werfen)	*nous jetons*	*je jette*	*t ▶ tt*	*rejeter*
acheter (kaufen)	*nous achetons*	*j'achète*	*e ▶ è*	*lever* *promener*
préférer (bevorzugen)	*nous préférons*	*je préfère*	*é ▶ è*	*espérer*
envoyer (schicken)	*nous envoyons*	*j'envoie*	*y ▶ i*	*nettoyer*
payer (zahlen)	*nous payons*	*je paie / je paye*		*essayer*

Wenn ein Stamm auf **-g** oder **-c** endet, schreibt man **-ge** oder **ç** vor **-o**:

manger	*nous mangeons*	*je mange*	*nager, changer, diriger*
commencer	*nous commençons*	*je commence*	*placer*

63 ÜBUNG

Ersetze *je* durch *nous* und *nous* durch *je*.

exemple: Je range ma chambre. ▶ *Nous rangeons ma chambre.*

1. Nous rejetons ce projet.
2. Je mange des croissants.
3. Je jette les vieux papiers.
4. Nous essayons un autre ordinateur.
5. Nous préférons cette voiture.
6. J'espère trouver un bon emploi.
7. Nous changeons de métro à Auber.
8. Je lève la main.
9. Nous appelons nos amis.
10. Je nettoie la cuisine.
11. Je dirige une grande entreprise.
12. Nous l'achetons.
13. Nous payons par carte bancaire.
14. Je commence à avoir faim.
15. Nous t'envoyons une carte.
16. Je m'appelle Lévi.

ÜBUNG

Erzähle etwas über dich und über deine Freunde. Verwende dabei folgende Verben:

s'appeler, habiter, vivre, se lever, apprendre, aimer, préférer, avoir, être, devoir, pouvoir, connaître, savoir, aller, écrire, jouer, manger, espérer, rire, faire

exemple: *J'ai deux sœurs. Je vais au collège. J'aime jouer au tennis.*

65

ÜBUNG

Ein Rendezvous. Leider sprechen die beiden in Infinitiven. Stelle die Formen richtig.

1. David: J'espérer que tu aller excuser mon retard. Tu être là depuis longtemps?
2. Lucie: Non, non, je venir d'arriver. Qu'est-ce que nous faire maintenant?
3. David: Tu avoir faim? Je vouloir t'inviter à manger dans le joli restaurant de M. Ferdinand. Il savoir bien préparer les plats italiens.
4. Lucie: Ah, oui, c'être une bonne idée. J'avoir vraiment faim. Et j'aimer la cuisine italienne. On aller où?
5. David: Nous aller juste en face du parc de l'Hôtel de Ville. C'être le grand parc avec la belle cascade.
6. Lucie: Je connaître bien cet endroit. J'aimer faire du jogging dans ce parc.
7. David: Tu faire du jogging aussi? On pouvoir en faire ensemble un jour.
8. Lucie: Oui, je vouloir bien.
9. David: J'aimer aussi jouer au tennis. Tu savoir faire du tennis? ... Nous voilà arrivés. On entrer.
10. Lucie: D'accord. Le restaurant me plaire beaucoup. Je prendre une grande pizza. J'avoir faim.
11. David: Moi, je préférer une salade au thon. ... Tu être merveilleuse, Lucie!
12. Lucie: Je te trouver sympa aussi. Et nous aimer les mêmes livres et nous adorer les chiens tous les deux, n'être-ce pas?
13. David: Nous faire une petite promenade? J'aller juste payer et ensuite nous partir.
14. Lucie: Non, je ... Mais qu'est-ce qu'il y avoir? Le garçon attendre déjà.
15. David: J'être désolé, mais je ne trouver pas mon porte-monnaie.
16. Lucie: Bon, c'être moi qui payer. Tant pis pour la soirée romantique, mais je rentrer maintenant, j'avoir un examen important demain. Je devoir aller me coucher. On se voir demain soir?
17. David: Oui, bien sûr. Mais je ne savoir pas si je pouvoir dormir.

ERKLÄRUNG
Der Imperativ (Befehlsform) – *l'impératif*

■ **Schau!**
Wenn der Befehl (oder die Aufforderung) an **eine einzelne Person** gerichtet ist, mit der man **per Du** ist, so verwendet man die **Form der 1. Person Singular!** (Oft auch ohne Rufzeichen.)

Regarde!	Schau!
Dors bien!	Schlaf gut!

   ■ (Für dich interessante) **Ausnahmen:**

être: **Sois** *gentil.*	**Sei** nett!
aller: **Va** *à la maison.*	**Geh** nach Hause!

        Ausnahme von der Ausnahme: Wenn nach dem Befehl „va" ein „y" folgt, verwendet man (der Aussprache wegen) „vas": „**Vas-y**".

■ **Schaut! Schauen Sie!**
Befehle ich **mehreren Personen** oder jemandem, mit dem ich **per Sie** bin, so verwende ich die **Form der 2. Person Plural!**

Regardez!	Schauen Sie! Schaut!
Dormez bien.	Schlafen Sie gut! Schlaft gut!

   ■ **Ausnahme:**

être: **Soyez** *gentil(s).*	Seien Sie nett! Seid nett!

■ **Schauen wir! (Lasst uns schauen!)**
Richten **wir** einen Befehl **an uns** selbst, so verwenden wir die **Form der 1. Person Plural!**

Regardons!	Lasst uns schauen!
Dormons bien.	Lasst uns gut schlafen!

   ■ **Ausnahme:**

être: **Soyons** *gentil(le)s.*	Lasst uns nett sein!

■ **Schau nicht! Schaut nicht! Schauen Sie nicht! Schauen wir nicht!**
Die verneinende Befehlsform funktioniert genauso wie die Verneinung sonst auch: Man setzt das *ne* **vor die Personalform**, das *pas* **nach die Personalform.** Das Personalpronomen fällt weg.

Ne regarde	*pas.*	Schau nicht!
Ne dors	*pas.*	Schlaf nicht!
Ne travaillez pas.		Arbeitet nicht! Arbeiten Sie nicht!
Ne dormons	*pas.*	Lasst uns nicht schlafen!

Was passiert, wenn die **Befehlsform** mit einem **Objektvertreter** (zB **Gib mir** das Buch!) oder einem **rückbezüglichen Fürwort** (**Wasch dich!**) kombiniert wird, erfährst du im Buch für das 2. Lernjahr.

Überblick: Die Befehlsform – *l'impératif*			
Aufforderung geht		**Form**	
an dich	1. P. Sg	*Regarde.*	*Ne regarde pas.*
an uns	1. P. Pl.	*Regardons.*	*Ne regardons pas.*
an Sie/an euch	2. P. Pl.	*Regardez.*	*Ne regardez pas.*
Ausnahmen: *être*		*sois, soyons, soyez*	
aller		*va*	

---

66 ### ÜBUNG

Gute Tipps! Gute Tipps? Setze die Infinitive in den Imperativ. Arbeite nach folgendem Muster:

exemple: boire de l'eau (Boris) ▶ *Boris, bois de l'eau.*
boire de l'eau (les enfants) ▶ *Les enfants, buvez de l'eau!*

1. manger des fruits (*nous*)
2. faire du sport (*M. Durand*)
3. acheter du lait (*Maman*)
4. jouer à l'ordinateur (*Gérard*)
5. ne pas apprendre la biologie (*Christine*)
6. être plus sportif (*Valérie et Claude*)
7. ne pas partir avant midi (*Monsieur et Madame Frei*)
8. cacher le livre de votre prof (*Jean*)
9. énerver nos voisins (*nous*)
10. sortir de la piscine (*les enfants*)
11. promener le chien (*Pascal*)
12. offrir des boissons à nos amis (*nous*)

---

67 ### ÜBUNG

Forme die folgenden Sätze in Befehle um.

exemple: Vous devez venir avec les enfants. ▶ *Venez avec les enfants.*
Tu ne dois pas lire cet article. ▶ *Ne lis pas cet article!*

1. Vous devez travailler plus.
2. Tu dois être poli.
3. Nous devons finir notre jeu.
4. Vous devez faire d'autres projets.
5. Tu ne dois pas ouvrir la fenêtre.
6. Vous ne devez pas dire la vérité.
7. Tu ne dois pas partir demain.
8. Vous ne devez pas aller au concert.
9. Tu ne dois pas quitter ton amie.
10. Vous devez écrire des mails à vos parents.
11. Tu dois tenir ton chien en laisse.
12. Tu ne dois pas jeter les journaux.
13. Nous devons faire du sport.
14. Tu dois appeler la police.
15. Nous devons chercher les cigares pour grand-père.

Das Perfekt (Vergangenheit) – *le passé composé*

■ **Die gute Nachricht:** Grundsätzlich wird das *passé composé* (*p. c.*) genauso gebildet wir die deutsche Vergangenheit.

	Personalform von haben/sein +	Mittelwort der Vergangenheit (= 3. Stammform = Partizip Perfekt = *participe passé*)
ich	bin	gegangen
ich	habe	gesprochen
je	*suis*	*allé(e)*
j'	*ai*	*parlé*

■ **Die anderen Nachrichten:**
  ● Du brauchst die Formen von *avoir* und *être*.
  ● Du musst wissen, wie man das *participe passé* bildet (abgekürzt *p. p.*).
  ● Du musst wissen, welche **Verben ihre Vergangenheit mit *être*** bilden – und das sind teilweise andere bzw. weniger als im Deutschen.

1 DIE BILDUNG DES *PARTICIPE PASSÉ*

A **Verben auf -*er***

Du **entfernst die Infinitivendung** und **hängst** dafür **-é** an den Stamm.

Infinitiv	p. p.	
parl-er	**parlé**	(gesprochen)
aimer	**aimé**	(geliebt)

B *avoir, être* **und** *aller*

Infinitiv	p. p.	
avoir	**eu**	(gehabt)
être	**été**	(gewesen)
aller	**allé**	(gegangen)

C **Verben auf -*ir***

Die Verben **mit Stammerweiterung** (*finir, choisir* etc.) und die **ohne Stammerweiterung** (*partir, sortir* etc.) bilden ihr *p. p.* auf **-i**:

Infinitiv	p. p.			
fin-ir	**fini**	(beendet)	**réagi** – reagiert	
choisir	**choisi**	(gewählt)	**réfléchi** – nachgedacht	
partir	**parti**	(abgereist)	**dormi** – geschlafen	
sortir	**sorti**	(ausgegangen)	**menti** – gelogen	

Die Verben, deren Präsens wie das der Verben auf **-er** ist, verlieren **-rir** und bilden ihr **p. p.** auf **-ert**:

Infinitiv	p. p.		Merkhilfe
ouvrir	**ouvert**	(geöffnet)	eine **Ouvertüre** eröffnet die Oper
offrir	**offert**	(angeboten)	ein **Offert** ist ein Angebot
couvrir	**couvert**	(bedeckt)	ein **Kuvert** bedeckt einen Brief

Die beiden unregelmäßigen Verben *venir* und *tenir* (und alle Zusammensetzungen mit ihnen) bilden ihr **p. p.** auf **-u**:

Infinitiv	p. p.		
venir	**venu**	(gekommen)	**devenu** – geworden
tenir	**tenu**	(gehalten)	**revenu** – zurückgekommen

D Verben auf *-re*

Die **regelmäßigen Verben** aus dieser Gruppe bilden ihr **p. p. auf -u**:

Infinitiv	p. p.		
attendre	**attendu**	(gewartet)	**répondu** – geantwortet
vendre	**vendu**	(verkauft)	**descendu** – hinuntergegangen

Die anderen Partizipien enden entweder auf **-u**, auf **-t** oder auf **-i(s)**:

Infinitiv	p. p.		
prendre	**pris**	(genommen)	**appris** – gelernt
comprendre	**compris**	(verstanden)	**surpris** – überrascht
lire	**lu**	(gelesen)	**vécu** – gelebt
plaire	**plu**	(gefallen)	**promis** – versprochen
dire	**dit**	(gesagt)	**permis** – erlaubt
faire	**fait**	(gemacht)	
rire	**ri**	(gelacht)	
croire	**cru**	(geglaubt)	
mettre	**mis**	(gesetzt ...)	
écrire	**écrit**	(geschrieben)	
boire	**bu**	(getrunken)	

E Verben auf *-oir*

Alle Partizipien der bisher besprochenen Verben **enden auf -u.** (Manche **verlieren** jedoch dabei **einen Teil ihres Stammes!**)

Infinitiv	p. p.		
savoir	**su**	(gewusst)	**reçu** – erhalten
pouvoir	**pu**	(gekonnt)	**voulu** – gewollt
devoir	**dû**	(gemusst)	
voir	**vu**	(gesehen)	

- **Die gute Nachricht:**
  Die **meisten Verben** bilden ihr *passé composé* mit *avoir*! Auch *être* selbst!

ich habe gesagt	*j'*	*ai*	*dit*
du hast gelacht	*tu*	*as*	*ri*
er hat geschrieben	*il*	*a*	*écrit*
wir haben getrunken	*nous*	*avons*	*bu*
ihr habt gemacht	*vous*	*avez*	*fait*
sie haben beendet	*ils*	*ont*	*fini*

ich bin gewesen	*j'ai été*	wir sind gewesen	*nous avons été*
du bist gewesen	*tu as été*	ihr seid gewesen	*vous avez été*
er ist gewesen	*il a été*	sie sind gewesen	*ils ont été*

- **Die andere gute Nachricht:**
  Welche Verben ihre Vergangenheit mit *être* bilden, kann ganz einfach verstanden und daher auch gelernt werden!

A Es sind dies zuerst einmal die **Verben, die etwas über die Richtung einer Bewegung** ausdrücken. Man kann dann mit **wohin?** *(où?)* oder **woher** *(d'où?)* weiterfragen.

aller / (re)venir	gehen / (zurück)kommen	*je suis allé(e)* *
partir / arriver	abreisen / ankommen	*tu es parti(e)*
sortir / entrer	(hin)ausgehen / eintreten	*il est sorti*
monter / descendre	hinaufgehen / hinuntergehen	*elle est montée*
retourner	zurückgehen	*nous sommes retourné(e)s*
rentrer	heimgehen	*vous êtes rentré(e)s*
tomber	fallen	*ils sont tombés*

* Wird ein *passé composé* mit *être* gebildet, so kommt es zur Übereinstimmung des Mittelwortes (des *participe passé*) mit dem Subjekt! Man nennt das *„l'accord du participe passé"*.

B Weiters werden zB *rester* (bleiben), *devenir* (werden), *mourir* (sterben) und *naître* (geboren werden) mit *être* abgewandelt.

Achtung:
Die Verben der **Bewegungsart** *(danser, courir, marcher, nager* etc.) werden mit *avoir* abgewandelt: *j'ai dansé, tu as couru, il a marché* etc.

Ist das Subjekt	weibl. Einzahl	p. p. + e	allée	Elle est allée.
	männl. Mehrzahl	p. p. + s	allés	Ils sont allés.
	weibl. Mehrzahl	p. p. + es	allées	Elles sont allées.

Hoffentlich erinnert dich das alles an die Übereinstimmung des Adjektivs!

Achtung!

Vous kann auch Anredefürwort sein und meint damit verschiedene Subjekte!

*Bonjour, **Madame**, quand est-ce que **vous** êtes arrivée?*
*Bonjour, **Messieurs**, quand est-ce que **vous** êtes arrivés?*
*Bonjour, **Mesdames**, quand est-ce que **vous** êtes arrivées?*

C Weiters bilden **alle rückbezüglichen Verben** ihre Vergangenheit **mit *être*.**

je	me	suis	amusé(e)	nous	nous	sommes	lavé(e)s
tu	t'	es	appelé(e)	vous	vous	êtes	habillé(e, s, es)
elle	s'	est	blessée	ils	se	sont	coiffés

---

68 **ÜBUNG**

Finde die verlangte Form des *présent* und des *passé composé*.

exemple: faire – nous ▶ *faisons … avons fait*

1. lire – je …   choisir – nous …   attendre – tu …
2. prendre – je …   devoir – ils …   plaire – elle …
3. savoir – ils …   rendre – vous …   croire – je …
4. avoir – nous …   vendre – tu …   sortir – je …
5. offrir – tu …   dire – vous …   faire – ils …
6. pouvoir – ils …   être – tu …   devoir – nous …

---

69 **ÜBUNG**

Bilde aus den Infinitivgruppen Sätze im *passé composé*.

exemple: je – recevoir un message ▶ *J'ai reçu un message.*

1. ma mère – vendre sa vieille voiture   8. nous – dire merci à nos parents
2. Bernadette – mettre la table   9. Hervé – parler à sa mère
3. vous – répondre au téléphone   10. tu – voir mes lunettes?
4. il – offrir un apéritif à Max   11. elle – ouvrir la porte
5. je – acheter des carottes   12. tu – apprendre la chimie
6. elle – être à la maison   13. vous – boire tout le vin
7. je – attendre mon amie   14. nous – faire les achats

Schreibe zu den Partizipien den jeweiligen Infinitiv.

1. voulu …	offert …	pris …
2. vendu …	mis …	dû …
3. plu …	écrit …	sorti …
4. dit …	pu …	eu …
5. connu …	choisi …	parti …

71 ÜBUNG

Avoir oder *être*? Setze die Sätze in das *passé composé* und stimme, wenn nötig, das *p. p.* mit dem Subjekt überein!

exemple: Le taxi **arrive** en retard. ▶ *Le taxi est arrivé en retard.*

1. Brigitte, tu **vas** à la plage?
2. Elle **reste** à la plage jusqu'à huit heures.
3. Les enfants **jouent** dans leur chambre.
4. Quand est-ce que Lucie **sort** du lycée?
5. Madame, vous **venez** de Prague?
6. Nous **marchons** trois heures.
7. J'**oublie** l'anniversaire de ma tante.
8. Tu **vas** voir ton oncle à l'hôpital.
9. Valentin et Paul, vous **partez** pour Vienne?
10. Elle **arrive** à trois heures.
11. Après le cinéma, Max **revient** à pied.
12. Nous **écoutons** une cassette de Beethoven.
13. Les enfants **font** du bruit pendant le concert.
14. Il **est** content de ton travail. Il **dit**: C'est super.
15. Les chats **entrent** dans la maison. Ils **cherchent** les souris.
16. Nous, les deux familles, nous **partons** ensemble.
17. Nous **prenons** un apéritif chez Maurice.
18. Ils **boivent** trop de bière.
19. J'**attends** trois heures.
20. Mesdames, vous **partez** pour Lyon?
21. Vous **sortez** samedi?
22. Ils **disent** au revoir.
23. J'**apprends** le vocabulaire.
24. Les deux **dansent** toute la nuit.
25. Maman, tu **écris** les cartes postales?
26. Papa, tu **offres** quelque chose à boire à nos voisins?
27. Elle **prend** le train.
28. Ils **montent** ensemble.
29. Elles **descendent** de la voiture.

ERKLÄRUNG
Das Subjekt – *le sujet*

Um Sätze bilden zu können, muss man verschiedene Satzglieder miteinander verbinden. Das **Zentrum** des Satzes ist das **Verb**, also das Prädikat. Um „ein Satz zu sein", braucht das Verb üblicherweise ein **Subjekt**, welches dann auch bestimmt, wie die **Personalform** auszusehen hat:

Je dors. (**Ich** schlafe.)   *Mes parents dorment*. (**Meine Eltern** schlafen.)
Die beiden Sätze sind zwar kurz, aber durchaus vollständig.

ERKLÄRUNG
Das direkte Objekt – *le complément direct*

Manche Verben brauchen unbedingt eine weitere Ergänzung, ein **direktes Objekt**, damit der Satz vollständig wird. Man hängt es dann **direkt** ans Verb – ohne Hilfsmittel, einfach in der Form, die es auch als Subjekt hat.

Subjekt	Prädikat		direktes Objekt
Nous	*cherchons*	*??*	*notre directeur.*
Wir	suchen	wen?/was?	unseren Direktor.

Andere Verben hingegen brauchen nicht unbedingt ein Objekt, vertragen seine Anwesenheit aber recht gut.

Il	*mange*	*??*	*des fruits.*
Er	isst	wen?/was?	Früchte.

Hilfreich ist auch die Vorstellung, dass die Verben Arme haben, mit denen sie Ergänzungen **direkt** an sich binden können. Einen Arm hat jedes Verb, und manche haben eben zwei.

Vielleicht ist dir auch aufgefallen, dass diese zweiarmigen Verben außer dem Subjekt meist ein Objekt an sich binden, nach dem im Deutschen mit **„wen oder was?"** gefragt werden kann – weshalb **das direkte Objekt oft mit dem deutschen Objekt im 4. Fall (= dem Akkusativobjekt) verglichen wird.**

■   **Eine gute Nachricht:**
Von der Form her sieht das **direkte Objekt** glücklicherweise **wie das Subjekt** aus!
Dass man die beiden dennoch nicht verwechseln kann, liegt oft am Sinn, aber auch daran, dass im Französischen die **„gerade Wortfolge"** dominiert:
Das Subjekt steht fast immer **vor dem Prädikat** und **bestimmt die Personalform.**

Subjekt		direktes Objekt
Le père de Max	*cherche*	*le père de Raoul.*
Le père de Raoul	*cherche*	*le père de Max.*

Das indirekte Objekt – *le complément indirect*

Im Deutschen haben **manche Verben sogar „drei Arme"**. Das heißt, sie können neben dem **Subjekt** und dem **Objekt im 4. Fall** auch ein **Objekt im 3. Fall** direkt, also ohne Vorwort, an sich binden.

Subjekt	Prädikat	O3	O4
Ich	gebe	dem Professor	das Heft.
Wir	zeigen	der Professorin	das Heft.

Das können die französischen Verben nicht! Sie haben nur „zwei Arme", die direkt etwas an sich binden können, alles andere passiert **indirekt, also mit Hilfe eines Vorworts,** das *à* heißt.

Subjekt	Prädikat	dir. Objekt	indir. Objekt
Je	*donne*	*la lettre*	*à mon chef.*
Tu	*montres*	*la photo*	*à ma mère.*
Nous	*achetons*	*le cadeau*	*à nos parents.*

Zur Erinnerung		
m. sg.	*à + ̶l̶e̶* *au*	... *au* professeur
Nomen mit Vokal oder stummem *h*	*à l'*	... *à l'enfant*
f. sg.	*à la*	... *à la* dame
m. f. pl.	*à + ̶l̶e̶s̶* *aux*	... *aux* parents
Bei Eigennamen	*à*	... *à Marie*

 Achtung:
Während im Deutschen das Objekt im 3. Fall oft vor dem Objekt im 4. Fall steht, steht im Französischen **das direkte Objekt vor dem indirekten!**
(Das ist zwar logisch, führt jedoch zu Fehlern, wenn man sich beim deutschen Satz nicht bewusst ist, was welches Objekt ist!)

Vergleiche:

Ich	gebe	meiner Mutter	ein Buch.	
Je	*donne*		*un livre*	*à ma mère.*
Wir	zeigen	dem Direktor	die Photos.	
Nous	*montrons*		*les photos*	*au directeur.*
Sie	sagen	Valérie	die Wahrheit.	
Vous	*dites*		*la vérité*	*à Valérie.*

ÜBUNG

Bilde Sätze nach folgendem Muster.

exemple: montrer / Odile / son ordinateur / son amie ▶
Odile montre son ordinateur à son amie.

1. poser / la vendeuse / une question / le client
2. raconter / Papa / une histoire / les enfants
3. acheter / la grand-mère / ces jouets / la petite-fille
4. montrer / un homme / le chemin / les touristes
5. expliquer / le professeur / les exemples / les élèves
6. offrir / la tante / la limonade / la nièce
7. lire / la fille / la revue / la grand-mère
8. écrire / le garçon / une lettre / sa correspondante

ÜBUNG

73

Was fehlt? (Nur bestimmte Artikel einsetzen!)

1. Paul montre .... cadeaux pour sa mère .... amie.

2. Il dit .... enfants qui sont malades qu'il appelle .... médecin.

3. Maman explique .... enfant que papa arrive plus tard.

4. Les enfants font .... dessins .... mères.

5. La grand-mère lit .... belles histoires .... enfants.

6. Le garçon offre .... boissons .... clients.

7. Je montre .... amis comment on fait .... crêpes.

ERKLÄRUNG
Direktes oder indirektes Objekt?

Wenn man die Kurzformel „**direktes Objekt ~ Objekt im 4. Fall**" und „**indirektes Objekt ~ Objekt im 3. Fall**" betrachtet, so ist die gute Nachricht, dass die meisten französischen Verben dasselbe Objekt verlangen wie im Deutschen.

Max	*prête*	***sa bicyclette*** dir. Objekt	***à Jeanne.*** indir. Objekt	
Max	borgt	**Jeanne** 03	**sein Fahrrad.** 04	
Il	*offre*	***une bière*** dir. Objekt	***à ses amis.*** indir. Objekt	
Er	bietet	**seinen Freunden** 03	**ein Bier** 04	an.

Es gibt aber natürlich auch **Verben,** die ein **anderes Objekt als im Deutschen** verlangen!

Ein indirektes Objekt verlangen	
demander à	*Je **demande à** ma mère, **au** père, **aux** parents …*
	(Ich frage meine Mutter, den Vater, die Eltern …)
téléphoner à	*Je **téléphone à** mon ami, **aux** parents …*
	(Ich rufe meinen Freund, die Eltern … an)
parler à	*Je **parle à** ma mère, **aux** parents …*
	(Ich spreche mit/zu meiner Mutter, den Eltern …)

Ein direktes Objekt verlangen	
aider	*J'**aide** ma mère, le père, les parents …*
	(Ich helfe meiner Mutter, dem Vater, den Eltern …)
attendre	*J'**attends** la mère, le père, les parents …*
	(Ich warte auf/erwarte die Mutter, den Vater, die Eltern …)
écouter	*J'**écoute** la mère, le père, les parents …*
	(Ich höre der Mutter, dem Vater, den Eltern … zu)

Übersicht:		
Subjekt	**direktes Objekt**	**indirektes Objekt**
le père	*le père*	***au** père*
l'ami(e)	*l'ami(e)*	***à** l'ami(e)*
la mère	*la mère*	***à** la mère*
les parents	*les parents*	***aux** parents*

74 ÜBUNG

Bilde Sätze nach folgendem Muster.

exemple: ma mère / téléphoner / son amie Corinne / chaque soir. ▶
Ma mère téléphone à son amie Corinne chaque soir.

1. écrire / cartes postales / mes parents / tous leurs amis
2. téléphoner / Jean / Françoise / plusieurs fois par jour
3. vouloir parler / ma mère / le prof de maths
4. aider / je / les voisins / l'après-midi
5. écouter / mes amis et moi / la radio / dans ma chambre
6. appeler / nous / les amis / le matin
7. montrer / nous / les photos / les copains / après les vacances
8. lire / l'élève / le texte / le professeur
9. demander / je / le prof / si l'interrogation est difficile
10. attendre / vous / Mara / à la cantine

ÜBUNG

Direktes oder indirektes Objekt?

1. Vous aimez écrire des cartes postales .... vos parents? – Non,
   nous écrivons seulement .... notre prof de français. Il collectionne
   .... cartes postales.

2. Les enfants, vous voulez faire .... courses? Vous achetez un kilo de
   pommes et vous portez .... pommes .... Madame Souchay.
   Nous devons aider .... Madame Souchay, elle est malade.

3. Est-ce que vous demandez .... directeur si je peux parler
   .... sa femme? – Non, je demande .... sa femme directe-
   ment si elle a .... temps pour vous.

4. Michèle, présente .... ton ami .... ta vieille tante! –
   D'accord, tante Nicole, voilà Victor. On est arrivés pour demander ....
   parents si nous pouvons aller en Grèce ensemble.

5. Nous téléphonons .... amis et .... grand-mère.

6. Nous attendons .... amis devant le cinéma et nous achetons
   .... tickets au guichet.

7. Ils aident .... amis à faire leurs devoirs.

8. Il utilise une webcam pour parler .... son frère qui habite au Canada.
   Il envoie aussi des mails .... sa sœur qui habite en France.

ÜBUNG

Übersetze.

1. Hilfst du deinen Freunden?
2. Er wartet vor dem Kino auf seine Freundin.
3. Wir rufen unseren Großvater an.
4. Fragst du Oma, ob sie deinen Freunden ihr Auto borgt? (*Mémé, prêter*)
5. Die Schüler zeigen die Hefte den Professoren. (*les cahiers*)
6. Ich frage Tarik, wann er mit Herrn Thevoz sprechen wird.
7. Er sagt seinem Freund, dass er seinem Vater das Problem erklären soll.
8. Hörst du deinem Vater zu, wenn er deinen Brüdern etwas erklärt?
9. Du sagst den Nachbarn guten Tag.
10. Ich spreche mit der Dame, die die Post sucht.

ERKLÄRUNG
Die Präposition *à*

Dieses Vorwort (Präposition) verbindet nicht nur das indirekte Objekt mit dem Verb, sondern leitet auch **Ortsergänzungen** ein. Es wird dabei verschieden übersetzt (**in, auf, nach**). Trifft es mit *le* oder *les* zusammen, wird es wieder mit ihnen zu *au* bzw. zu *aux* verschmolzen!

*Je vais **au marché**, après **au théâtre**. Sophie va **à** l'école.*
Ich gehe **auf den Markt**, danach **ins Theater**. Sophie geht **in die Schule**.

*Max a souvent un livre **à la main** et une cigarette **aux** lèvres.*
Max hat oft ein Buch **in der Hand** und eine Zigarette **zwischen den Lippen**.

---

77 ÜBUNG
Setze die fehlenden Wörter (*à, au, à la, à l', aux*) ein.

1. Béatrice, tu viens avec nous .... restaurant? C'est .... centre-ville.

2. Paulette préfère rester .... maison. Elle a mal .... estomac.

3. Nathan est étudiant .... université de Rouen.

4. Quand je suis .... Paris, j'habite .... Quartier Latin.

5. Mes amis arrivent .... fin de l'après-midi.

6. Vous voulez parler .... M. Julot? Il est .... cantine.

7. Mon oncle travaille .... Galeries Lafayette.

8. On se rencontre .... café ou .... parc?

9. Nous prenons le bus pour aller .... Parlement et .... Cathédrale.

10. Les petits plats .... bistro sont formidables.

---

78 ÜBUNG
Bilde Sätze nach folgendem Muster.

la boulangerie, le cinéma, le marché aux puces, le théâtre, le stade, la bibliothèque, Paris, la piscine, le commissariat, le jardin, l'école, les Etats-Unis

voir un film, regarder un match de football, voir une pièce de Molière, visiter le Louvre, avoir une carte d'identité, acheter du pain, apprendre les maths, lire des livres, regarder des fleurs, vendre des choses, nager, visiter Manhattan

exemple: *Pour voir un film, on va au cinéma.*

1. Pour regarder un match de football, on ...

Bilde richtige Sätze.

exemple: Je / attendre / mon copain / le restaurant ▶
J'attends mon copain au restaurant.

1. Tu / préférer aller / la mer ou / Grenoble?
2. Je / rester / bord de la mer / pour me faire bronzer / le soleil
3. Nous / montrer / le professeur / les photos du bébé
4. Je / pouvoir parler / le chef?
5. Nous / prendre / le bus / pour aller / la plage
6. Elle / montrer / les monuments / les élèves
7. Vous / devoir demander / les parents / de donner un peu d'argent / votre amie
8. Qui / pouvoir aider / Philippe / à faire / ses devoirs?
9. Les deux / aller / le grand magasin / où ils / acheter / une poupée / la nièce
10. Mlle Franc, quand / vous / aller dire / votre famille / la vérité ?
11. Ils / dire / leur mère / qu'ils / aller / le musée / avec leurs amis
12. Tu offres / les amis / le café / la maison
13. Mme Breiter / demander / les élèves / de montrer / la directrice / leurs textes
14. Séverine / habiter / Versailles / depuis deux mois
15. Mara / vouloir manger / la cantine / chaque jour
16. Elle / expliquer / les détails des tableaux / les élèves
17. Nous / demander / les amis/ de venir / la fête
18. Ils / inviter / les amis / la maison
19. Les enfants / aimer rencontrer / leurs amis / le parc
20. Nous / aller / le concert

ERKLÄRUNG

Die Präposition *de*

Du weißt doch sicher, was passiert, wenn
die **Präposition *de*** auf *le* oder *les* trifft!
Richtig!
De verschmilzt mit *le* und *les* zu *du* und *des*.

m. sg.	*du*	(*C'est le cahier **du** professeur.*)
Nomen mit Vokal oder stummem *h*	*de l'*	(*C'est le cahier **de l'**enfant.*)
f. sg.	*de la*	(*C'est le cahier **de la** dame.*)
m. f. pl.	*des*	(*C'est le cahier **des** parents.*)

1 VERWENDUNG ZUR ÜBERSETZUNG EINES GENITIVATTRIBUTS

- **Betrachte die Sache einmal im Deutschen:**

Subjekt	
Vaters Auto	ist rot.
Wessen Auto? – Vaters: Genitivattribut	
La voiture du père	*est rouge.*
Das Auto meiner Eltern	ist rot.
Wessen Auto? – meiner Eltern: Genitivattribut	
La voiture de mes parents	*est rouge.*

- **Die folgenden Möglichkeiten gibt es im Französischen:**

la voiture	**de Paul**	Pauls Auto, das Auto Pauls, das Auto von Paul
la voiture	**du chef**	das Auto des Chefs (ugs: das Auto vom Chef)
la voiture	**de l'amie**	das Auto der Freundin
la voiture	**de la dame**	das Auto der Dame
la voiture	**des parents**	das Auto der Eltern
la voiture	**de mon ami***	das Auto meines Freundes
la voiture	**de cette amie***	das Auto dieser Freundin
la voiture	**d'Alain***	Alains Auto

* Bei Eigennamen bzw. wenn ein Nomen schon Begleiter hat, verwendet man nur
de oder **d'**!

80 ÜBUNG

de, du, de l', de la **oder** *des***?**

1. la couleur .... mer; le vélo .... voisin; le théâtre .... ville

2. le toit .... musée; la terrasse .... café; le livre .... mon fils

3. le bus .... jeune femme; le chien .... enfants

4. le dernier jour .... sa vie; la femme .... M. Pennac

5. l'âge .... parents; le pont .... Avignon; la fille .... actrice

6. le parapluie .... monsieur; les gants .... dame

7. les notes .... élèves; le résultat .... cours

8. la mère .... mon amie; les amis .... nos enfants

9. les maisons .... rue; les rues .... ville moderne

De (*du, de l' etc.*) oder à (*au, à l' etc.*)?

1. Nous restons .... bord .... mer. Nous n'allons pas .... montagne.

2. Il va .... Berlin où il rend visite .... parents .... son amie.

3. Le père .... Luc est .... chômage.

4. Tu as vu le film vidéo sur la vie .... Arméniens?

5. Regarde, c'est la fille .... prof de maths .... Juliette.

6. Nadine doit parler .... élèves .... seconde.

7. Ce soir, nous allons .... théâtre .... ville.

8. L'Hôtel .... Ville propose une journée .... portes ouvertes.

9. Les amis se rencontrent .... café et vont ensuite .... musée.

10. Le père .... Marie va .... Vienne chaque jour.

11. Le lycée .... enfants .... voisins n'est pas loin.

12. Les pages .... livre ont beaucoup .... tâches.

13. Les rollers .... Vincent sont .... cave.

14. Elle accroche des posters .... Brad Pitt .... murs .... sa chambre.

2 VERWENDUNG ALS ORTSERGÄNZUNG

Juliette kommt **aus Lyon**. *Elle vient **de Lyon**.*
Er kommt **aus dem Park**. *Il vient **du parc**.*

(Wie es heißt, wenn es um Ländernamen geht,
erfährst du auf Seite 81.)

3 PRÄPOSITIONEN + *DE* ZUR EINLEITUNG VON ORTSERGÄNZUNGEN

près de	in der Nähe von	*Elle habite près **de l'**église.*
à côté de	neben	*Elle habite à côté **du** collège.*
loin de	weit entfernt von	*Elle habite loin **de la** gare.*
autour de	um ... herum	*Elle nage autour **des** îles.*
en face de	gegenüber	*Elle habite en face **de** Brigitte.*
au bord de	am Rande von	*Elle habite au bord **de la** mer.*
à gauche de	links von	*Elle habite à gauche **du** bar.*
à droite de	rechts von	*Elle habite à droite **de l'**hôtel.*

Hier sind ein paar wichtige Kombinationen:

sich kümmern um	*s'occuper de*	Je m'occupe **des** enfants.
über ... sprechen	*parler de*	Je parle **des** enfants.
träumen von	*rêver de*	Je ne rêve pas **de** mon travail.
glücklich sein mit	*être heureux de*	Je suis heureuse **de** ma vie.
verliebt sein in	*être amoureux de*	Elle est amoureuse **de** Paul.
zufrieden sein mit	*être content de*	Il est content **de** son travail.

82 ÜBUNG

Übersetze.

1. Herr Märki kommt aus Genf (*Genève*). Jetzt lebt er in der Nähe von Grenoble. Er ist zufrieden mit seinem Leben.
2. Berni ist in Lisas Cousin verliebt. Er wohnt gegenüber der Schule.
3. Sprecht ihr über eure Probleme mit euren Müttern?
4. Ich treffe Marie vor Gérards Restaurant. Sie begleitet uns ins Restaurant.
5. Ihr kommt um Mitternacht aus dem Kaffeehaus? – Ja, wir haben über die Prüfungen gesprochen. Wir sind nicht zufrieden mit unseren Resultaten.
6. Er öffnet Brigitte die Tür des Autos und fragt, ob sie sich um ihren Koffer (*la valise*) kümmert.

83 ÜBUNG

Bilde Sätze nach folgendem Muster.

exemple: ma mère / offrir / sa sœur / la tarte – mon père
Ma mère offre la tarte de mon père à sa sœur.

1. Mehdi / venir / Téhéran / vivre / Mantes-la-Jolie / près de / Paris
2. Je / aller / le café – le quartier / parce que / on / y / offrir / un accès Internet / les clients
3. Il / dire / le garçon – café / qu'il / prendre / un café noir
4. L'enfant / jouer avec / la montre – la mère
5. David / prendre / la voiture – les voisins?
6. Non, / ce / être / la voiture – Magdalena
7. Le stade / être / loin de / le centre-ville / il / se trouver / près de / le marché
8. Ils / habiter / à côté de / le musée
9. Ils / venir / la banlieue / mais / ils / aimer / la grande ville
10. Les élèves / être / content / leurs notes

Überblick				
Singular				Plural
masc.	fém.	vor Vokal	Namen	masc. und fém.
Subjekt (1. Fall)	*le* père	*la* mère	*l'ami(e)*	Max	*les* amis
Besitz-verhältnis (2. Fall)	*du* père (de + le) *	*de la* mère	*de l'ami(e)*	de Max	*des* amis (de + les) *
Indirektes Objekt (3. Fall)	*au* père (à + le) *	*à la* mère	*à l'ami(e)*	à Max	*aux* amis (à + les) *
Direktes Objekt	*le* père	*la* mère	*l'ami(e)*	Max	*les* amis

*Die Verschmelzungen von *de* + *le* zu ***du***, *de* + *les* zu ***des***
à + *le* zu ***au***, *à* + *les* zu ***aux***
erfolgen nur, wenn „*de*" oder „*à*" auf die bestimmten Artikel ***le*** oder ***les*** trifft!
Folgt den Präpositionen ein anderes Wort, gibt es keine Verschmelzung!
(*de ce père, à mes parents* etc.)

ÜBUNG

Korrigiere, was falsch ist!

exemple: On demande le prof s'il a vu les films du Claude Chabrol. ▶
On demande au prof s'il a vu les films de Claude Chabrol.

1. Nous arrivons aux jardin des Plantes qui se trouve au Paris.

2. Papa attend à ma mère devant la maison de les grands-parents.

3. Je vais à cinéma avec le frère à mon amie Corinne.

4. Tu viens aussi en théâtre? J'y vais avec le secrétaire de la bureau du mon père.

5. Il aime regarder les peintures aux enfants.

6. Bonsoir, je peux parler aux Madame Lérot? Je veux montrer mes textes Madame Lérot.

7. Vous aidez aux voisins? Ils cherchent leur chat et ils le cherchent à le parc.

8. Il demande le prof s'il donne de bonnes notes à l'élèves.

9. Nous montrons le film du vacances les amis.

10. La voiture de la voisin est une belle voiture.

Präpositionen bei Ländernamen

Hier muss man betonen, dass die Länder ziemlich stolz auf ihre Artikel sein dürften, da sie sie fast immer bei sich haben!

- **„Weibliche" Länder:**
  Sie sind zum Glück in der Überzahl, und sie enden meist, damit man sie besser erkennt, auf **-e**: *l'Autriche, l'Allemagne, la France, l'Italie, la Suisse* etc.

- **„Männliche" Länder:**
  Das sind in der Regel die, die auf einen anderen Buchstaben als *-e* enden:
  le Pérou, le Portugal, le Liban etc. (Ausnahme zB *le Mexique*)

- **Länder, die „im Plural stehen":**
  ZB *les Etats-Unis, les Seychelles*

- Fährt man **in ein Land** (nach Frankreich) oder **ist man in einem Land** (in Frankreich), braucht man bei

weibl. Ländern	männl. Ländern	Ländern im Plural
en	*au*	*aux*
Auch wenn der Name mit Vokal beginnt! (**en** Iran)		
*Véronique habite **en** France. En été, elle va **au** Portugal et **en** Autriche.*		
*Elle aime aussi aller **en** Iran. L'année dernière, elle est allée **aux** Etats-Unis.*		

- **Kommt man aus einem Land,** braucht man bei

weibl. Ländern	männl. Ländern	Ländern im Plural
de	*du*	*des*
Beginnt der Name mit einem Vokal, sagt man **d'**.		
*Léa vient **d'**Alsace. Son mari vient **de** Grèce. Beaucoup de leurs amis viennent **du** Portugal et **d'**Iran. Ils ne connaissent personne qui vient **des** Canaries.*		

- Wenn man **in eine Stadt fährt oder in einer ist**, verwendet man nur *à*:
  *Je vais **à** Paris. J'habite **à** Vienne. Elle passe ses vacances **à** Berlin.*
  (Wenn es eine Stadt ist, die einen Artikel in ihrem Namen trägt, verschmilzt dieser mit dem *à*: *Je reste **au** Havre*.)

- **Kommt man aus einer Stadt**, sagt man *de*: *Nora vient **de** Paris*.
  (Kommt man jedoch zB aus *Le Havre*, sagt man *du*: *Il vient **du** Havre*.)

ÜBUNG

Setze die fehlenden Präpositionen ein.

1. Catherine apprend le japonais. Elle passe ses vacances .... Japon.

2. Ses amis vivent .... Tokyo et viennent souvent .... Hongrie.

3. Nous aimons rester .... Autriche en été.

4. Je vais .... Italie avec mes parents. Nous allons passer deux jours
   .... Venise. Nous rencontrons Paolo qui vient .... Rome.

5. .... Belgique, on parle français et flamand.

6. Mehdi, qui vient .... Téhéran, va aller voir ses parents .... Iran.

7. Mes grands-parents passent l'hiver .... Canaries.

8. M. Miller vient .... Angleterre et habite maintenant .... Sénégal.

9. C'est Jean qui habite .... Luxembourg mais travaille .... Suisse.

10. Pendant les vacances, ils vont aller .... Portugal et ....
    Espagne.

11. Son père travaille .... Soudan et .... Etats-Unis.

12. Il veut aller .... Chine après être retourné .... Australie.

13. Elle fait ses études .... Pays-Bas. Elle vit .... Amsterdam.

14. Les fameux châteaux de la Loire se trouvent .... France.

ÜBUNG

Kreuze die richtigen Antworten an.

1. D'où viens-tu?
   a) Au Vienne   b) Du Vienne   c) De Vienne

2. Vous habitez où?
   a) En Allemagne   b) Près d'Autriche   c) Dans la France

3. Ces gens, d'où est-ce qu'ils viennent?
   a) De les gare   b) De la gare   c) A la gare

4. Mme Fred vit où?
   a) Au marché   b) A l'Ecosse   c) Aux Etats-Unis

5. Vous êtes où?
   a) La première rue   b) A côté du collège   c) A côté de collège

6. Pendant les vacances, ils habitent où?
   a) Au côte   b) Au Paris   c) A l'hôtel

7. Tu rencontres tes amis où?
   a) A la café   b) Au lycée   c) Aux château

ÜBUNG

Übersetze.

1. Maïa ruft ihre Schwester an, die in Nizza lebt. Sie wird drei Jahre in Frankreich bleiben. (*téléphoner à, vivre, rester, trois années*)
2. Wir wollen zur Ausstellung gehen, die sich neben dem Museum befindet. Wir fragen unsere Freunde nach dem Weg. (*vouloir, se trouver, demander, l'exposition, le musée, le chemin*)
3. Ich zeige Philippes Brüdern das Geschenk, das ich Philippe in Italien gekauft habe. (*montrer, acheter, les frères, le cadeau*)
4. Wir warten auf den Professor gegenüber vom Bahnhof. Wir werden nach Berlin fahren, wo wir mehrere Theater besuchen werden. (*attendre, visiter, la gare, plusieurs théâtres*)
5. Benoîts Mutter ruft in der Schule an und spricht mit dem Direktor, weil Benoît krank ist. (*téléphoner à, parler à, le collège, malade*)
6. Wohin fährst du im Sommer? Wir fahren nach Frankreich. Zuerst bleiben wir in Cannes, verbringen dann eine Woche in der Nähe von Grenoble und fahren schließlich noch in die Normandie. (*aller, rester, passer, vivre, en été, d'abord, une semaine, enfin, la Normandie*)
7. Ich nehme meinen Freund nach Schottland mit. Aber zuerst werden wir nach London fahren und in einem schönen Hotel wohnen. (*emmener*)

ÜBUNG

Freies Schreiben

1. Erzähle etwas über deine Familie.
2. Erzähle etwas über dich, wo du wohnst, was du gerne machst, wie ein (Ferien-, Schul-)Tag aussieht.
3. Schreib einer Freundin/einem Freund eine kurze E-Mail, um dich mit ihr/mit ihm zu verabreden. Schlage Ort, Zeit und Aktivitäten vor.
4. Du bist krank und schreibst eine kurze E-Mail an eine Freundin/einen Freund, in der du sie/ihn bittest, dir einige Dinge zu bringen.
   Beschreibe zuerst, wie es dir geht, und bitte dann um Hefte aus der Schule und um verschiedene Nahrungsmittel.
   (bringen = *apporter*)

Achtung!
Beim freien Schreiben ist das Wichtigste zu wissen, was du schon schreiben kannst – oder können solltest.
Das heißt, du musst **solche Sätze „denken", die du auch übersetzen kannst.**
Wenn du es nicht schaffst, es aber **können solltest**, weißt du wenigstens, **was dir „fehlt".** Und wenn du das einmal weißt, musst du ja nur mehr versuchen, das Fehlende zu bekommen – damit es **keine „Fehler"** gibt.

ERKLÄRUNG

Das Personalpronomen (persönliches Fürwort) – *le pronom personnel*

ERKLÄRUNG

Das Subjekt – *le sujet*

Jene Personalpronomen, die als **Subjekt** im Satz stehen können, heißen

1. P. Sg.	*je*	1. P. Pl.	*nous*
2. P. Sg.	*tu*	2. P. Pl.	*vous*
3. P. Sg. m./f.	*il/elle*	3. P. Pl. m./f.	*ils/elles*

Erwähnenswert dabei ist, dass das **Anredefürwort „Sie"** *„vous"* heißt. Die **passende Personalform im Deutschen** entspricht der **3. Pers. Plural**, im Französischen verwendet man die Formen der **2. Pers. Plural**.

Was	machen	Sie?	▶ Qu'est-ce que	*vous faites?*
Wohin	gehen	Sie?	▶ Où est-ce que	*vous allez?*

Außerdem gibt es noch einen Unterschied! Während im Deutschen diese Pronomen allein vorkommen können, werden **die unbetonten persönlichen Fürwörter** im Französischen **nur in Verbindung mit einem Zeitwort** (genauer gesagt: **mit der dazugehörigen Personalform**) **verwendet.**

Frage ich, wer noch etwas essen will, kann man antworten: „Ich!"
Stelle ich die Frage jedoch auf Französisch, muss der Betreffende *„Moi!"* rufen!
(Über die Formen, die auch allein stehen können, siehe Seite 94.)

ERKLÄRUNG

Die Objektvertreter – *les pronoms personnels compléments d'objet*

1 DIREKTES OBJEKT – *COMPLÉMENT DIRECT*

Das direkte Objekt hängt „direkt" am Verb, es sieht aus wie das Subjekt und wird mit dem Akkusativobjekt (Objekt im 4. Fall) verglichen.

Subjekt		direktes Objekt
Le père de Max	*cherche*	*le père de Raoul.*
Le père de Raoul	*cherche*	*le père de Max.*

Damit das Objekt nicht immer wiederholt werden muss, gibt es praktischerweise eben **ein Für-Wort**, also ein Wort, das **„für das Objekt"** steht, dieses vertritt.

Die Formen der Wörter, die „für das direkte Objekt stehen", heißen:

Subjekt		direktes Objekt		
je	(ich)	*me*	(mich)	*Il me voit.*
tu	(du)	*te*	(dich)	*Je te vois.*
il	(er)	*le*	(ihn)	*Je le vois.*
elle	(sie)	*la*	(sie)	*Je la vois.*
nous	(wir)	*nous*	(uns)	*Il nous voit.*
vous	(ihr; Sie)	*vous*	(euch; Sie)	*Je vous vois.*
ils	(sie)	*les*	(sie)	*Je les vois.*
elles	(sie)	*les*	(sie)	*Je les vois.*

Achtung:

Es ist wichtig, im Deutschen genau zu wissen, von wem die Rede ist, um die verschiedenen französischen Formen für „sie/Sie" auseinanderzuhalten!

elle	(**sie**)	*la*	(**sie**)
vous	(ihr; **Sie**)	*vous*	(euch; **Sie**)
ils	(**sie**)	*les*	(**sie**)
elles	(**sie**)	*les*	(**sie**)

Sie (Séverine) trifft **sie** (Marie):   ***Elle la*** *rencontre.*
Sie (meine Herren) treffen **sie** (Marie):   ***Vous la*** *rencontrez.*
Sie (die Schüler) treffen **sie** (die Lehrer):   ***Ils les*** *rencontrent.*
Sie (die Schülerinnen) treffen **Sie** (Herrn Mayer):   ***Elles vous*** *rencontrent.*

■ **Stellung eines Objektvertreters:**

Wo die Objektvertreter ihren Platz finden, siehst du schon an den vorangegangenen Beispielen. Sie stehen normalerweise **vor dem Verb, genauer gesagt vor der Personalform!** (Das ist jene Form, die sich je nach Person, Zahl oder Zeit ändert!)

Das bekannteste Beispiel, das dir diese Regel schon zeigt, ist das französische „Ich liebe dich": ***Je t'aime.***

Max		*cherche*	*le père de Raoul.*
Max	*le*	*cherche.*	
Max		*cherche*	*mes parents.*
Max	*les*	*cherche.*	

■ **Beachte:**

Folgt den Pronomen *me, te, le* oder *la* ein Verb, das **mit einem Vokal beginnt**, so fällt das *-e* bzw das *-a* weg:

Pierre m'aime, Pierre t'aime.
Pierre l'aime. (= „Pierre l(e) aime" oder „Pierre l(a) aime".)

ÜBUNG

Ersetze die direkten Objekte durch ihre Pronomen.

exemple: Je regarde **les photos.** ▶ *Je les regarde.*

1. Tu lis souvent **ces journaux**.
2. Il présente **Mémé** à ses amis.
3. Vous visitez **le musée**.
4. Tu aides **Maïa** à rédiger un article.
5. Emmy cache **les animaux**.
6. Vous montrez **l'affiche** à votre mère.
7. Mémé rencontre **son ami** au café.
8. Nous écoutons **la radio**.
9. Maïa écrit **ses devoirs**.
10. Enzo cherche **son chien**.
11. Papa aime **ses enfants**.
12. Je donne **la cassette** à Bernard.

ÜBUNG

Beantworte die Fragen nach folgendem Muster.

exemple: Tu m'aides? – Oui, je *... t'aide ...*

1. Tu lis **ce roman de Mankell** en français? – Oui, je ...
2. Vous aimez **ses romans**? – Oui, nous ...
3. Ton père aime **la pétanque**? – Oui, il ...
4. Vous apprenez **le vocabulaire**? – Oui, nous ...
5. Mémé offre **ses biscuits** à mes amies? – Oui, elle ...
6. Vous **me** rencontrez devant le cinéma? – Oui, nous ...
7. Vous **nous** attendez ce soir? – Oui, nous ...
8. Le prof explique **les exemples** à ses élèves? – Oui, il ...
9. Papa **vous** cherche, les enfants? – Oui, il ...
10. Elle lit **ces histoires** à sa nièce? – Oui, elle ...
11. Vous passez **votre stage** à Nice? – Oui, nous ...
12. Votre cousin **vous** invite dans son restaurant préféré, Madame? – Oui, il ...

ÜBUNG

Übersetze. (Beachte auch die richtige Verwendung von Teilungsartikeln, Demonstrativpronomen und besitzanzeigenden Begleitern!)

1. Hier sind Marken. Gibst du sie deinem Bruder? (*voilà, un timbre, donner*)
2. Nimmst du diesen Zug? – Ja, ich nehme ihn. (*le train, prendre*)
3. Wir lieben die Natur. – Wir lieben sie auch.
4. M. Martin liebt seine Kinder. Wir lieben sie auch.
5. Madame Huber, ich denke, mein Cousin liebt Sie! (*penser*)
6. Ich kaufe zwei Croissants. Esst ihr sie gleich oder ein wenig später? (*tout de suite, un peu plus tard*)
7. Schau diesen Mann an! – Gut, ich schaue ihn an. Warum? (*regarder*)
8. Wo ist mein Salat? – Oh, unser Hund isst ihn. (*la salade, le chien, manger*)
9. Papa bringt Brot. Gebt ihr es eurer Tante? (*apporter, le pain, donner*)
10. Wir haben Fische gekauft. Bereitest du sie zu? (*les poissons*)

2 INDIREKTES OBJEKT – *COMPLÉMENT INDIRECT*

Das indirekte Objekt wird mit Hilfe der Präposition *à* „in den Satz gehängt". Dabei gibt es folgende Möglichkeiten:

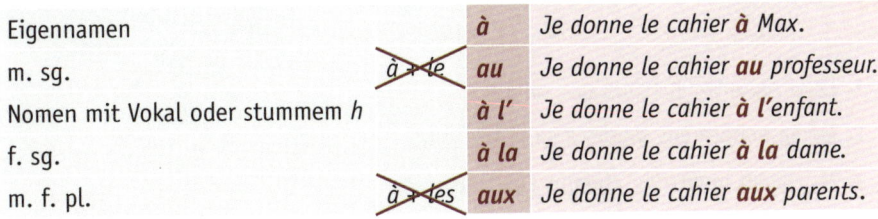

Eigennamen		*à*	*Je donne le cahier **à** Max.*
m. sg.	*à + le*	*au*	*Je donne le cahier **au** professeur.*
Nomen mit Vokal oder stummem *h*		*à l'*	*Je donne le cahier **à l'**enfant.*
f. sg.		*à la*	*Je donne le cahier **à la** dame.*
m. f. pl.	*à + les*	*aux*	*Je donne le cahier **aux** parents.*

Auch für das indirekte Objekt gibt es natürlich **Ersatz in Form von Objektvertretern**:

Subjekt		indirektes Objekt		
je	(ich)	*me*	(mir)	*Il **me** donne le livre.*
tu	(du)	*te*	(dir)	*Il **te** donne le livre.*
il	(er)	*lui*	(ihm)	*Il **lui** donne le livre.*
elle	(sie)	*lui*	(ihr)	*Il **lui** donne le livre.*
nous	(wir)	*nous*	(uns)	*Il **nous** donne le livre.*
vous	(ihr; Sie)	*vous*	(euch; Ihnen)	*Il **vous** donne le livre.*
ils	(sie)	*leur*	(ihnen)	*Il **leur** donne le livre.*
elles	(sie)	*leur*	(ihnen)	*Il **leur** donne le livre.*

■ **Stellung des Objektvertreters**

Die **Vertreter des indirekten Objekts** stehen ebenfalls normalerweise **vor dem Verb bzw. vor der Personalform!**

Subjekt	Prädikat	dir. Obj.	indir. Obj.
Je		*montre*	*la lettre*	*à mon chef.*
Je *lui*		*montre*	*la lettre.*	
Tu		*montres*	*la photo*	*à ta mère.*
Tu *lui*		*montres*	*la photo.*	
Nous		*achetons*	*le cadeau*	*aux enfants.*
Nous *leur*		*achetons*	*le cadeau.*	

ÜBUNG

Schreibe unter die unterstrichenen Satzglieder ihr „Für-Wort".

exemple: La vendeuse montre le pantalon au client. ▶
   elle   *le* *lui*

1. Papa raconte l'histoire aux enfants.

2. Mémé achète ces jouets à sa petite-fille.

3. M. Haydn montre le chemin aux touristes.

4. Camille explique les exercices à ses amies.

5. Mes sœurs lisent la revue à notre grand-mère.

6. Les garçons écrivent ces lettres à Maïa.

7. Je prête ma voiture à mes cousins.

8. Zoé présente ses nouveaux copains à ses parents.

93

ÜBUNG

Ersetze nun jeweils in den Sätzen der Übung 92 das direkte und anschließend das indirekte Objekt durch seinen Vertreter.

exemple: La vendeuse montre le pantalon au client.
Elle le montre au client. Elle lui montre le pantalon.

Übersicht					
Subjekt		**indirektes Objekt**		**direktes Objekt**	
je	(ich)	*me*	(mir)	*me*	(mich)
tu	(du)	*te*	(dir)	*te*	(dich)
il	(er)	*lui*	(ihm)	*le*	(ihn)
elle	(sie)		(ihr)	*la*	(sie)
nous	(wir)	*nous*	(uns)	*nous*	(uns)
vous	(ihr, Sie)	*vous*	(euch; Ihnen)	*vous*	(euch; Sie)
ils	(sie)	*leur*	(ihnen)	*les*	(sie)
elles	(sie)				

Vielleicht findest du irgendein **Hilfsmittel**, um dir diese Pronomen leichter zu merken? Du könntest sie zB als **„Nonsensgedicht"** lernen:

  mö tö lui, nu vu lör
  mö tö lö la, nu vu lee

3 INDIREKTES ODER DIREKTES OBJEKT?

Die meisten französischen Verben verlangen dasselbe Objekt (denselben „Fall") wie im Deutschen. Hier nochmals die Ausnahmen!

demander à	Je **demande à** ma mère ...	daher: je **lui** demande
téléphoner à	Je **téléphone à** mon ami.	daher: je **lui** téléphone
parler à	Je **parle aux** parents.	daher: je **leur** parle
aider	J'**aide mes parents.**	daher: je **les** aide
attendre	J'**attends mon père.**	daher: je **l'**attends
écouter	J'**écoute ma mère.**	daher: je **l'**écoute

Wenn es nur darum geht, bei irgendwelchen vorgegebenen Sätzen die Objekte durch ihre Vertreter zu ersetzen, so ist das einfach, weil du ja **deutlich siehst**, ob es sich um **ein direktes oder indirektes Objekt** handelt.

Achtgeben musst du vor allem dann, wenn du aus dem Deutschen übersetzt.

Das machst du in Wirklichkeit immer dann, wenn du **einen freien Text** schreibst (oder sprichst), was ja Ziel jedes Fremdsprachenunterrichts ist!

Ich frage **sie** (die Mutter), ob sie **ihn** (den Vater) anruft.

(*demander* – indirektes Objekt; *téléphoner* – indirektes Objekt) ▶

*Je **lui** demande si elle **lui** téléphone.*

Wir warten **auf ihn** (den Vater), weil wir **ihm** helfen, sein Auto zu waschen.

(*attendre* – direktes Objekt, *aider* – direktes Objekt) ▶

*Nous **l'**attendons parce que nous **l'**aidons à laver sa voiture.*

ÜBUNG

Übersetze.

1. Zuerst helfe ich dir. Und dann helfe ich ihnen.
2. Wer hilft Ihnen?
3. Du fragst sie (= die Mutter), ob sie dir Schuhe kauft. (*acheter, si, des chaussures*)
4. Er ruft sie (= die Kinder) an und sagt ihnen, dass er vor dem College auf sie wartet. (*dire, attendre, devant le collège*)
5. Der Verkäufer fragt Sie, ob Ihnen das Hemd gefällt. (*plaire, le chemisier*)
   Sie fragen ihn, wie viel es kostet. (*combien, coûter*)
6. Wo warten Sie auf mich? – Ich warte zu Hause auf Sie.
7. Er hört ihm zu und dann spricht er mit ihr.
8. Wir schreiben Ihnen und fragen Sie, ob Sie uns helfen.
9. Myriam wartet auf sie (= die Freundin) vor dem Bahnhof.
10. Der Professor spricht heute auf der Uni zu ihnen (= den Studenten).
11. Wir fragen sie (= die Eltern), wann wir sie (= die Großeltern) treffen.
12. Ich kaufe euch eine große Melone. – Bringst du uns auch Äpfel?
13. Ich zeige ihr meine neuen Schuhe. Sie gefallen ihr.

Bilde Sätze nach folgendem Muster. Ersetze dabei fett gedruckte Objekte durch ihre Vertreter.

exemple: Papa / attendre / **ma mère** / devant la gare ▶
Papa l'attend devant la gare.

1. Nous / montrer / **le professeur** / les photos du bébé
2. Tu / parler / **ton père**
3. Vous / demander / **les parents** / de donner / un peu d'argent / votre amie
4. Catherine / aider / **Philippe** / à faire / ses devoirs
5. Les enfants / présenter / leurs amis / **les grands-parents**
6. Votre chat / offrir / la souris / **un autre chat**
7. Anselme / acheter / **la poupée** / sa nièce / qui a 16 ans
8. Vous / laissez / les clés / **les enfants**
9. Votre mari / offrir / ces fleurs / **vous**
10. Tu / envoyer / le dossier / **ton chef** / par fax
11. Mémé / emmener / **nous** / à l'opéra
12. Nora / parler / en français / **la secrétaire**
13. Vous / dire / au revoir/ **les voisins** / quand vous / quittez / **les voisins**
14. Suzanne / téléphoner / souvent / **sa mère**
15. Les enfants / poser / énormément de questions / **les parents**
16. Nous / ranger / **les photos** / dans un album

---

4 STELLUNG EINES OBJEKTVERTRETERS BEI MEHRTEILIGEM PRÄDIKAT

Auch bei mehrteiligen Prädikaten, also zB bei Sätzen im *passé composé*, stehen die **Objektvertreter vor der Personalform.**

Il		a	donné	le fax	*à son chef.*
Il	*lui*	*a*	*donné*	*le fax.*	
Il		a	donné	**le fax**	à son chef.
Il	*l'*	*a*	*donné*		à son chef.*

* Achtung:
Hier gilt es, eine Regel zu beachten, die meist jedoch erst Stoff im 2. Lernjahr ist, weshalb du hier noch keine Übungen dazu findest.
Wenn das **direkte Objekt** (zB in Form eines Objektvertreters) **vor der Personalform** steht, muss das *participe passé* **übereingestimmt** werden.
Es kommt also zum *accord du participe passé*, obwohl das Verb sein *passé composé* mit *avoir* bildet. (Vgl. Seite 67)

*Tu as vu **tes amies**?*   *Oui, je **les ai vues**.*
*Tu as vu **ta tante**?*   *Oui, je **l'ai vue**.*

ÜBUNG

Füge das in Klammer stehende Pronomen französisch in den Satz ein.

exemple: Pierre donne le cadeau (*mir*) ▶ *Pierre me donne le cadeau.*

1. J'embrasse (*ihn*) et je dis (*ihm*) que le cadeau plaît beaucoup. (*mir*)
2. Tamara est arrivée chez Emmy. Elle a offert un coca. (*ihr*)
3. Tu expliques la grammaire (*uns*)? Je pense que tu comprends. (*sie*)
4. Jean achète une rose et donne à Eve. (*sie*)
5. Florence a donné un gros cadeau. (*ihm*)
6. Alex vend sa nouvelle voiture. (*Ihnen*)
7. Elle a envoyé les dossiers par fax. (*mir*)
8. Myriam a présenté à ses parents. (*ihn*)
9. Les clients ont envoyé du champagne. (*uns*)
10. Le prof donne beaucoup d'exercices. (*ihnen*)
11. Ils ont prêté leur voiture. (*ihr*)
12. Il invite au cinéma. (*sie*)
13. Vous montrez les photos. (*ihnen*)
14. Je fais le café. (*euch*)
15. Vous choisissez une voiture et vous achetez. (*es*)
16. Mémé a écrit 60 SMS? (*Ihnen*)

ÜBUNG

Beantworte die Fragen und ersetze dabei das Objekt.

1. Vous aimez **les crêpes**? – Oui, nous …
2. Ta sœur a écrit des lettres **à ses amies**? – Oui, elle …
3. Françoise a déjà téléphoné **au directeur**? – Oui, elle …
4. Tu **m'**appelles le matin vers sept heures? – Oui, d'accord, je …
5. Rébecca montre **ces photos** à sa grand-mère? – Oui, elle …
6. Vous avez lu ces histoires **à tous ces gens**? – Oui, je …
7. Séverine, tu **nous** aides à trouver cette adresse? – Oui, je …
8. Vous avez fait **le dessin pour Papa** au collège? – Oui, nous …
9. Nina donne des vitamines **au bébé**? – Oui, elle …
10. Votre mari **vous** offre souvent des fleurs? – Oui, il …
11. Tu **m'**accompagnes à Lyon? – Oui, je …
12. Elle achète **ce beau foulard**? – Oui, elle …
13. Vous promenez **le chien**? – Oui, nous …
14. Ils offrent un cadeau **à leur sœur**? – Oui, ils …
15. La serveuse apporte **le thé**? – Oui, elle …
16. Elle a rencontré **son ami** au café? – Oui, elle …

5 STELLUNG DER OBJEKTVERTRETER BEI INFINITIVKONSTRUKTIONEN

Bei Infinitivkonstruktionen (= Personalform + Infinitiv) steht der Objektvertreter **vor dem Infinitiv** – also tatsächlich wie im Deutschen!

Ich	muss	**dich**	sehen.
Je	*dois*	*te*	*voir.*
Ich	werde	**dich**	küssen.
Je	*vais*	*t'*	*embrasser.*

Die wichtigsten Infinitivkonstruktionen		
wollen	***vouloir faire** qch*	*Je **veux te voir.***
müssen, sollen	***devoir faire** qch*	*Je **dois te voir!***
können	***pouvoir faire** qch*	*Je **peux te voir?***
etwas tun werden	***aller faire** qch*	*Je **vais te voir.***
etwas gerne tun	***aimer faire** qch*	*J'**aime te voir.***
etwas tun können (wissen!)	***savoir faire** qch*	*Je **sais le parler.***
man muss, es ist nötig, dass	***il faut faire** qch*	*Il **faut le faire.***

98 ÜBUNG

Beantworte die Fragen und ersetze das „fette" Objekt durch seinen Vertreter.

exemple: Tu veux voir **Yvonne**? – Oui, je *veux la voir.*

1. Tu vas acheter un cadeau **à Yvonne**? – Oui, je …
2. Il doit parler **à ses parents**? – Oui, il …
3. Vous allez acheter **ce bateau**? – Oui, je …
4. Maman, je peux prendre **ta voiture**? – Oui, tu …
5. Dis, ma chérie, tu vas rencontrer **ton copain Fred**? – Oui, je …
6. Tu peux dire **à Fred** qu'il doit appeler **sa mère**? – Oui, je …
7. Vous voulez inviter **les voisins** aussi? – Oui, nous …
8. Mon cadeau va plaire **à Mémé**? – Oui, il …
9. Tarik veut montrer **cette photo** à Carmen? – Oui, il …
10. Tarik veut montrer cette photo **à Carmen**? – Oui, il …
11. Tu vas écrire une carte postale **à ta grand-mère**? – Oui, je …
12. Papa sait parler **le chinois**? – Oui, il …
13. Il faut expliquer le problème **au prof**? – Oui, il …
14. Vous adorez lire **ces romans**? – Oui, nous …
15. Ton petit frère ose manger **ce ver**? – Oui, il …
16. Elles veulent rencontrer **ces jeunes hommes**? – Oui, elles …

■ **Objektvertreter vor der Personalform:**

Soll ein Satz, vor dessen Personalform ein Objektvertreter steht, verneint werden, so **rahmen die beiden Teile der Verneinung den Objektvertreter gemeinsam mit der Personalform ein**!

Elle		*m'aime.*			Sie liebt mich.
Elle	*ne*	*m'aime*	*pas.*		Sie liebt mich nicht.
Il		*vous demande …*			Er fragt euch …
Il	*ne*	*vous demande*	*pas.*		Er fragt euch nicht.
Ils		*m'ont*		*demandé …*	Sie haben mich gefragt …
Il	*ne*	*m'ont*	*pas*	*demandé.*	Sie haben mich nicht gefragt.

■ **Objektvertreter vor dem Infinitiv:**

Da die Teile der Verneinung die Personalform einrahmen und bei einer Infinitivkonstruktion die Pronomen vor dem Infinitiv stehen, sind sie von der Verneinung nicht betroffen!

Je		*veux*		***te*** *voir.*
Je	*ne*	*veux*	*pas*	***te*** *voir.*
Il		*va*		***te*** *voir.*
Il	*ne*	*va*	*pas*	***te*** *voir.*

99 **ÜBUNG**

Beantworte die Fragen und ersetze das fett geschriebene Objekt durch seinen Vertreter:

1. Catherine, tu aimes **ce pull**? – Non, je … – Tu donnes le pull **à ta sœur**? Non, je … – Est-ce que tu veux **t'**acheter un autre pull? – Non, je … – Le pull plaît **à tes amies**? – Oui, il … – Tu vas mettre **le pull**? – Non, je … – Oh, tu es compliquée!

2. Vous voulez offrir ces fleurs **à votre femme**? – Non, je … – Ah, vous allez offrir **les fleurs** à votre mère! – Non, je … – A qui est-ce que vous offrez **les fleurs**? – Je … (à ma fille qui a seize ans).

3. Tu connais **la directrice de votre collège**? – Oui, je … – Tu parles souvent **à la directrice**? – Non, je … – Est-ce que les autres élèves peuvent raconter leurs problèmes **à la directrice**? – Oui, ils … – Elle donne des conseils **aux autres élèves**? – Oui, elle …

4. Madame, elle **vous** a envoyé le fax? – Non, elle … – Elle va expliquer **à votre mari** pourquoi elle ne **vous** a pas téléphoné à temps? – Non, elle … – Elle a essayé de **vous** parler? – Non, elle …

Verneine alle Antwortsätze aus Übung 98.

exemple: Tu veux voir **Yvonne**? – Non, je *ne veux pas la voir.*

 ERKLÄRUNG

Das unverbundene Personalpronomen (betontes persönliches Fürwort) – *le pronom accentué* (= *le pronom tonique* = *le pronom indépendant*)

Es gibt im Französischen eigene Formen, wenn die Personalpronomen nicht vor einem Verb stehen.

unbetont	betont	
je	moi	Tu parles **avec moi.**
tu	toi	Elle habite **chez toi.**
il	lui	**Lui, il** sort ce soir.
elle	elle	Je vais **avec elle.**
nous	nous	**C'est nous** qui partons.
vous	vous	On parle **de vous.**
ils	eux	Il sort **sans eux.**
elles	elles	C'est **pour elles.**

7 VERWENDUNGSMÖGLICHKEITEN

A *Moi*, je fais la cuisine. *Toi, tu* mets la table. *Lui, il* apporte les boissons.

Das **Subjekt** wird betont, das Pronomen mit „ich, du, er" etc. übersetzt.

B *C'est moi* qui fais la cuisine. *C'est toi* qui mets la table.
C'est lui qui apporte les boissons.

Die Hervorhebung des Subjekts kann auch durch die sogenannte
„mise en relief" erfolgen, die aus
„c'est (ce sont) + **betontes Pronomen** + *qui"* besteht.

 Achtung:
Die Übersetzung „Ich bin es, der/die ..." kann zu Fehlern führen, denn es muss immer **die Personalform** verwendet werden, **die zu der hervorgehobenen Person** gehört:

C'est	moi	qui	**suis** malade.
C'est	toi	qui	**vas** encore au collège?
C'est	nous	qui	**restons** à la maison.

C *Il sort **avec moi**.* Er geht **mit mir** aus.
*Il a des fleurs **pour moi**.* Er hat Blumen **für mich**.

Die betonten Pronomen müssen auch **nach Präpositionen** verwendet werden und stehen dabei für „alle Fälle" (*avec moi* – mit mir*, sans moi* – ohne mich).

 Achtung: Die Präposition **à** leitet nicht nur ein indirektes Objekt ein (bei dem man dann den unbetonten Objektvertreter verwendet), sondern manchmal auch eine andere Ergänzung.

*Je donne le livre **à Martin**.* (indir. Objekt) | *Je pense **à Martin**.*
Ich gebe **Martin** das Buch. | Ich denke **an Martin**.
*Je **lui** donne le livre.* | *Je pense **à lui**.*

D ***Ma mère et moi**, nous **allons** au cinéma. **Papa et toi**, vous **faites** les courses. **Marie et lui restent** à la maison.*

Auch in **Aufzählungen** werden diese Pronomen verwendet: Mama und ich, Papa und du …
Hier muss man ebenfalls auf die richtige Verwendung des Personalform achten!
(Deshalb immer das gemeinsame Pronomen wiederholen!)

101 ÜBUNG

Ersetze das Nomen durch das passende betonte Pronomen.

exemple: Je vais **chez Paulette**. ▶ *Je vais chez elle.*

1. Tu achètes du vin **pour tes parents**.
2. On va **chez Sabine**.
3. C'est Sylvie qui arrive **avec ses amies**.
4. Vous parlez **de Luc**.
5. Tu es toujours **contre mes amis**, Papa.
6. Tu te mets **devant Eve**.
7. C'est **Jean** qui arrive chez nous.
8. Vous partez **sans vos tantes**?

102 ÜBUNG

Beantworte die Fragen und ersetze die fett gedruckten Nomen durch passende (unbetonte und betonte) Pronomen!

exemple: Il achète **ce livre** pour **Mémé**? ▶ *Non, il ne l'achète pas pour elle.*

TEIL A
1. Vous expliquez la grammaire **aux élèves**? Oui, je …
2. Vous votez pour **ce ministre**? Non, je …
3. Tu m'aides à trouver un cadeau pour **Jacques**? Oui, je …

4. On peut repartir en voiture avec **vous**, Monsieur? Oui, vous …
5. Tu envoies ce message **à Pétra**? Non, je …
6. Bernadette part pour Paris sans **ses parents**? Oui, elle …
7. C'est **Tobias** qui va avec **Bernadette**? Oui, c'est …
8. Ce sont **les clowns** qui plaisent à Max? Oui, ce …
9. Eric, tu es vraiment amoureux de **Mme Thévoz**? Non, je …
10. C'est **Sylvie** qui s'intéresse à **Paul**? Oui, c'est …
11. Tu vas raconter cette histoire **à ta grand-mère**? Non, je …
12. Mesdemoiselles, c'est vous qui réservez **les billets de train**? Oui, c'est …

TEIL B
1. **Cet appartement** est assez grand pour **la famille**? Oui, …
2. Vous ne voulez pas acheter **cette maison**? Non, nous …
3. **La maison** ne plaît pas **à Papa**? Non, …
4. Madame, est-ce qu'il faut faire **ces devoirs** pour demain? Oui, …
5. Je dois laisser **le pourboire** sur la table? Oui, tu …
6. On va dîner chez **vos parents**? Non, …
7. Vous avez donné le bouquet de fleurs **à Muriel**? Oui, nous …
8. Vous avez emporté une bouteille de vin pour **son mari**? Oui, nous …
9. Ce steak, c'est **au petit garçon**? Oui, c'est …
10. Tu veux inviter **tes amis**? Oui, je …
11. **Florence** passe **ses vacances** chez **ses enfants** au Canada? Oui, …
12. Valérie, tu vas danser **la valse** avec **Luigi**? Non, je …
13. **Paul** a écrit **à ses parents** de lui envoyer de l'argent? Oui, …
14. Vous voulez proposer **à Rébecca** d'aller **vous** voir? Oui, …
15. **Les animateurs** accompagnent **les enfants** à la piscine? Oui, …
16. Ils se baignent avec **les enfants**? Non, …
17. C'est **aux journalistes** que vous donnez **notre adresse**? Oui, c'est …
18. **Tes filles** sont folles de **Brad Pitt**? Oui, …
19. C'est toi qui adores **Denzel Washington**? Oui, c'est …

103 ÜBUNG

Übersetze. (Achtung! Manchmal mehrere Möglichkeiten!)

1. Je vous aime. Je veux vous voir.
2. Il leur demande s'il les a vus.
3. Je vous demande si vous nous accompagnez.
4. Il l'attend devant la gare. Après vingt minutes, il lui téléphone pour lui demander quand elle arrive.
5. Cette photo? Il va la montrer à Fred. Elle ne va pas lui plaire.
6. Elle leur montre où ils vont travailler pour eux.
7. Nous allons vous rendre visite.
8. Il explique à ses parents qu'ils ne s'occupent pas assez de lui.
9. Vous nous aidez beaucoup.

ÜBUNG

Übersetze.

> demander, croire, téléphoner, aller voir, acheter, attendre, plaire, passer, offrir,
> arriver, montrer, voir, le confort, le silence, aujourd'hui, chez, parce que, la
> nouvelle maison, souvent, un vélo, une surprise, la mer, une semaine

1. Papa hat Emmy ein Fahrrad gekauft. Es ist eine Überraschung für sie.
2. Ich habe auch eine Überraschung für euch! Aber ihr müsst noch auf sie warten.
   Sie wird Ihnen auch gefallen, Herr Montand.
3. Lieben Sie das Meer? Wollen Sie eine Woche bei uns verbringen? Wir bieten
   Ihnen Komfort und Ruhe.
4. Séverine kommt heute an. Wir gehen mit ihr zu Sylvie, weil sie sie sehen
   möchte. Dann zeigen wir ihnen (Sylvie und Séverine) unser neues Haus. Sie
   werden es lieben.
5. Séverine fragt uns oft, wie es Ihnen geht, Monsieur Huber. Ich glaube, sie wird
   Sie anrufen. Und sie möchte Ihre Frau fragen, ob sie sie in Versailles besucht.

ÜBUNG

Übersetze. (Achtung: Gehirnjogging!)

1. Ich werde Ihnen helfen.
2. Ich werde ihnen helfen.
3. Ich werde ihr helfen.
4. Ich werde sie (= Marie) fragen.
5. Ich werde sie (= die Eltern) fragen.
6. Was kaufst du für sie (= Marie)?
7. Was kauft er für sie (= die Eltern)?
8. Du rufst sie (= die Eltern) an.
9. Wann ruft sie sie (= Marie) an?
10. Wann rufen Sie uns an?
11. Du musst sie (= Marie) treffen.
12. Ich habe Käse für sie (die Burschen).
13. Hast du für sie (= Marie) auch Käse?
14. Wir warten auf sie. Wir warten nicht auf Sie.
15. Ich muss Sie sprechen. Ich will sie nicht sprechen.
16. Wir wohnen bei Ihnen.
17. Wir wollen nicht bei ihnen (= den Freundinnen) wohnen.
18. Du fährst ohne ihn nach Frankreich?
19. Wir fahren ohne sie (= Marie) nach Italien?
20. Sie fahren ohne sie (= die Eltern) nach Italien?
21. Wir können dir sagen, dass wir mit dir kommen.
22. Sie (= die Eltern) können ihr sagen, dass sie mit ihr kommen.
23. Sie (= Herr Huber) können ihnen das Problem erklären.
24. Sie kann Ihnen das Problem erklären.

Das Reflexivpronomen (rückbezügliches Fürwort) – *le pronom réfléchi*

Wie im Deutschen gibt es auch im Französischen Verben, die „rückbezüglich" sind, das heißt, sie weisen mit dem Fürwort auf das Bezugswort zurück.

„Ich wasche **mich"**, **„er** schämt **sich"** sind deutsche Beispiele.

Subjekt		Rückbez. Fürw.			
je	(ich)	*me*	(mich)	*je me lave*	ich wasche mich
tu	(du)	*te*	(dich)	*tu te caches*	du versteckst dich
il	(er)	*se*	(sich)	*il se coiffe*	er frisiert sich
elle	(sie)	*se*	(sich)	*elle se couche*	sie legt sich nieder
nous	(wir)	*nous*	(uns)	*nous nous amusons*	wir amüsieren uns
vous	(ihr/Sie)	*vous*	(euch/sich)	*vous vous appelez*	ihr heißt/Sie heißen
ils	(sie)	*se*	(sich)	*ils se souviennent*	sie erinnern sich
elles	(sie)	*se*	(sich)	*elles se lèvent*	sie stehen auf

Wird ein Satz **verneint**, bleiben die **Pronomen** natürlich ebenfalls **vor der Personalform**!

Gérard	*ne*	*s'amuse**	*pas.*	
Nous	*ne*	*nous amusons*	*pas ici.*	

*Achtung: Vor einem Verb, das mit Vokal beginnt, fällt das *-e* weg!

Bei **Infinitivkonstruktionen** sind die **Pronomen** auch hier **von einer Verneinung nicht betroffen**.

Max ne veut pas	*se coucher.*
Nous ne voulons pas	*nous coucher.*

106 ÜBUNG

Setze die richtigen Formen ein.

1. Véro et Elli (*se regarder*) dans la glace.
2. Vous (*s'habiller*) tout en noir?
3. Bernard (*se raser*) chaque matin.
4. Cet été, je (*se reposer*) en Italie.
5. Vous (*se laver*) tout de suite, les enfants.
6. Nous (*s'appeler*) Lévis.
7. Je (*se souvenir*) bien de mon grand-père.
8. Nous (*s'ennuyer*) à la ferme.
9. Pierre (*se lever*) à six heures du matin. Puis, il (*se doucher*).
10. Nous (*se coucher*) tard le samedi, nous (*s'amuser*) en boîte.
11. Hervé et son ami (*se moquer*) souvent des filles.

Bilde Sätze nach folgendem Muster.

exemple: je / aimer / s'amuser / avec mes amies ▶
J'aime m'amuser avec mes amies.

1. Catherine / ne pas / s'habiller / en noir
2. l'enfant / vouloir / se cacher / sous le lit
3. vous / s'appeler / comment?
4. Rébecca / ne pas / pouvoir / se laver
5. ils / ne pas / se souvenir / de notre discussion
6. vous / ne pas / devoir / se dépêcher
7. mon mari / ne pas / vouloir / se raser
8. nous / ne pas / s'habituer / à la vie parisienne
9. le dernier single de Maria Carey / se vendre / très bien
10. les enfants / vouloir / se laver / dans l'étang
11. le parachute / ne pas / pouvoir / s'ouvrir
12. les cigognes / devoir / s'envoler / pour l'Afrique

TIPP:

Den folgenden Überblick solltest du immer **„im Kopf"** bzw. **„vor Augen"** haben. Dann können dich die Pronomen nicht mehr erschrecken – weder bei Übungen noch beim freien Schreiben.

Also: Am besten **einmal (mitdenkend) abschreiben** und dann **so tun, als ob das Blatt links oder rechts oben** (vgl. Seite 151) zu sehen ist – von dort musst du es dann nur mehr „herunterlesen"!

Personalpronomen im Überblick				
Subjekt	**indirektes Objekt**	**direktes Objekt**	**betontes Pronomen**	**rückbezügliches Pronomen**
je	*me*	*me*	*moi*	*me*
tu	*te*	*te*	*toi*	*te*
il	*lui*	*le*	*lui*	*se*
elle		*la*	*elle*	
nous	*nous*	*nous*	*nous*	*nous*
vous	*vous*	*vous*	*vous*	*vous*
ils	*leur*	*les*	*eux*	*se*
elles			*elles*	

Das Relativpronomen (bezügliches Fürwort) – le pronom relatif (qui/que)

Ein **„bezügliches Fürwort"** ist ein Wort, das sich auf ein anderes **„bezieht"** und dieses **ersetzt**. In den meisten Fällen leitet es einen **Gliedsatz** ein und bezieht sich auf ein Nomen (oder einen Namen) des übergeordneten Satzes.

Da kommt **Max,**	**der** mir ein Fahrrad zeigt.
	(der = Max; Frage: Wer/Was zeigt mir ein Fahrrad?)
Es ist ein **Kinderfahrrad,**	**das** er mir da zeigt.
	(das = Fahrrad; Frage: Wen/Was zeigt er mir?)

Diese Pronomen sind „der, die, das" („welcher, welche, welches") und können in alle Fälle gesetzt werden. Im ersten Satz handelt es sich bei **der** um einen Nominativ (1. Fall), im 2. Satz ist das **das** ein Akkusativ (4. Fall).

Da im Französischen im ersten Lernjahr meist nur die Verwendung zweier Relativpronomen wirklich beherrscht werden muss, beschränken wir uns hier ebenfalls darauf.

1 QUI

Voilà **Marie**	*qui est mon amie.*	… **die** meine Freundin ist.
Elle arrive avec **son frère**	*qui a 19 ans.*	… **der** 19 Jahre alt ist.
Il a **une voiture**	*qui a 19 ans aussi.*	… **das** auch 19 Jahre alt ist.
Ils vont voir **leurs parents**	*qui habitent à Vienne.*	… **die** in Wien leben.

Ist das bezügliche Fürwort **Subjekt des Gliedsatzes**, steht im Französischen immer *qui*. *Qui* vertritt **männliche oder weibliche** Wörter im **Singular oder im Plural**, die **Personen oder Dinge** sind.

 Achtung:

Auch wenn man nur *qui* verwendet, bedeutet das nicht, dass es nur eine **Personalform** gibt! Man muss unterscheiden, **wen oder was** *qui* **vertritt!**

Ich warte auf Marie, **die** zu Mittag **ankommt.**
J'attends Marie **qui** *arrive à midi.*
Ich warte auf meine Eltern, **die** zu Mittag **ankommen.**
J'attends mes parents **qui** *arrivent à midi.*

2 QUE

C'est **Marie**	*que je vais voir.*	… **die** ich sehen werde.
Elle est la copine de **Max**	*que j'ai invité aussi.*	… **den** ich auch eingeladen habe.
Elle m'apporte **un livre**	*que je veux lire.*	… **das** ich lesen will.
Les deux sont **des amis**	*que je vois souvent.*	… **die** ich oft sehe.

Ist das bezügliche Fürwort **direktes Objekt des Gliedsatzes**, steht im Französischen immer *que*. *Que* vertritt **männliche oder weibliche Wörter** im **Singular** oder im **Plural**, die **Personen oder Dinge** sind.

Achtung:
Beginnt das folgende Wort mit einem Vokal, fällt das *e* weg. Übrig bleibt *qu'*.
*Paul a une voiture **qu'il** veut vendre.*

- Wenn du nicht weißt, ob du *qui* **oder** *que* verwenden sollst, prüfe, ob der Satz, den es einleitet, schon ein Subjekt hat.
  Hat er ein Subjekt, kann nur mehr *que* gehören! Hat er keines, musst du *qui* verwenden!

C'est Max ... parle beaucoup. (..., **der** viel spricht)
(kein Subjekt ▶ *qui*)

C'est Max ... j'aime bien. (..., **den** ich mag.)
(Subjekt = *j(e)* ▶ *que*)

Ein bisschen komplizierter wird es bei Sätzen wie
„Ich warte auf Yvonne, **die Paul auch mag.**"

*J'attends Yvonne **que** Paul aime aussi.* (..., **die** Paul auch mag.)
(Wen mag Paul auch? ▶ Paul = Subjekt ▶ die = *que*)

*J'attends Yvonne **qui** aime Paul aussi.* (..., **die** Paul auch mag.)
(Wer mag Paul auch? ▶ die = Subjekt ▶ *qui*)

Worin besteht der Unterschied in den letzten zwei Sätzen?
Im Deutschen gibt es **keinen**!
Im Französischen steht das **Subjekt vor der Personalform**! Daher ist im ersten Satz Paul der, der etwas tut, im zweiten Satz ist es jedoch Yvonne.

ÜBUNG
Verbinde die zwei Sätze zu einem Satzgefüge (Haupt- und Gliedsatz), indem du *qui* verwendest:

exemple: Mes parents arrivent. Ils m'apportent un cadeau. ▶
Mes parents, qui m'apportent un cadeau, arrivent.

1. Tarik cherche sa montre. Elle a déjà 45 ans.
2. Eve achète une horloge au marché aux puces. Il se trouve près de la gare.
3. Henri va aussi au marché aux puces. Il est notre voisin depuis un mois.
4. Il a une fille. Elle s'appelle Claudine.
5. Elle est élève dans un collège. Le collège se trouve à Versailles.
6. Claudine aime parler avec Susanne et Klaus. Ils viennent de Munich.
7. Bert va dans un cours de chinois. Il commence à six heures du matin.
8. M. Hu sait très bien parler le français. Il habite en France depuis dix ans.
9. Le père raconte une fable aux enfants. Ils aiment les histoires.
10. C'est Mme Mayer. Elle écrit ces romans.

ÜBUNG

Verbinde die Sätze mit Hilfe von *qui* oder *que*.

exemple: Je regarde **une jeune fille**. **Elle** vend des fleurs. ▶
Je regarde une jeune fille qui vend des fleurs.

J'achète **des fleurs**. Pauline va **les** aimer. ▶
J'achète les fleurs que Pauline va aimer.

1. Les **élèves autrichiens** vont loger chez des familles. Ils vont à Lyon.
2. Ce sont **huit familles**. M. Cervin va voir **les familles** avant l'arrivée des enfants.
3. Bernadette habite chez **Mme Lévi**. **Elle** a deux enfants.
4. **Sylvie** habite chez Mme Noir. **Sylvie** ne parle pas bien le français.
5. Etienne apporte **un cadeau**. **Le cadeau** plaît beaucoup à la famille.
6. M. Märki a des problèmes avec **son ordinateur**. Il a acheté **cet ordinateur** sur eBay.
7. Mme Andouille raconte un tas **d'histoires**. Elle invente **ces histoires**.
8. **Manon** est une jeune fille française. **Elle** adore jouer au football.
9. Je viens de trouver **une annonce**. Je montre **cette annonce** à Emmy.
10. Guy achète **une voiture**. **Cette voiture** n'a que deux places.
11. **Gisèle** déteste la mer. **Elle** part en séminaire à St Tropez.

110

ÜBUNG

***Qui* oder *que*?**

1. C'est M. Hu .... enseigne le chinois.
2. Tu me montres le livre .... ta mère a écrit?
3. Les pêches .... je viens d'acheter sont superbes.
4. Elle travaille dans un magasin .... s'appelle Jones. On y vend des robes
   .... vont te plaire.
5. Où est le beurre .... Pauline a acheté?
6. Vous avez un job de vacances .... vous n'aimez pas?
7. Vous aimez les truffes au chocolat .... Mémé vous apporte?
8. Il cache les assiettes .... il a cassées.
9. Emmy a une affiche d'Eminem .... ne plaît pas à sa mère.
10. Il n'a pas encore appris le texte .... il doit savoir par cœur.
11. La fille ne comprend pas les blagues .... Max lui raconte.
12. La fille .... t'observe veut sortir avec toi.

Setze die passenden Pronomen ein.
Achtung: Alle besprochenen Pronomen können vorkommen!

1. Il nous présente son père .... est un acteur connu.

2. Florence, à quelle heure est-ce que tu .... lèves demain? Je peux déjà
   .... téléphoner à sept heures?

3. Tu as parlé à tes parents? – Oui, je .... ai déjà parlé.

4. Vous allez raconter cette histoire à votre prof? – Oui, nous allons ....
   raconter cette histoire. Elle va .... plaire.

5. Maman, Benoît va à la maison. Je peux .... dire que je ....
   accompagne?

6. La femme .... passe porte une robe .... son mari adore.

7. Les amis .... nous attendons sont Italiens. On fait des escalopes
   viennoises pour ....

8. François laisse les clés à la femme de ménage? – Non, il ne .... laisse
   à personne.

9. On va regarder le match chez Isabelle? – Oui, on va .... regarder chez
   ....

10. Papa, je n'ai plus le vélo .... tu .... as acheté. – Quand est-
    ce que tu .... as vu la dernière fois, chéri? – Quand je .... ai
    vendu à ce type .... habite près de la gare.

11. Les Lagarde sont invités chez leurs voisins. Ils ont soif. M. Lagarde dit:
    Madame, où sont les boissons .... vous allez .... offrir?

12. Tu prêtes ton portable à Max? A ...., ce casseur .... ne
    respecte pas les affaires des autres? Non, ne .... prête pas à Max!

13. Nous partons en vacances avec les enfants des voisins .... aiment
    le camping. Nous emportons une tente pour .... Nous, nous allons
    .... installer dans la caravane.

14. Les enfants, c'est .... mettez la musique si fort?
    Vous .... sentez bien!? On .... envoie la police si vous ne
    .... arrêtez pas maintenant.

15. Le livre .... les élèves choisissent .... appelle «Da Vinci
    Code». Ils .... lisent et après ils vont à la librairie pour ....
    acheter un autre roman.

ERKLÄRUNG

Nicht – *ne ... pas*

1 GRUNDREGELN

Willst du im Französischen einen Satz verneinen, musst du wissen, dass man für die Verneinung **zwei Teile** braucht, nämlich *ne* und *pas*.

Zwischen diese beiden Teile kommt das, was verneint werden soll – das Verb. Genauer gesagt: **das konjugierte Verb**, also die **Personalform**.

Elle		travaille.	
Je	*ne*	*travaille*	*pas.*
Tu		*dors.*	
Je	*ne*	*dors*	*pas.*

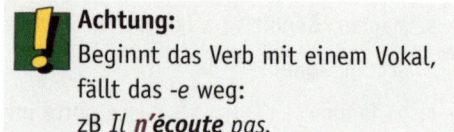

Achtung:
Beginnt das Verb mit einem Vokal, fällt das *-e* weg:
zB *Il **n'écoute** pas.*

2 VERNEINUNG VON INFINITIVKONSTRUKTIONEN

Wenn es sich um Konstruktionen handelt, die aus einem **(Modal-)Verb und einem Infinitiv** besteht, wird natürlich auch **jener Teil** des Prädikats **eingerahmt**, der die **Personalform** ist.

Je	*ne*	*peux*	*pas*	*manger.*	Ich **kann** nicht **essen.**
Je	*ne*	*veux*	*pas*	*dormir.*	Ich **will** nicht **schlafen.**
Je	*ne*	*dois*	*pas*	*travailler.*	Ich **muss** nicht **arbeiten.**

3 VERNEINUNG VON MEHRTEILIGEN PRÄDIKATEN (ZB *PASSÉ COMPOSÉ*)

Die Regel bleibt gleich: Die Teile der Verneinung rahmen die **Personalform** ein. Egal, um welche Zeit es sich handelt.

Max		*a*		*appris*	*le chinois chez M. Hu.*
Max	*n'*	*a*	*pas*	*appris*	*le chinois chez M. Hu.*
Ses parents		*ont*		*vécu*	*en Chine.*
Ses parents	*n'*	*ont*	*pas*	*vécu*	*en Chine.*
Ils		*sont*		*allés*	*au Japon.*
Ils	*ne*	*sont*	*pas*	*allés*	*au Japon.*

Achtung:
Auch hier gilt wieder: Beginnt das folgenden Wort mit einem Vokal, **verliert das *ne* sein *-e*.** (*je **n'ai** pas vu, tu **n'as** pas vu, tu **n'es** pas venu* etc.)

Sag nein!

exemple: Alex fume. ▶ *Alex ne fume pas.*

1. Vous **êtes** au café.
2. Elena **est venue** d'Angleterre.
3. Il **a passé** ses vacances en Corse.
4. Véro **a fêté** ses vingt ans hier.
5. Vous **prenez** le bus.
6. J'**ai rencontré** Eric.
7. Elle **doit faire** les courses au marché.
8. Trixie **a écrit** ces romans policiers.
9. J'**adore** les soirées en boîte.
10. Max **veut visiter** le parc des dinosaures.
11. Ils **ont** envie d'acheter ce portable.
12. Nous **allons partir** pour Rome.

112 ÜBUNG

Beantworte die Fragen mit Nein oder widersprich. (Achte auf die sich ändernde Personalform!)

exemple: Les enfants, vous fumez? ▶ *Non, nous ne fumons pas.*

1. Tu vas au cinéma avec moi? – Non, je ...
2. On reste à la maison? – Non, on ...
3. Tu vas sortir avec Kévin? – Non, je ... , j'ai rendez-vous avec Paul.
4. Avec Paul? Mais c'est le copain de Maresa. – Non, ce ...
5. Alors, vous allez au cinéma? – Non, nous ...
6. Bien, je comprends. – Non, tu ... Nous allons réviser ensemble. Il va m'expliquer un problème de maths.

7. Enzo! Tu lis? – Non, je ...
8. Qu'est-ce que tu fais? Tu apprends? – Non, je ...
9. Tu dois travailler pour l'école? – Non, je ...
10. Tu vas ranger ta chambre? – Non, je ...
11. Ah, je sais. Tu joues à l'ordinateur. – Non, je ...
12. Tu veux me fâcher? – Non, maman, je ...

13. Vous allez fréquenter l'école France Philippe? – Non, nous ...
14. Est-ce qu'on peut s'inscrire à un cours intensif? – Non, on ...
15. Il y a beaucoup d'étudiants dans les cours? – Non, il ...
16. L'école offre la possibilité d'hébergement en famille? – Non, elle ...
17. Les profs viennent de France? – Non, ils ...
18. C'est une école de langue que Bernard t'a recommandée? – Non, ce ... , c'est une école de danse.

19. Vous allez partir pour l'Italie? – Non, nous ...
20. Vous aimez l'Italie en plein été? – Non, nous ...
21. Vos parents partent avec vous? – Non, ils ...
22. Ils vont rester chez eux? – Non, ils ...
23. Tu veux me dire où tu vas? – Non, je ...

4 VERNEINUNG MIT OBJEKTVERTRETERN IM SATZ

A Objektvertreter vor der Personalform

Stehen **vor der Personalform** ein oder mehrere **Objektvertreter**, so **rahmen** *ne* und *pas* **diese mit ein**, sie **bleiben** also **unmittelbar vor der Personalform**. Diese Regel gilt natürlich auch für mehrteilige Zeiten, also zB für das *passé composé*!

Je mange la pomme.	*Je*	*ne*	*la*	*mange*	*pas.*	
J'ai mangé la pomme.	*Je*	*ne*	*l'*	*ai*	*pas*	*mangée.**
Nous disons la vérité.	*Nous*	*ne*	*la*	*disons*	*pas.*	
Il a dit la vérité.	*Il*	*ne*	*l'*	*a*	*pas*	*dite.**

* Übereinstimmung des *participe passé*: vgl. Seite 90

ÜBUNG

Verneine die folgenden Sätze.

exemple: Je lui raconte notre histoire. ▶ *Je ne lui raconte pas notre histoire.*

1. Je vous dis la vérité.
2. Il nous a rencontrés au café.
3. Nous les montrons à Paul.
4. Je leur donne les films.
5. Nous l'avons promis.

6. Tu les as vues?
7. Colette lui raconte tout.
8. Vous l'avez entendu?
9. Il m'embrasse.
10. Ils t'ont envoyé beaucoup d'argent?

ÜBUNG

Verneine und ersetze bei der Antwort die unterstrichenen Satzglieder durch Pronomen.

exemple: Vous prenez **la voiture**? ▶ *Non, nous ne la prenons pas.*

1. On fête **l'anniversaire de Géraldine**? – Non, on …
2. Tu donnes les fleurs **à Maïa**? – Non, je …
3. Vous donnez **les fleurs** à Maïa? – Non, nous …
4. Il achète **les boissons**? – Non, il …
5. Tu prépares **le buffet**? – Non, je …
6. Tes parents **t'**achètent ces chaussures? – Non, ils …
7. Les élèves montrent **leurs devoirs**? – Non, ils …
8. Vous dites bonjour **aux professeurs**? – Non, nous …
9. Elle mange **la glace**? – Non, elle …
10. Tu **me** fais un café? – Non, je …
11. Vous rendez visite **à Pierre et à Marie**? – Non, nous …
12. Les parents **vous** emmènent en Egypte? – Non, ils …

Handelt es sich um eine **Infinitivkonstruktion**,
so stehen die **Objektvertreter vor
diesem Infinitiv**. Und **sie bleiben dort,
auch wenn der Satz verneint wird**.
Die Teile der Verneinung rahmen nur
die Personalform ein!

			veux			me	voir?
Non,	je	ne	veux	pas	te		voir.
	Il		va			vous	inviter?
Non,	il	ne	va	pas	nous		inviter.

---

115 ## ÜBUNG

Verneine die Sätze.

exemple: Voilà mon nouveau portable. Tu veux le voir? ▶
Non, je ne veux pas le voir.

1. J'ai une cassette de Patricia Kaas! On va l'écouter? – Non, on …
2. Les autres sont chez Hervé. Nous lui rendons visite aussi? – Non, nous …
3. Il y a une fête ce soir. Tu veux m'accompagner? – Non, je …
4. Vous voulez voir ce film ce soir? Il faut vraiment le voir? – Non, il …
5. Les deux parlent tchèque. Tu sais le parler? – Non, je …
6. Madame, vous pouvez nous expliquer ce problème? – Non, je …
7. Les Bruel vont vous attendre! – Non, non, ils …
8. Cette chambre est une catastrophe. Valérie va la ranger? – Non, elle …
9. Catherine adore ces enfants. Elle va les inviter chez elle? – Non, elle …

---

116 ## ÜBUNG

**Antworte mit Nein und ersetze dabei die fett gedruckten Objekte
durch die Pronomen.**

exemple: Tu veux visiter **ce musée?** ▶ *Non, je ne veux pas le visiter.*

1. On visite **cette église** avec ton frère? – Non, on …
2. Il doit laver **les voitures de ses parents**? – Non, il …
3. Vous allez acheter la cassette **à Claude**? – Non, nous …
4. Elle aime faire **les gâteaux d'anniversaire**? – Non, elle …
5. Vous arrivez à écrire **cette lettre** à temps? – Non, je …
6. Tu peux demander de l'argent **à ton père**? – Non, je …
7. Elle adore écouter **la cassette de musique classique**? – Non, elle …
8. Les deux veulent parler **à leurs parents**? – Non, ils …
9. Vous commencez à comprendre **l'exercice**? – Non, nous …

ERKLÄRUNG
kein/keine – *ne pas de (d')*

Dieses Thema wird auch auf Seite 16 besprochen.

Wenn du eine Menge verneinen musst, also von einer „Nullmenge" sprichst (kein Kaffee, kein Alkohol, keine Zigaretten), funktioniert das im Französischen so:
Du **verneinst das Verb** und setzt *de* **vor die Nullmenge**.

Ich trinke **kein Bier**.	*Je **ne bois pas** de **bière**.*
Er isst **keine Äpfel**.	*Il **ne mange pas** de **pommes**.*
Sie nimmt **keinen Zucker**.	*Elle **ne prend pas** de **sucre**.*

> **Achtung:**
> Steht hinter *de* ein Wort,   ***Max ne boit pas** d'alcool.*
> das mit einem Vokal beginnt,   *Il **ne boit pas** d'eau.*
> verliert das *de* sein *-e*.

■ **Besonderheit**

Ist das Wein? – Nein, das ist kein Wein, das ist Essig.
*C'est **du vin**? – Non, ce **n'est pas du vin**, c'est **du vinaigre**.*

Da ist etwas, was wie Wein aussieht. Es ist aber kein Wein, sondern Essig.
Man **verneint also nicht die Menge, sondern die Bezeichnung.**

Noch ein Beispiel:

Ich sehe merkwürdige Männer, die sich mit meinem Vater unterhalten. Ich frage meine Mutter: **Sind das Freunde** von Papa? Sie antwortet: Nein, **das sind keine Freunde**, das sind Kriminalbeamte.

– *Ce sont des amis de Papa?*
– *Non, ce **ne sont pas des amis**, ce sont des agents de la police judiciaire.*

Die Regel für diese Besonderheit könnte auch so lauten:

Wenn „être" verneint wird, bleibt der Artikel bestehen.
Es wird ja nicht die Menge verneint, sondern die Bezeichnung.

ÜBUNG

Beantworte die Fragen.

exemple: Tu as un frère? ▸ *Non, je n'ai pas de frère.*

1. Ta sœur, elle a un petit ami? – Non, elle …
2. Bonjour, vous prenez du vin? – Non, je …
3. Vous me servez du thé? – Non, je …
4. Tes amis, ils écrivent des lettres? – Non, ils …
5. Maman, tu nous fais des crêpes? – Non, je …
6. C'est une escalope? – Non, ce … , c'est du fromage pané.
7. Vous faites du sport en été? – Non, nous …
8. Ce sont des livres d'école? – Non, ce … , ce sont des romans.
9. Tu prends du café le matin? – Non, je … , je prends du chocolat.
10. Vous avez des enfants? – Non, nous …
11. C'est un livre français? – Non ce … , c'est un livre hongrois.
12. Vous avez de la famille en Allemagne? – Non, nous …
13. Tu fais un voyage sur la lune? – Non, je …

118 ÜBUNG

Verneine wieder – aber gib acht: Du musst alles beachten, was bisher besprochen wurde!

1. Madame, vous êtes arrivée en voiture? – Non, je …
2. Mais vous avez une voiture? – Non, je …
3. Annie, il y a des élèves espagnols dans ton cours? – Non, il …
4. Votre prof d'anglais, il vous donne des devoirs aujourd'hui? – Non, il …
5. Ils aiment le sport? – Non, ils …
6. Les deux garçons, ce sont des élèves? – Non, ce … , ce sont des profs!
7. Tu veux prendre une glace avec moi? – Non, je …
8. On écoute des cassettes au jardin? – Non, on …
9. Qu'est-ce qu'on fait maintenant? Tu as une idée? – Non, je …
10. Tu peux aider Sylvie à faire ce devoir? – Non, je …
11. Martin a des problèmes? – Non, il …
12. Tu as compris le texte? – Non, je …
13. Maman, tu veux m'acheter ce livre? – Non, je …
14. C'est une surprise? – Non, ce …
15. Vous avez des affiches dans votre chambre? – Non, nous …
16. Il y a du vent?   Non, il …
17. Vous pouvez me prêter vos rollers? – Non, je …
18. Vous avez des rollers? – Non, nous …
19. Sa mère va faire le ménage chez lui? – Non, elle …
20. Vous avez acheté des cadeaux? – Non, nous …
21. C'est une souris? – Non, ce … , c'est un cochon d'Inde.
22. Vous avez des souris? – Non nous …

nie/nicht mehr/noch nicht – ne ... jamais/ne ... plus/ne ... pas encore

Max	*ne*	*fume*	*jamais.*	Max raucht **nie**.
Léa	*ne*	*fume*	*plus.*	Lea raucht **nicht mehr**.
Jean	*ne*	*fume*	*pas encore.*	Jean raucht **noch nicht**.

- ■ **Die gute Nachricht:**

  Die drei Varianten *ne ... jamais*, *ne ... plus* und *ne ... pas encore* werden genau so verwendet wie die „Grundverneinung" *ne ... pas*.
  Das heißt:

- ■ **Sie rahmen die Personalform ein – auch bei zweiteiligen Zeiten.**

Sie trinkt nie Alkohol.	*Elle **ne** boit jamais d'alcool.*
Sie trinkt keinen Alkohol mehr.	*Elle **ne** boit plus d'alcool.*
Sie trinkt noch keinen Alkohol.	*Elle **ne** boit pas encore d'alcool.*

- ■ **Sie rahmen etwaige Objektvertreter, die vor der Personalform stehen, mit ein.**

  Elle rencontre Jean?

  | *Elle* | *ne* | *le rencontre* | *jamais/plus/pas encore.* | |
  | *Elle* | *ne* | *l'a* | *jamais/plus/pas encore* | *rencontré.* |

- ■ Bei **Infinitivkonstruktionen rahmen sie** ebenfalls **die Personalform ein**. Etwaige **Objektvertreter**, die vor dem Infinitiv stehen, **sind nicht betroffen.**

  Elle veut voir ce film?

  | ***Elle*** | *ne* | *veut* | *jamais/plus/pas encore* | *voir ce film.* |
  | ***Elle*** | *ne* | *veut* | *jamais/plus/pas encore* | *le voir.* |

- ■ Sie gelten auch **als (Null-)Mengenangaben**, weshalb sie nur *de (d')* verlangen!

Ich trinke **nie Alkohol**.	*Je **ne** bois jamais d'alcool.*
Ich trinke **keinen Tee mehr**.	*Je **ne** bois plus de thé.*
Ich trinke **noch keinen Kaffee**.	*Je **ne** bois pas encore de café.*

- ■ Wenn *être* verneint wird, bleibt der **volle Artikel** bestehen:

  Das **ist kein Wein mehr**, das ist schon Essig!
  *Ce **n'est** plus du vin, c'est déjà du vinaigre!*

  Das **sind noch keine brauchbaren Texte**.
  *Ce **ne** sont pas encore des textes utilisables.*

ÜBUNG

Verneine die Fragen, indem du *ne ... plus* verwendest.

exemple: Tu restes encore à Brest? ▸ *Non, je ne reste plus à Brest.*

1. Tu dois encore rentrer à neuf heures du soir? – Non, je ...
2. Elle est encore la petite amie d'Etienne? – Non, elle ...
3. Toi, tu sors encore avec Frédérique? – Non, je ...
4. Vous devez encore aller au collège? – Non, nous ...
5. Vous mangez encore des pâtes? – Non, nous ...
6. Elle se sent encore mal après l'opération? – Non, elle ...
7. Il fume encore des cigares? – Non, il ...
8. Ta sœur révise encore pour le bac? – Non, elle ...
9. Vous cherchez encore vos clés? – Non, nous ...

120 **ÜBUNG**

Verneine die Fragen, indem du *ne ... jamais* verwendest.

exemple: Tu prends du sucre? ▸ *Non, je ne prends jamais de sucre.*

1. Vous allez souvent chez McDonald's? – Non, nous ...
2. Ta mère achète des fruits au supermarché? – Non, elle ...
3. La famille Lévi mange aussi au restaurant? – Non, elle ...
4. Vous prenez du sucre? – Non, nous ...
5. Vous allez souvent en Corse? – Non, nous ...
6. Vous voulez souvent sortir avec vos pères? – Non, nous ...
7. Ils prennent des photos? – Non, ils ...
8. Les enfants de Véro se comportent toujours mal? – Non, ils ...
9. Il va souvent à l'église? – Non, il ...

121 **ÜBUNG**

Verneine die Fragen, indem du *ne ... pas encore* verwendest.

exemple: Tu as déjà vu ce film? ▸ *Non, je n'ai pas encore vu ce film.*

1. Vous avez déjà parlé aux voisins aujourd'hui? – Non, nous ...
2. Tu as déjà lu les nouvelles de Christine? – Non, je ...
3. Tu lui as déjà envoyé le fax? – Non, je ...
4. Vous voulez déjà manger? – Non, nous ...
5. Bernadette dort déjà? – Non, elle ...
6. Vous devez déjà apprendre ces mots? – Non, nous ...
7. Tes enfants gagnent déjà de l'argent? – Non, ils ...
8. Son père a déjà trouvé un emploi? – Non, il ...
9. Vous avez déjà essayé ce pull bleu, madame? – Non, je ...

ÜBUNG

Nie, noch nicht oder nicht mehr? – Beantworte die Fragen sinngemäß.

1. Vous voulez déjà manger? – Non, nous …
2. Est-ce que tu es encore à la maison? – Non, je …
3. Tu sors souvent avec tes cousins? – Non, je …
4. Vos voisins vont te voir souvent? – Non, ils …
5. Max a encore faim? – Non, il … , il a déjà mangé.
6. L'actrice est déjà partie? – Non, elle …
7. Pierre travaille souvent au jardin? – Non, il …
8. Grand-mère fait encore sa sieste? – Non, elle …
9. Le chien est encore devant la porte? – Non, il …
10. Le facteur a déjà apporté le courrier? – Non, il …
11. Ces couleurs te plaisent toujours? – Non, elles …
12. Vous avez déjà vu ce film extraordinaire? – Non, nous …
13. Tes professeurs sont toujours gentils? – Non, ils …

ABSCHLUSSÜBUNG 4

Nun gibt es für dich wieder eine Übersetzungsübung! Auch wenn deine Lehrer und Lehrerinnen so etwas nicht verlangen – wage dich darüber! Wenn du das schaffst, schaffst du alles …

1. Ich schreibe meinen Freunden kein SMS. (*écrire à, SMS*) Ich rufe sie an.
2. Sie rufen mich nie an. Sie schicken mir E-Mails. (*envoyer*)
3. Warum willst du ihm das Geschenk nicht geben? (*pourquoi, le cadeau, donner*)
4. Ich liebe ihn nicht mehr. Ich will nicht mehr mit ihm ausgehen.
5. Papa bringt ihr keine Blumen. (*apporter, les fleurs*) Sie mag Blumen nicht.
6. Du kannst zu mir kommen, ich arbeite noch nicht. (*venir, travailler*)
7. Die Fotos? Er sieht sie nie an.
8. Wir kennen sie noch nicht lange. (*se connaître, depuis longtemps*)
9. Trinkst du den Kaffee mit ein bisschen Zucker? (*boire, un peu, le sucre*)
10. Mir gefällt diese Uhr sehr gut, aber ich werde sie nicht kaufen. (*plaire à, la montre, acheter*) (Achtung: Du musst den ersten Satz gedanklich umdrehen, um ihn richtig übersetzen zu können!)
11. „Peter bietet Ihnen kein Bier an. (*offrir, la bière*) Trinken Sie kein Bier?"
12. Er wird ihnen kein Bier anbieten. Das ist kein Bier, das ist Apfelsaft.
13. Enzo will nie mit seinen Eltern spazieren gehen.
14. Claude hat in der Schweiz seine Freunde nicht mehr getroffen. (*rencontrer*)
15. Wir haben die Schweiz nie besucht. (*la Suisse, visiter*)
16. Meine Kinder haben noch nicht im Zelt geschlafen. (*dormir sous une tente*) Ich will nicht mehr im Zelt schlafen.
17. Wir gehen nie gemeinsam einkaufen. (*faire les courses, ensemble*)
18. Ihr müsst am Wochenende nicht mehr lernen. (*le week-end, apprendre*)

Beantworte die Fragen, verneine sie und ersetze, wenn verlangt, die fett gedruckten Objekte durch ihre Objektvertreter.
(Du kannst das auch in zwei Schritten tun!)

1. Tu as acheté **ton nouvel ordinateur** au supermarché? – Non, je …
2. Le nouveau virus a détruit **ton disque dur**? – Non, il …
3. Ta mère travaille toujours (*immer*) sur ordinateur? – Non, elle …
4. Tes parents achètent des jeux vidéo **aux enfants**? – Non, ils …
5. On peut ouvrir **ce message électronique inconnu**? – Non, on …
6. Tu vas donner **ton adresse électronique** à Emile? – Non, je …
7. Tu as donné ton adresse e-mail **à Emile**? – Non, je …
8. Vous travaillez toujours (*immer*) avec cette souris rouge? – Non, nous …
9. Ton ami a déjà installé **le modem**? – Non, il …
10. Il a acheté **ce tapis de souris ridicule**? – Non, il …
11. C'est toi qui l'as acheté? – Non, ce …
12. Ton lecteur de disquettes est toujours (*noch immer*) cassé? – Non, il …
13. Tu as déjà écrit sur ce nouveau clavier? Il est fantastique. – Non, je …
14. Votre imprimante couleur est très performante? – Non, elle …
15. Ton nouveau grand écran est super? – Non, il …
16. Elle t'envoie aussi des CD-ROM avec ses nouvelles photos? – Non, elle …
17. On peut aller sur Internet avec ton portable? – Non, on …
18. Tu aimes **les cours d'informatique**? – Non, je …
19. On peut vivre sans ordinateur aujourd'hui? – Non, on …
20. Est-ce que tu aimes **ton portable**? – Non, je …
21. Vous aimez téléphoner partout? – Non, nous …
22. Ta grand-mère a déjà utilisé **ton ordinateur**? – Non, elle …
23. Le portable est encore permis au volant en France? – Non, il …
24. Est-ce qu'il faut donner des portables **aux enfants**? – Non, il …
25. Le portable va remplacer **l'appareil photo**? – Non, il …
26. Mais l'ordinateur a déjà remplacé **le livre**? – Non, il …

ERKLÄRUNG

Die Entscheidungsfrage – *l'interrogation totale*

Kann man sich bei einer Frage für **ja** oder **nein** entscheiden, so nennt man sie **Entscheidungsfrage.**

Es gibt drei Möglichkeiten, sie zu bilden:

1 DIE INTONATIONSFRAGE

Sie **behält die Wortstellung wie im Aussagesatz**, man kennzeichnet sie nur durch eine **besondere „Intonation" am Wortende**, d. h., **man geht mit der Stimme hinauf**. Sie findet sich hauptsächlich im gesprochenen Französisch:

Tu apprends le français?

2 DIE FRAGE MIT *EST-CE QUE*

Die wörtliche Übersetzung lautet: **Ist es (so), dass ... ?**

Aussage: *Tu apprends le français.*
Frage: *Est-ce que tu apprends le français?*

Diese Frageform hat mehrere Vorteile:

■ Sie ist einfach, weil (im Unterschied zum Deutschen) **die Stellung der Satzglieder gleich bleibt!**

	Subjekt	Prädikat	Objekte
	Tu	*donnes*	*le livre à Papa.*
Est-ce que	*tu*	*donnes*	*le livre à Papa?*
	Tu	*as donné*	*le livre à Papa.*
Est-ce que	*tu*	*as donné*	*le livre à Papa?*

■ Und **sie funktioniert immer so** – auch **wenn ein Fragewort am Anfang steht!** (Siehe Ergänzungsfrage ab Seite 117.)

	Tu	*donnes*	*le livre à Papa.*
Quand **est-ce que**	*tu*	*donnes*	*le livre à Papa?*

■ Überdies wissen die Zuhörer und Zuhörerinnen sofort, dass sie mit einer Frage zu rechnen haben, und falls sie gerade an etwas anderes gedacht haben, müssen sie schnell mit ihrer Aufmerksamkeit zum Gesprächspartner/zur Gesprächspartnerin zurückkehren.

3 DIE INVERSIONSFRAGE

Bei ihr wird **das Subjekt des Satzes** umgestellt. Es steht dann **nicht mehr vor der Personalform**, sondern **hinter ihr**.
Und damit das Subjekt nicht verloren geht (wenn es ein Pronomen ist), wird es mit einem **Bindestrich ans Verb** gehängt.

> *Il* **est** *français.* **Est - il** *français?*

Endet in der Inversionsfrage **die Personalform mit einem Vokal** und ist das **Subjekt** *il/elle* oder *on*, so **fügt man** (der Aussprache wegen) **-t-** **ein!**

> *Il* **a** *faim.* **A -t- il** *faim?* **Elle** *fume.* **Fume -t- elle?**

Es gibt eine einfache und eine komplexe Inversionsfrage! Erklärungen zur komplexen Inversionsfrage sind Thema des 2. Lernjahres.

- Die **einfache Inversionsfrage** kann man bilden, wenn **das Subjekt ein Personalpronomen** (*je, tu, elle* etc.) oder *ce* (das) oder *on* (man) ist.
  Das Subjekt steht dann ganz „einfach" hinter der Personalform.
  (Die Nachstellung von *je* ist nur mehr bei wenigen Verben üblich!)

Vous	**parlez**	*français?*
	Parlez-vous	*français?*
Il	**va**	*au cinéma?*
	Va-t-il	*au cinéma?*

- Sollst du eine Inversionsfrage stellen, wenn das **Prädikat ein rückbezügliches Verb** ist, so **bleibt das rückbezügliche Fürwort vor dem Verb, nur das Subjekt wandert hinter das Verb**!

Il	**s'appelle**	*Max.*
	S'appelle-t-il	*Max?*

123 ÜBUNG

Suche die beiden anderen Arten der Fragesätze.

exemple: Est-ce que vous travaillez aujourd'hui? ▶
Vous travaillez aujourd'hui? Travaillez-vous aujourd'hui?

1. Elle est arrivée?
2. On va à Nice?
3. Aime-t-il le jazz?
4. Est-ce bon?
5. Est-ce qu'il vient?
6. Vas-tu bien?
7. Ils se lèvent tôt?
8. Est-ce qu'il dort?
9. Vous rêvez?
10. Veut-il danser?
11. Est-ce que tu écris le message?
12. Tu habites à Metz?
13. Vous voulez dîner chez moi?
14. Nous lisons ce livre?
15. Vous dînez avec Philippe?

Finde die Fragen (immer Inversionsfrage und *est-ce que*).

exemple: ... ? Oui, je suis professeur de français. ▶
Êtes-vous (es-tu) professeur de français?
Est-ce que vous êtes (tu es) professeur de français?

1. ... ? Oui, il s'appelle André.
2. ... ? Oui, nous sommes de Vienne.
3. ... ? Non, ce n'est pas en Suisse.
4. ... ? Oui, nous faisons du sport.
5. ... ? Non, il ne boit pas d'alcool. (*Achtung: Teilungsartikel!*)
6. ... ? Non, nous ne voulons pas manger cette salade.
7. ... ? Oui, nous sommes fatigués.
8. ... ? Non, nous ne disons pas toujours la vérité.
9. ... ? Oui, vous êtes très gentils.
10. ... ? Oui, elle est ma meilleure amie.
11. ... ? Non, elle ne mange pas de viande.

■ **Zur Erinnerung**

Die Antwort *„Il ne boit pas **d'alcool**"* braucht die Frage *„Il boit **de l'alcool?**"*
Warum? Weil **ne ... pas/jamais/plus** etc. **Mengenangaben** sind.
Und nach einer Mengenangabe steht nur **de!**

Wenn du **verneinte Fragen** stellen willst, dann sehen diese so aus:

■ **Mit *est-ce que***   ▶   *Est-ce que* tu *n'es pas* fatigué?

■ **Mit Intonation**   ▶   *Tu **n'es pas** fatigué?*

■ **Mit Inversion**   ▶   ***N'es-tu pas** fatigué?*
ne ... pas rahmt die Personalform und das
Pronomen ein, das durch Bindestrich mit der
Personalform verbunden ist!

■ **Ein kleiner Dialog:**

Eric: *Dis, Hélène, n'es-tu pas fatiguée?*
Hélène: ***Si**, je suis fatiguée. On fait une pause?*

Weißt du, warum Helene *„si"* sagt?
Si heißt **„doch"**. Und verwendet hat sie es, weil Eric gefragt hat, ob sie **nicht**
müde ist. Sie ist aber müde! Alles klar?

Bist du müde? – Ja.   ▶   *Tu es fatigué? – Oui.*
Bist du nicht müde? – Doch.   ▶   *Tu n'es pas fatigué? – Si.*

Welche Frage könnte gestellt worden sein?

exemple: Non, je ne veux pas sortir avec toi. (est-ce que, Inv.) ▶

Est-ce que tu veux sortir avec moi?
Veux-tu sortir avec moi?

1. Si, ma mère aime les poissons. (est-ce que)
2. Non, elle ne mange pas de viande. (Inv.)
3. Si, nous allons à Venise cet été. (Inv.)
4. Mais si, je vais trouver ma carte de crédit. (est-ce que)
5. Non, Alain Delon n'est pas mon acteur préféré. (est-ce que)
6. Oui, je dois faire la vaisselle. (Inv.)
7. Non, nous n'achetons pas de chocolat pour toi. (est-ce que)
8. Oui, nous allons prendre des haricots verts. (est-ce que)
9. Non, il ne boit plus de vin. (Inv.) (Achtung: *encore* verwenden!)
10. Si, nous nous amusons bien ici. (est-ce que)
11. Oui, je vais finir mes exercices bientôt. (Inv.)

 ERKLÄRUNG

Die Ergänzungsfrage – *l'interrogation partielle*

Bevor du übst, Fragen zu stellen, auf die man mit einem Satzglied oder mit Teilen eines Satzgliedes antwortet, hier ein paar **wichtige Fragewörter:**

wann	*quand*	bis wann	*jusqu'à quand*
		seit wann	*depuis quand*
wo, wohin	*où*	von wo	*d'où*
		bis wohin	*jusqu'où*
warum	*pourquoi*		
wie	*comment*		
wie viele	*combien*	wie oft	*combien de fois*
		wie lange	*combien de temps*

Achtung: *combien* gilt als Mengenangabe und verlangt daher nur *de*!

1 DIE INTONATIONSFRAGE

Hier werden **die Fragewörter ans Ende des Satzes** gestellt.
*Papa arrive **quand?***
*Il est parti **pourquoi?***
*Il mange **où?***

Diese Frageform wird gern im gesprochenen Französisch verwendet und macht im allgemeinen wenig Probleme (wenn man die einzelnen Fragewörter kennt).

2 DIE FRAGE MIT *EST-CE QUE*

Das ist, wie schon erwähnt, die einfachste und sicherste Variante, Fragen zu stellen.
Du setzt **das Fragewort an den Anfang**, gibst *est-ce que* dazu und beendest den Satz **mit gerader Wortfolge (= Subjekt vor Prädikat vor anderen Ergänzungen)**.

Pourquoi	*est-ce que*	*vous ne sortez pas*, maman?
Où	*est-ce que*	*nous devons aller?* Au restaurant?
Quand	*est-ce que*	*nous pouvons rentrer?*
Combien de temps	*est-ce que*	*vous voulez être* seuls avec vos amies?
Comment	*est-ce qu'*	*on va trouver* la maison après votre fête?

126 ÜBUNG

Frage nach den fett gedruckten Satzgliedern.
(Intonationsfragen = Int.; sonst *est-ce que*!)

exemple: Je travaille **à Strasbourg**. ▶ *Où est-ce que je travaille?*

1. Julie va rester **une année** à Strasbourg.
2. Elle va à Strasbourg **parce qu'elle va travailler comme fille au pair**.
3. Les filles au pair viennent **de toute l'Europe**. (Int.)
4. La fille au pair de nos voisins s'appelle **Daniela**.
5. Normalement, elle habite **à Prague**.
6. C'est **en Tchécoslovaquie**. (Int.)
7. Elle va rentrer **dans deux mois**.
8. L'école de langue est **près de la ville**. (Int.)

9. Charlotte ne veut plus rester **parce qu'elle est fatiguée**.
10. **Après l'école** elle a travaillé dans un café.
11. Elle doit travailler **pour gagner un peu d'argent**.
12. **Depuis quatre mois**, son père est au chômage. (Int.)
13. Il a travaillé **dans une grande entreprise**. (Int.)
14. Charlotte a **deux** frères. (Int.)
15. Elle travaille dans ce café **quatre** fois la semaine.

16. Mes parents passent leurs vacances **à Rome**.
17. Ils vont rester **deux semaines**.
18. Ils mangent des pizzas **deux** fois par jour.
19. Ils rentrent **le premier août**. (Int.)
20. Ils aiment Rome **à cause de ses monuments**.

Verbinde die beiden Spalten zu sinnvollen Fragen!

1.	Quand	tes parents vont rester chez toi?
2.	Comment	on va ce soir? Chez toi?
3.	D'où	Hélène est partie? De Munich?
4.	Pourquoi	vous habitez en Chine?
5.	Combien de livres	tu vas rentrer ce soir? Tard?
6.	Où	tu dors par nuit?
7.	Où	tu t'appelles?
8.	Depuis quand	vous allez encore?
9.	Combien d'heures	vous lisez par mois?
10.	Jusqu'à quand	vous voulez travailler? Ici?
11.	Jusqu'où	tu aimes la Provence?

Mittelspalte (vertikal): est-ce-que

3 DIE INVERSIONSFRAGE

■ Wenn das **Subjekt ein Personalpronomen** ist, verwendest du – wie bei der Entscheidungsfrage – **die einfache Inversion. Das heißt, du drehst Subjekt – Prädikat um in Prädikat – Subjekt.**

Vous allez comment? ▶ *Comment* **allez-vous**?
Il est arrivé quand? ▶ *Quand* **est-il** arrivé?
Ils sont allés où? ▶ *Où* **sont-ils** allés?

Ebenso **fügst** du wieder **der Aussprache wegen ein -t- ein**, wenn **die Personalform mit einem Vokal endet** und das **Subjekt des Satzes** *il/elle* oder *on* ist.

Comment **va-t-il**?
Quand **a-t-elle** *lu ce livre?*

■ Wenn das **Subjekt ein Nomen** oder **ein Eigenname** ist und der **Satz kein Objekt** enthält, kannst du ebenfalls die **einfache Inversion** verwenden:

Où **habitent** *vos parents*?
Quand **arrive** *Bruno*?

■ Alle anderen Fälle brauchen dich im 1. Lernjahr noch nicht weiter zu interessieren!

ÜBUNG

Stelle die richtigen Inversionsfragen.

exemple: J'arrive **à six heures.** ▸ *Quand arrives-tu?*

1. ... Merci. Je vais **bien**.
2. ... Il rentre **dimanche**.
3. ... Carmen vient **d'Espagne**.
4. ... Les amis rentrent **ce soir**.
5. ... Il gagne **trois mille** Euros.

6. ... Je reste **deux** semaines.
7. ... Mes parents vont **à Paris**.
8. ... Je pars **à 6 heures**.
9. ... Il mange **à la cantine**.
10. ... Il est malade **depuis hier**.

4 WIE ÜBERSETZT MAN „WIE"?

Im Gegensatz zum Deutschen „wie" findet sich **comment** nur im Zusammenhang mit
einem **Verb**! Es kann nicht vor einem Adjektiv oder Adverb verwendet werden.

Wie heißt du?	*Comment est-ce que tu t'appelles?*
Wie geht es dir?	*Comment vas-tu?*

Aber:

Wie groß bist du?	*Combien mesures-tu?*
Wie alt bist du?	*Quel âge as-tu?*
Wie schwer bist du?	*Quel est ton poids? Combien pèses-tu?*

129 ÜBUNG

Comment, combien, combien d(e) oder (d')où? **Übersetze auch!**

1. .... est-ce que tu as payé pour cette voiture?
2. .... églises est-ce que vous allez visiter?
3. .... peut-on savoir où on trouve ça?
4. .... est située l'école de votre fille, Madame?
5. .... élèves y a-t-il dans votre classe?
6. .... est-ce qu'il gagne?
7. .... est-ce que vous avez passé vos vacances?
8. .... d'habitants est-ce qu'il y a dans ton village?
9. .... est-ce que vous venez? A pied ou en voiture?
10. .... est-ce que vous allez faire du ski cet hiver?
11. .... est-ce que vous pesez?
12. .... vont-ils?

Hast du auch neugierige Eltern? Wie würden ihre Fragen wohl klingen, wenn sie französisch wären? Versuche immer die Frage mit *est-ce que* und mit Inversion!

1. Wie geht es dir? Du bist nicht müde? (*fatigué*)
2. Wann bist du gestern heimgekommen? (*rentrer*)
3. Hast du schon Chemie gelernt? Wie viele Seiten musst du lernen?
4. Wann willst du lernen?
5. Warum räumst du dein Zimmer nicht auf? (nur *est-ce que*) (*ranger, la chambre*)
6. Wohin gehst du jetzt? (*maintenant*)
7. Wann kommst du heim?
8. Wo triffst du deine Freunde? (*rencontrer*)
9. Wie lange bleibt ihr? (*rester*)
10. Woher kommt Marks Freundin? (nur *est-ce que*)
11. Sind seine Eltern daheim? (nur *est-ce que*)
12. Warum sind seine Eltern nicht daheim? (nur *est-ce que*)
13. Wo sind sie?
14. Wie viele Freunde wird Mark einladen? (nur *est-ce que*)
15. Warum antwortest du nicht mehr?
16. Wann wirst du mit mir sprechen?

 ERKLÄRUNG

Die Frage nach einer Person als Subjekt (= wer?)

Fragst du nach dem **Subjekt eines Satzes**, willst du also wissen, **wer** etwas tut, so verwendest du *qui*.

Wer kommt heute Abend?	*Qui vient ce soir?*
Wer hat dir das gesagt?	*Qui t'a dit ça?*
Wer wird helfen?	*Qui va aider?*

 Achtung:

Qui verlangt als **Personalform** die
3. Person Singular, egal, nach wem es fragt!
Mes amis arrivent. – Qui arrive? Mes amis!
Nous dînons avec eux. – Qui dîne avec eux?
C'est nous!

Aber: *Qui sont tes amis?* Wer sind deine Freunde?
      Qui suis-je? Wer bin ich?
      Qui es-tu? Wer bist du?

Bei *qui* in Verbindung mit *être* sind
alle Personalformen möglich!

Die Frage nach einer Sache als direktes Objekt (= was?)

Bei der Frage nach einem **direkten Objekt** willst du wissen, **was** jemand tut, denkt, sieht, schreibt etc.

1 DIE INVERSIONSFRAGE

que ▶ *Que fais-tu?*

Du wendest die Inversionsfrage an, wenn

- das **Subjekt** ein **persönliches Fürwort** ist: *Que fait-il?*
- das **Subjekt** ein **Nomen** oder ein **Eigenname** ist und der Satz kein weiteres Satzglied hat: *Que fait Charlotte? Que font ses parents?*

2 DIE FRAGE MIT *EST-CE QUE*

qu'est-ce que ▶ *Qu'est-ce que tu fais?*

- Wenn der Satz eine weitere Ergänzung hat, umschreibe mit **est-ce que**.

  *Qu'est-ce que Charlotte fait **dans ce café?***

3 DIE INTONATIONSFRAGE

Für die Intonationsfrage, bei der man ja das **Fragewort an das Ende des Satzes** stellt, brauchst du diesmal ein anderes Wort, nämlich: *quoi*

est-ce que	Inversion	Intonation
*Qu'**est-ce que** tu manges?*	*Que manges-tu?*	*Tu manges **quoi**?*
*Qu'**est-ce qu'**il fait?*	*Que fait-il?*	*Il fait **quoi**?*

131 ÜBUNG
Übersetze.

1. Wer fehlt? (*être absent*)
2. Wer hat seine Aufgaben nicht gemacht?
3. Nicole, was machst du unter dem Tisch? (*est-ce que*)
4. Wer singt noch, wenn ich spreche? (*chanter, parler*)
5. Wer spielt mit seinem Handy? (*jouer à, le portable*)
6. Was ist das? Wer macht so einen Lärm? (*faire un tel bruit*) (*est-ce que*)
7. Was werde ich euch heute erklären? (*expliquer*) (*est-ce que*)
8. Ines, was zeichnest du? (*dessiner*) (*Int.*)
9. Wer verwendet jetzt Parfum? (*employer, le parfum*)
10. Was suchst du in der Tasche deines Nachbarn? (*chercher, le sac, le voisin*) (*Int.*)
11. Was sagst du? Warum sprichst du mit deinem Nachbarn? (*est-ce que*)
12. Wo bin ich hier? Hilfe! (*est-ce que*)

ÜBUNG

qui/que/qu'est-ce que?

1. .... est arrivé?
2. .... penses-tu?
3. .... téléphone tout le temps?
4. .... vous allez faire ce soir?
5. .... tu as? Tu es fâché?
6. .... va faire les courses? Toi, Eric?
7. .... tu fais à l'ordinateur? Tu joues?
8. .... va au cinéma avec moi?
9. .... prends-tu comme petit déjeuner?
10. .... la dame a dit?
11. .... fais-tu pendant les vacances?
12. .... ton père dit de Marlon Brando?
13. .... connaît son dernier film?

133

ÜBUNG

Frage nach den fett gedruckten Satzgliedern. (Wenn „Inv." dabei steht, nimm die Inversionsfrage, sonst *est-ce que*.)

exemple:	**Marie** (1) arrive **à la maison** (2, Inv.). ▶
	(1) Qui arrive à la maison? (2) Où arrive-t-elle?

1. **Le Premier Ministre** (1) parle **à la télé** (2) ce soir.
2. Nous partons **de Vienne** (1) **à six heures du soir** (2, Inv.).
3. C'est **mon amie Benoîte**.
4. Elle écrit **des romans excellents**.
5. **Kevin** (1) va arriver **dimanche** (2).
6. Séverine travaille **à Versailles** (1) **depuis deux ans** (2).
7. **Florence** (1) aide sa mère à peindre sa maison.
8. Elle va peindre **la maison** (1) **en orange** (2, Inv.).
9. Son père ne veut pas habiter **dans une maison orange**.
10. Il fait **ses valises** (1, Inv.) et va **chez ses parents** (2, Inv.).
11. Mais leur appartement est trop petit pour **trois** personnes.
12. Nous aimons parler **français** (1) **à la maison** (2).
13. **Les enfants** (1) s'amusent énormément **dans leur chambre** (2).
14. Il mange **de la mousse au chocolat** (1) **après le plat principal** (2).
15. Je vais lire **ce roman** maintenant.

Welcher/welche/welches – *quel/quelle/quels/quelles*

Du erinnerst dich an den Interrogativbegleiter *quel*? (Vgl. Seite 20)
Seine Formen stimmen mit der Zahl und dem Geschlecht des Nomens überein, das er begleitet.

quel/quelle	quel homme/quelle femme
quels/quelles	quels hommes/quelles femmes

■ Wird der Begleiter **attributiv** gebraucht, steht er direkt beim Nomen:

Quelle *adresse* a-t-il? **Welche Adresse** hat er?

■ Wird der Begleiter **prädikativ** gebraucht, ist er **vom Nomen durch *être* getrennt**, **mit diesem** aber natürlich ebenfalls **übereingestimmt**.
(Bei diesem Gebrauch wird *quel* auch mit „**was**" oder „**wie**" übersetzt, je nachdem, was besser passt.)

Quelle *est* son *adresse?*   Wie ist seine Adresse?
Quel *est* votre *plat préféré?*   Was ist Ihr Lieblingsessen?

■ Zur Fragebildung selbst gibt es wieder Bekanntes:

mit *est-ce que*:	**Quel film est-ce que** tu veux voir?
mit Intonation:	Tu veux voir **quel film**?
mit Inversion:	**Quel film veux-tu** voir?

---

134   ÜBUNG
Auch hierzu eine kleine Übersetzungsübung!

1. In welcher Stadt lebt ihr? (Inv.) (*la ville, vivre*)
2. In welcher Straße wohnst du? (*est-ce que*) (*la rue, habiter*)
3. Was ist dein Lieblingsgegenstand? (*la matière préférée*)
4. Welchen Sänger magst du? (*est-ce que*) (*le chanteur*)
5. In welchen Kaffeehäusern findet man dich? (Int.) (*trouver*)
6. Was ist dein Lieblingstier? (*l'animal préféré*)
7. Für welche Organisation arbeitet dein Vater in England? (*est-ce que*)
8. Welche Bücher liest du? (Inv.) (*le livre, lire*)
9. Welchen Kurs besuchst du in Dijon? (*est-ce que*)
10. Um wie viel Uhr stehst du auf? (Int.) (*se lever*)
11. Welche Marmelade isst du? (*la confiture*) (*est-ce que*)
12. Welches Parfum nimmt deine Mutter? (Inv.) (*le parfum, mettre*)
13. Welches Auto hat sie? (Inv.)
14. Was willst du? (*est-ce que*) Wer bist du?
15. Warum stellst du mir diese Fragen? (*est-ce que*)

ÜBUNG

Suche die richtigen Fragen, bei denen du „quel" und seine Formen verwenden kannst. (Nimm immer *est-ce que.*)

exemple:	Je suis née le 24 mai. ▶ *Quel jour est-ce que tu es né?*

1. ...? – Je suis née à onze heures.
2. ...? – Elle a 15 ans.
3. ...? – Maurice vient de Belgique.
4. ...? – Je travaille pour une entreprise suisse.
5. ...? – Nous lisons des romans policiers.
6. ...? – Nous habitons dans cette maison verte.
7. ...? – Ils pratiquent la natation et la planche à voile.
8. ...? – Bernadette porte seulement des vêtements noirs.
9. ...? – Rébecca préfère le rose.
10. ...? – Elle regarde seulement des films romantiques.
11. ...? – Nous achetons une Renault.
12. ...? – Il porte toujours des chaussures sport.
13. ...? – Mes amis adorent les opéras de Richard Wagner.
14. ...? – Il fait beau chez nous.

136 ÜBUNG

Füge die richtige Form ein und übersetze den Satz:

1. .... est ton numéro de téléphone?
2. .... temps fait-il chez vous?
3. .... est ta voiture? La rouge?
4. .... âge avez-vous?
5. .... jour pars-tu?
6. A .... heure est-ce que tu vas arriver?
7. .... journaux lisez-vous régulièrement?
8. .... sont vos chanteurs préférés?
9. .... vin est-cè que vous voulez boire?
10. Vous êtes de .... nationalité?
11. .... auteurs français est-ce que tu aimes le plus?
12. .... livre va-t-il acheter?
13. .... confitures fait ta mère?
14. .... sport est-ce que tu pratiques?

Überblick Frage – *l'interrogation*	
Entscheidungsfrage	
Intonationsfrage (Stimmveränderung)	*Tu restes à la maison?*
Frage mit *est-ce que*	*Est-ce que tu restes à la maison?*
Inversionsfrage **einfache Inversionsfrage** Subjekt = Personalpron. (*je, tu etc.*), *ce* (das) oder *on* (man)	*Restes-tu à la maison?* *A-t-il faim?*

Verneinte Fragen Mit *est-ce que*
                   Mit Intonation
                   Mit Inversion
	Est-ce que tu n'es pas fatigué?
	Tu n'es pas fatigué?
	N'es-tu pas fatigué?

Ergänzungsfrage	
Intonationsfrage	*Tu restes où?*
Frage mit *est-ce que*	*Où est-ce que tu restes?*
Inversionsfrage **einfache Inversionsfrage** Subjekt = Personalpron., *ce* oder *on*: Subjekt = Nomen oder Eigenname, kein direktes Objekt im Satz:	*Où restes-tu?* *Comment va Claude?*
Frage nach einer Person als Subjekt (= wer?)	
wer: *qui* (verlangt 3. P. Sg.) bei *être* alle Personalformen	*Qui reste à la maison?* *Qui suis-je? Qui sont tes amis?*
Frage nach einer Sache als direktes Objekt (= was?)	
Intonationsfrage (*quoi*)	*Tu fais quoi? Tu écris quoi?*
Frage mit *est-ce que*	*Qu'est-ce que tu fais?*

Inversionsfrage
  Subjekt = Personalpronomen
  Subjekt = Nomen oder Eigenname,
  kein weiteres Satzglied
	Que fait-il?
	
	Que fait Charlotte?

Welcher/welche/welches – *quel/quelle/quels/quels*	
attributiv	*Tu lis quel livre?* *Quel livre est-ce que tu lis?* *Quel livre lis-tu?*
prädikativ	*Quel est ton livre préféré?*

Finde die richtigen Fragen zu den gegebenen Antworten.

(Verwende hauptsächlich *est-ce que*.)

1. ...? – Oui, je parle français.
2. ...? – Non, je ne reste plus longtemps.
3. ...? – Je reste encore quatre jours.
4. ...? – Non, je ne suis pas ici avec mes parents, mais avec ma tante.
5. ...? – Tu peux m'appeler Yo.
6. ...? – Je viens de Roumaine.
7. ...? – J'ai 16 ans.
8. ...? – Non, je ne travaille pas. Je vais encore au lycée.
9. ...? – Maintenant? Je parle avec toi.
10. ...? – Si, je veux t'accompagner dans ce petit café.
11. ...? – Oui. Je prends aussi un café.
12. ...? – Non, j'habite un petit village.
13. ...? – Oui, la vie en France me plaît assez bien.
14. ...? – Non, je n'ai pas de frères et sœurs.
15. ...? – Nous avons un petit chien et un chat.
16. ...? – C'est moi qui m'occupe de ces animaux.
17. ...? – Bien sûr. Tu peux me rendre visite un jour.
18. ...? – On se revoit demain.
19. ...? – Si, je te trouve sympa.

Was fehlt?

1. .... de sœurs et frères as-tu?
2. .... est-ce que tu fais cette tête? Tu es triste?
3. .... t'a insulté (*beleidigt*)? Hervé?
4. .... vas-tu? Dans ta chambre?
5. .... voulez-vous votre steak? A point?
6. .... dessert est-ce que tu prends?
7. .... vous a invité à manger? Votre voisin?
8. .... vous pensez de mon nouveau roman?
9. .... d'étoiles y a t-il dans le ciel?
10. .... vont les étoiles après la nuit?
11. .... est l'étoile la plus grande?
12. .... est-ce que tu fais une sieste? Tu es fatigué?
13. .... vous allez regarder au cinéma?
14. .... fais-tu après? Tu joues à l'ordinateur?

TESTS

Diese „Tests" beinhalten im Wesentlichen zwar das, was du am Ende eines ersten Lernjahres beherrschen musst, beschränken sich jedoch auf einen kleinen Wortschatz. Es geht also tatsächlich nur um die **Anwendung von Sprachregeln** bzw. um die **Fähigkeit, korrekte (freie) Sätze zu bilden**.

Bei den Lösungen findest du dann Hinweise darauf, wo mögliche Fehlerquellen bzw. Denkfehlerquellen sein können! Mach aber zunächst die Tests, bevor du nachsiehst!

 ## 1. TEST

Verben; Teilungsartikel/Artikel; Verneinung; Satzbildung (direktes/indirektes Objekt, Ortsangaben)**; Fragestellung** (*est-ce que*)

1. **Setze die richtigen Personalformen ein.**   **[10 Punkte]**

   – Salut, Hélène, comment .... -tu? (*aller*)

   – Salut, Gérard, merci, je .... bien. (*aller*)

   – Où .... -tu? (*être*)

   – Je .... en France. (*être*) Mon frère et moi, nous

   .... (*travailler*) dans un restaurant qui ....

   (*s'appeler*) «Chez Maurice».

   Ta copine et toi, vous .... (*aller*) venir nous voir?

   Nous .... (*manger*) ensemble si vous .... (*avoir*)

   le temps.

   – Oh, c' .... (*être*) une bonne idée.

2. **Setze ein, was fehlt. (Artikel, *de*)**   **[8 Punkte]**

   a) Bonjour, Madame, qu'est-ce que vous prenez? – Je prends ....

   bouteille .... bière, ... verre .... vin

   et .... sandwichs. – Combien .... sandwichs voulez-

   vous? – J'en prends deux.

   b) Vous aimez .... fruits? – Oui, je les aime. Je prends

   .... fraises et .... melon. – Excusez-moi,

   mais .... melons ne sont plus bons. Je vous donne un kilo

   .... poires?

   c) Papa mange beaucoup .... chocolat. Maman n'aime pas

   .... chocolat. Elle préfère .... sel. Et elle mange

   assez .... salade avec trop .... vinaigre.

3. Beantworte folgende Sätze. [4 Punkte]

a) Les enfants mangent de la soupe? – Non, ils ...
b) Ce sont des films pour enfants? – Non, ...
c) Ils prennent des oranges? – Non, ils ...
d) C'est du sucre? – Non, ...

4. Bilde Sätze. [12 Punkte]

a) Papa / aller / le théâtre
b) Nous / rester / la maison
c) Vous / être / Berlin
d) Elles / parler / les enfants
e) Tu / montrer / la photo / les amis
f) Ils / acheter / le cadeau / les Galeries Lafayette

5. Übersetze. [12 Punkte]

a) Die Eltern gehen mit Paul auf den Markt. (**3**)
b) Ihr habt dieses Buch in der Schule. (*le lycée*) (**3**)
c) Wir sind bei Fabienne im Kaffeehaus. (**3**)
d) Du gibst Max diese Photos. (**3**)

6. Stelle Fragen nach den unterstrichenen Satzgliedern (mit *est-ce que*). [6 Punkte]

a) Vous restez à la maison parce que vous êtes fatigués.
                  (1)   (2)

b) Tu quittes la maison à trois heures.
                  (1)   (2)

c) Dominique doit aller à la gare avec sa tante.
     (1)   (2)

Bewertung:	48–52	▶ Super! Du scheinst wirklich fast immer zu wissen, was zu tun ist!
	43–47	▶ Gut gemacht! Vielleicht etwas mehr Genauigkeit?
	38–42	▶ Als Note ergäbe diese Punkteanzahl wohl ein Befriedigend. Bist **du** zufrieden?
	Unter 38	▶ Wo sind die Fehler? Was fehlt in deinem Wissen? Wiederhole die nötigen Kapitel!

2. TEST

Verben; Fragebildung; Ortsangaben; Adjektive; *qui* oder *que*

1. Suche die passenden Fragen. [14 Punkte]

a) ...? Merci, nous allons <u>bien</u>. Et toi? (Inversion) (2)

b) ...? Oui, nous avons faim. (Inversion) (2)

c) ...? Il écrit <u>quatre</u> cartes postales. (est-ce que) (2)

d) ...? Elle aime la musique <u>classique</u>. (Inversion) (2)

e) ...? Si, je vais rentrer aujourd'hui. (Intonation) (2)

f) ...? Je prends <u>trois bananes</u>. (est-ce que) (2)

g) ...? <u>C'est moi</u> qui ai écrit cette lettre. (2)

2. Ortsangaben. Setze ein, was fehlt. [5 Punkte]

a) On va passer nos vacances .... Saint-Malo. – C'est

.... Normandie? – Non, c'est .... Bretagne.

b) Mes amis viennent .... Japon. Mais ils font leurs études

.... Allemagne. Leurs vacances, ils aiment les passer

.... Portugal.

c) Marjane a passé son enfance .... Téhéran. C'est ....

Iran.

d) Olivier est né .... Etats-Unis. Il vient .... Californie.

3. „Schön/neu/alt". Setze die richtigen Adjektivformen ein. [6 Punkte]

schön: **a)** Il aime les .... appartements.

b) Je vais lui offrir de .... fleurs.

c) Tes pantalons sont ....!

d) Tu connais le livre qui s'appelle «....................................... ami»?

neu: **e)** Les enfants vont dans une .... école.

f) Nous avons seulement trois .... élèves.

g) Mon .... anorak te plaît?

h) Marie cherche un .... job.

alt: **i)** J'habite à côté d'une .... église.

j) Marc est un .... ami de mon père.

k) Tes parents ne sont pas encore ....

l) Notre .... voisin a besoin de notre aide.

4. Finde die richtigen Verbformen. [18 Punkte]

	2. P. Sg.	2. P. Pl.	3. P. Pl.
a) avoir			
b) venir			
c) aller			
d) finir			
e) ouvrir			
f) pouvoir			
g) dire			
h) lire			
i) savoir			
j) faire			
k) boire			
l) sortir			

5. *qui* oder *que* (*qu'*)? [3 Punkte]

a) C'est un homme .... parle bien l'italien.

b) Renaldo est un acteur .... on ne voit pas souvent à la télé.

c) La Suisse est un pays .... est très beau.

d) Les bottes .... se trouvent dans la cuisine sont à toi?

e) Le travail .... nous devons faire nous plaît bien.

f) Le dernier livre .... Fabienne a lu s'appelle «Le Petit Prince».

6. Übersetze. [6 Punkte]

Warum stellst du deiner Mutter deinen neuen Freund heute nicht vor?
(*présenter; est-ce que*)

Bewertung:	48–52	▶ Super! Du scheinst wirklich fast immer zu wissen, was zu tun ist!
	43–47	▶ Gut gemacht! Vielleicht etwas mehr Genauigkeit?
	38–42	▶ Als Note ergäbe diese Punkteanzahl wohl ein Befriedigend. Bist **du** zufrieden?
	Unter 38	▶ Wo sind die Fehler? Was fehlt in deinem Wissen? Wiederhole die nötigen Kapitel!

3. TEST

Objekte/Ergänzungen; Infinitivkonstruktionen; besitzanzeigende Begleiter; Objektpronomen

1. Bilde Sätze. [18 Punkte]

a) je / parler de / souvent / le nouveau projet
b) nous / vouloir / parler / le chef
c) ils / demander / un peu d'argent / les parents
d) vous / attendre / vos amis / devant la gare
e) nous / lire / cette histoire / les enfants
f) ils / aider / leur mère / à laver / la voiture
g) Xavier / téléphoner / Nathalie / le soir
h) les filles / s'occuper de / les chats
i) notre père / être / content de / la nouvelle voiture

2. Setze passende besitzanzeigende Begleiter ein. [8 Punkte]

a) Eric nous montre des photos. Il dit: Voilà .... famille et moi.

.... parents vivent encore dans .... vieille

maison.

J'ai déjà .... propre appartement. J'y habite avec

.... amie Hélène.

b) Cécile va au bureau. Elle prend .... parapluie et

.... sac. Dans le sac, il y a .... tickets de

métro et .... carte d'identité.

c) Charlotte et Olivier ont acheté une nouvelle maison. Comme

.... maison est très grande, ... fils vivent

encore chez eux.

d) Madame, vous me montrez .... passeport? Et ouvrez

.... valises, s'il vous plaît. ... Est-ce que ce sont

.... cigares?

e) Henri, tu vas inviter aussi .... voisins? – Oui, je les aime

bien. Mais je n'aime pas .... chien.

3. Übersetze. (wollen, müssen, können, werden) [12 Punkte]

a) Du willst nach Hause gehen. (2)

b) Wir müssen Max sagen, wohin wir gehen wollen. (4)

c) Er kann mit mir ein Cola trinken. (3)

d) Ich werde das Geschenk auf dem Markt kaufen. (3)

4. Ersetze die unterstrichenen Satzglieder durch ihre Pronomen. [6 Punkte]

a) Paulette rencontre <u>ses enfants</u> au café.

b) Nous ne regardons pas <u>ce nouveau film</u>.

c) M. Lévi achète le foulard <u>à sa femme</u>.

d) Frédérique dit au revoir <u>aux invités</u>.

e) Marianne raconte tout <u>au chef</u>.

f) C'est pourquoi ses collègues n'aiment pas <u>Marianne</u>.

5. Was fehlt? Fehlt etwas? (*de, à* etc.) [8 Punkte]

a) Vous jouez .... volley avec moi? – Non, nous devons aller .... piscine. Jan qui vient .... Norvège nous attend. Il reste encore une semaine .... Vienne. Après il doit rentrer avec ses parents.

b) Regarde, c'est la copine .... mon frère. Elle travaille .... cybercafé .... week-end, elle doit gagner .... argent. Elle veut passer trois semaines au bord .... mer, près .... Bordeaux.

c) On cherche le musée .... ville. On a seulement trouvé le supermarché .... centre-ville et la place .... gare. – Oh, le musée se trouve en face .... magasins.

d) Ta mère fait .... cheval? Ma mère ne fait plus .... sport.

Bewertung:	48–52	▶ Super! Du scheinst wirklich fast immer zu wissen, was zu tun ist!
	43–47	▶ Gut gemacht! Vielleicht etwas mehr Genauigkeit?
	38–42	▶ Als Note ergäbe diese Punkteanzahl wohl ein Befriedigend. Bist **du** zufrieden?
	Unter 38	▶ Wo sind die Fehler? Was fehlt in deinem Wissen? Wiederhole die nötigen Kapitel!

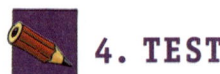

4. TEST

1. Beantworte die Fragen und ersetze dabei die   **[14 Punkte]**
unterstrichenen Satzglieder durch ihre Pronomen.

- **a)** Florence aime inviter <u>ses copains</u>? – Non, elle …
- **b)** Tu dois montrer tes vêtements <u>à ta mère</u> quand tu sors? – Non, je …
- **c)** Vous connaissez <u>ces chansons</u>? – Oui, nous …
- **d)** Tu téléphones encore <u>à tes amis anglais</u>? – Oui, je …
- **e)** Elle va acheter <u>cette mobylette</u>? – Non, elle …
- **f)** Vous lisez cette histoire <u>aux enfants</u>? – Oui, nous …
- **g)** Tu vas lire <u>ce roman</u>? – Oui, je …

2. Ersetze die unterstrichenen Satzglieder durch   **[6 Punkte]**
ihre Vertreter.

- **a)** Paul s'intéresse à <u>Christine</u>.

  ....

- **b)** Nous faisons une promenade avec <u>mon père</u>.

  ....

- **c)** Tu achètes ces fleurs pour <u>ta mère</u>?

  ....

- **d)** Nous voulons faire une promenade sans <u>nos enfants</u>.

  ....

- **e)** Fred pense souvent à <u>ses amies italiennes</u>.

  ....

- **f)** Vous sortez avec <u>Jean et Florence</u>?

  ....

3. Beantworte die Fragen mit der passenden Verneinung.   **[12 Punkte]**

- **a)** Vous voulez encore aller au cinéma ce soir? – Non, nous … (*nicht mehr*)
- **b)** Vous prenez souvent le train pour aller au travail? – Non, nous … (*nie*)
- **c)** Vous buvez encore du pastis? – Non, nous … (*keinen mehr*)
- **d)** Tu as déjà appelé ton oncle? – Non, je … (*noch nicht*)
- **e)** Ton copain boit de l'alcool? – Non, il … (*nie*)
- **f)** Ce sont des amis? – Non, ce …

4. Welche Adjektiv-Form gehört wohin? [7 Punkte]

a) Rinaldo Talamonte est un ... homme ... (*petit*) , mais un ... acteur ... (*grand*)

b) Les ordinateurs portables sont des ... appareils ... (*pratique*), mais des ... objets ... (*cher*)

c) Nadine est une ... voisine ... (*réservé*), mais une ... femme ... (*curieux*)

d) Je dois vous donner mon ... numéro de téléphone ... (*nouveau*)

e) Emmanuelle est une ... femme ... (*intéressant*)

f) Freda porte toujours de ... lunettes ... (*gros*)

g) C'est une ... chanteuse ... (*italien*)

h) On va acheter un ... appartement ... (*beau*) avec une ... terrasse ... (*petit*)

i) C'est Jules qui a acheté ces ... pommes ... (*vert*) et ces ... fraises ... (*vieux*)

5. Verbformen incl. *participe passé*. [10 Punkte]

	3. P. Pl.	**p. p.**
a) aller		
b) venir		
c) mettre		
d) pouvoir		
e) voir		
f) être		
g) avoir		
h) apprendre		
i) faire		
j) dire		

6. Übersetze. [3 Punkte]

Wer verkauft dieses interessante Foto und diese alten Bücher?

Bewertung:	48–52	▶	Super! Du scheinst wirklich fast immer zu wissen, was zu tun ist!
	43–47	▶	Gut gemacht! Vielleicht etwas mehr Genauigkeit?
	38–42	▶	Als Note ergäbe diese Punkteanzahl wohl ein Befriedigend. Bist **du** zufrieden?
	Unter 38	▶	Wo sind die Fehler? Was fehlt in deinem Wissen? Wiederhole die nötigen Kapitel!

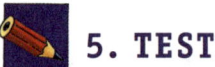

5. TEST

1. Betonte Pronomen oder Objektvertreter?   **[18 Punkte]**
Beantworte die Fragen und ersetze die unterstrichenen
Satzglieder durch ihre Pronomen.

- a) Tu vas promener <u>le chien</u>? – Non, je ...
- b) Tu envoies toutes ces cartes postales <u>aux parents</u>? – Oui, je ...
- c) Ton père a acheté <u>ce vélo</u> pour <u>ta sœur</u>? – Oui, il ...
- d) Ton petit frère sait prendre <u>le métro</u> tout seul? – Non, il ...
- e) Vous allez à la piscine avec <u>vos parents</u>? – Oui, nous ...
- f) Vous avez montré vos photos <u>à votre tante</u>? – Oui, nous ...
- g) Vous aimez regarder <u>ces films</u> à la télé? – Oui, nous ...
- h) Tu as expliqué la grammaire <u>à ton copain</u>? – Non, je ...
- i) Vous êtes allés derrière <u>votre prof</u>? – Oui, nous ...

2. Verneine die folgenden Sätze.   **[6 Punkte]**

- a) Il a déjà fermé la porte.
- b) Nous allons lui raconter cette histoire.
- c) Vous lui écrivez toujours des lettres.
- d) Pourquoi est-ce qu'il leur a dit la vérité?
- e) Gérard fait encore du sport?
- f) Vous êtes déjà allés à Deauville?

3. Setze die folgenden Sätze in das *passé composé*.   **[10 Punkte]**

- a) Elle se lève à neuf heures.
- b) Elle téléphone à sa mère.
- c) Elle quitte la maison à dix heures.
- d) Elle prend le métro.
- e) Elle descend au Trocadéro.
- f) Elle achète des croissants.
- g) Elle va voir une amie.
- h) Elles travaillent pour un examen.
- i) Elles sortent ensemble à six heures.
- j) Elle rentre vers deux heures du matin.

4. Setze die folgenden Sätze in die Befehlsform. [7 Punkte]

a) Vous devez inviter vos voisins.

b) Tu dois rester à la maison.

c) Vous devez être à l'heure.

d) Tu dois dormir, ma chérie.

e) Vous devez prendre de l'eau.

f) Nous devons apprendre à danser la valse.

g) Tu dois aller chez ton ami.

5. Verbinde die folgenden Sätze zu Satzgefügen. [8 Punkte]
Verwende dabei *qui, qui, que, que, où, comment,*
parce que **und** *quand*.

a) C'est Antoine. Il est un ami de mon frère. Mes parents l'aiment bien aussi.
(2 Punkte)

b) Je ne veux pas avoir de chien. Je n'ai pas assez de temps pour un chien.

c) Christine aime Biarritz parce que c'est une ville magnifique. Elle a rencontré son mari dans cette ville.

d) Ce dimanche, maman me fait un gâteau. J'adore ce gâteau.

e) Il pleut. Tu dois prendre un parapluie.

f) Il veut savoir: Comment t'appelles-tu?

g) Nous allons jouer dans le parc. Le parc se trouve juste derrière l'église.

6. Diese oder welche? – Setze die passenden Formen ein. [3 Punkte]

a) .... heure est-il?

b) Je ne connais pas .... homme.

c) Vous devez demander le chemin à .... enfants.

d) Je ne sais pas .... livre lui plaît.

e) .... sont tes auteurs préférés?

f) Où est-ce que vous avez acheté .... robe?

6. TEST

1. Übersetze. Verwende dabei immer *mettre*. **[10 Punkte]**

a) Du gibst viel Zucker in deinen Kaffee.

b) Stellt eure Teller auf den Tisch.

c) Bernadette zieht nie rote Hosen an.

d) Schreiben Sie Ihre Namen auf meine Liste.

e) Setze die Sätze in den Plural.

2. Fülle die geforderten Verbformen aus. **[8 Punkte]**

	passé composé	présent
a) être: elle		
b) avoir: il		
c) offrir: tu		
d) finir: nous		
e) partir: elles		
f) boire: nous		
g) vouloir: ils		
h) venir: je		

3. Setze den Text, der im *futur composé* steht, **[10 Punkte]**
in das *passé composé*.

Hélène dit:

a) Je vais arriver à Paris le 2 août.

b) Je vais aller voir mon amie Véronique.

c) Nous allons visiter deux musées.

d) Le copain de Véronique va nous montrer son atelier.

e) Nous allons sortir avec ses copains.

f) Je vais apprendre un tas de mots.

g) Je vais aussi voir les parents de Véronique.

h) Son père va me préparer un dîner. Il est cuisinier.

i) Véronique va m'acheter une montre.

j) On va fêter mon anniversaire.

4. Lass uns Kontakte knüpfen! Finde die direkten Reden. [14 Punkte]

a) Du fragst einen Jungen nach seinem Namen. (1)

b) Du fragst ein Mädchen nach ihrem Alter. (1)

c) Du fragst ihn/sie, woher er/sie kommt. (1)

d) Du sagst ihm/ihr, aus welchem Land du kommst. (1)

e) Du sagst, wie alt du bist. (1)

f) Du fragst, ob ihr etwas gemeinsam unternehmt. (2)

g) Du schlägst vor, ins Kino zu gehen und dann ein Eis zu essen. (2)

h) Du fragst, ob er/sie oft Computer spielt. (2)

i) Du fragst nach der bevorzugten Musik. (1)

j) Du fragst, was er/sie gerne am Abend macht. (2)

5. Ein Gespräch mit deiner Mutter/deinem Vater. [10 Punkte]

a) Du sagst, dass du mit xx am Freitagabend ins Kino gehen willst. (2)

b) Du fragst, ob du ein bisschen Geld haben kannst. (2)

c) Du sagst, dass du deine Aufgaben schon gemacht hast. (2)

d) Du bedankst dich für das Geld und wünscht einen schönen Abend. (2)

e) Du rufst xx an und machst dir einen Treffpunkt und eine Uhrzeit aus. (2)

Bewertung:	48–52	▶ Super! Du scheinst wirklich fast immer zu wissen, was zu tun ist!
	43–47	▶ Gut gemacht! Vielleicht etwas mehr Genauigkeit?
	38–42	▶ Als Note ergäbe diese Punkteanzahl wohl ein Befriedigend. Bist **du** zufrieden?
	Unter 38	▶ Wo sind die Fehler? Was fehlt in deinem Wissen? Wiederhole die nötigen Kapitel!

HÖRÜBUNGEN

Im Unterricht wirst du immer wieder Texte vorgespielt bekommen, damit du dein Hörverständnis trainieren und verbessern kannst. Auch bei Tests werden Hörübungen immer öfter eingesetzt. Wir bieten dir hier die Möglichkeit, das „Zuhören" mit Hilfe der Hörtexte zu üben. Bestimme selbst, wie oft du dir einen Text anhörst.
Über den abgedruckten QR Code® bzw. Key kannst du dir die Hörtexte auf dein Handy oder deinen Computer laden und anhören.

Im Lösungsheft kannst du deinen „Hörerfolg" kontrollieren.
Die Texte sind im Lösungsheft auch abgedruckt, sodass du jedes Wort, das gesprochen wurde, nachlesen kannst. Aber bitte erst, nachdem du die Übung gelöst hast!

Es wird auch wichtig sein zu lernen, wie man mit Hörlücken umgeht. Wenn du etwas nicht verstehst, darfst du nicht darüber nachdenken, sondern du musst weiter zuhören und akzeptieren, dass du es nicht verstanden hast. Vielleicht erschließt sich der Sinn ohnehin aus dem Folgenden, vielleicht war das Verständnis des Wortes oder der Passage nicht notwendig, um den Sinn zu erschließen. Wenn du hängenbleibst oder verunsichert bist, versäumst du das Folgende womöglich zur Gänze!
Also Mut zur Lücke!

HÖRÜBUNG 1 (TRACK 1)   Key: 160   *Faire du sport*

Welche Sportarten werden betrieben? Lies dir die Vorschläge vor dem ersten Hören durch und kreuze dann die genannten an.

- ○ on fait du tennis
- ○ on fait de la gymnastique
- ○ on fait du volley
- ○ on fait de la randonnée
- ○ on fait de l'athlétisme
- ○ on fait du handball

- ○ on fait du ski
- ○ on fait du foot
- ○ on fait de la voile
- ○ on fait du kayak
- ○ on fait de l'acrobatie
- ○ on fait du VTT

- ○ on fait du surf
- ○ on fait du judo
- ○ on fait du basket
- ○ on fait du vélo
- ○ on fait de la boxe
- ○ on fait du cheval

HÖRÜBUNG 2 (TRACK 1)   *Faire du sport*

Wer wohnt wo? Verbinde die Namen mit den richtigen Städten. Wer macht was? Trag neben den Namen die richtige(n) Sportart(en) ein.

Clermont-Ferrand	Sébastien	....
Brest	Amélie	....
Lyon	Maryline	....
Grenoble	Paul et Tarik	....
Besançon	Nouredine	....
Paris	Fabienne	....
Nantes	Fatou	....

HÖRÜBUNG 3 (TRACK 2)

Erstes Hören: Beantworte die Fragen.

Key: 288

L'échange

Vokabel	

un échange: Austausch
un/une correspondant(e): Brieffreund/in
  (Abkürzung: *les corres*)
Mme Lecoq: Eigenname
faire un effort: sich anstrengen
Nantes: Stadt in Frankreich
le Jardin des Plantes: der Botanische
  Garten
un rallye: Rallye
l'Océan Atlantique: der Atlantische Ozean
	Sankt Ingbert: Stadt in Deutschland
	il pleut: es regnet
	un festival de hip-hop: ein Hip-Hop-
	  Festival
	presque: beinahe
	on ne pourrait pas …?: könnte man
	  nicht …?
	Noirmoutier: Insel südl. der Loiremündung
	le bateau: Schiff, Boot
	comme ça: so

1. Wer spricht? (*Qui parle?*)

....

2. Wo befinden sich die Sprecher? (*Où se trouvent les interlocuteurs?*)

....

3. Über wen sprechen sie? (*De qui parlent-ils?*)

....

4. Worüber sprechen sie? (*Ils parlent de quoi?*)

....

HÖRÜBUNG 4 (TRACK 2)

L'échange

Nach dem zweiten (dritten) Hören: Was sagt die Professorin?

1. Qu'est-ce que les correspondants font le matin?

....

2. Qu'est-ce que les élèves vont faire ensemble?

....

3. Qu'est-ce que Yann doit faire?

....

4. Quel effort Yann doit-il faire?

....

HÖRÜBUNG 5 (TRACK 2) *L'échange*

Was schlagen die einzelnen Schüler vor? (*Qu'est-ce que les élèves proposent?*)

1. ....

2. ....

3. ....

4. ....

5. ....

6. ....

7. ....

HÖRÜBUNG 6 (TRACK 2) *L'échange*

Vrai où faux?

1. Les élèves de la quatrième A attendent leurs corres autrichiens.
2. Les élèves ont cours aussi l'après-midi.
3. Ils n'ont pas de devoirs en allemand.
4. Yann aime noter les idées.
5. Il écrit comme un chat.
6. Yann veut faire une excursion à la mer.
7. Ils proposent faire une promenade à vélo.
8. Charlotte trouve génial de nager en octobre.
9. Il y a un festival de rap à Quimper.
10. On prend souvent le bateau à Sankt Ingbert.
11. Madame Lecoq n'est pas contente des idées de Yann.

Beantworte die folgenden Fragen.

Key: 383

Vokabel	
mal: schlecht	*l'accordéon*: Ziehharmonika
Loïc: Eigenname	*La Baule*: Stadt in der Bretagne
le caractère: Charakter	*Mehdi, Clémence*: Eigennamen
Aspirine: hier der Name einer Hündin	*As de Cœur*: Name der Schülerzeitung
un cochon d'Inde: Meerschweinchen	*Tahar Ben Jelloun*: marokkanischer
Nestor: Name des Meerschweinchens	Schriftstellers
le dictionnaire: das Wörterbuch	*Saint Herblain*: Ort in der Nähe von
une librairie: eine Buchhandlung	Nantes
Auchan: Name eines Supermarktes	Charl1@yahoo.fr: E-Mail-Adresse
les rollers: die Inlineskates	*la bise*: Kuss

> **! TIPP**
> **Lies dir die Fragen vor dem ersten Hören durch, damit du weißt, worauf du achtgeben musst!**

1. Combien de frères et de sœurs Charlotte a-t-elle?

   ....

2. Charlotte a quel âge?

   ....

3. Qui dort et mange du matin au soir?

   ....

4. La mère de Charlotte travaille où?

   ....

5. Pourquoi est-ce que Charlotte ne joue pas de piano?

   ....

6. Elle joue de quel instrument?

   ....

7. Que fait Charlotte pour le magazine de son école?

   ....

8. Avec qui est-que les élèves lisent un livre?

   ....

9. Où se trouve Saint Herblain?

   ....

Setze die fehlenden Wörter ein:

1. Je préfère ....

2. Nous avons .... Elle est ...., mais
   elle n'est pas facile. Elle a ....

3. Je .... on dit «cochon d'Inde»
   en allemand.

4. J'ai .... et je vais souvent
   ....

5. Je joue .... Et j'aime bien
   ....

6. L'accordéon est ....

7. Mon copain Yann ....

8. Le mercredi après-midi, avec mes amis Mehdi et Clémence, nous
   ....

9. Avec le prof de français, nous ....
   Tahar Ben Jelloun.

10. Nantes est .... Loire, près
    ....

11. Loïc veut .... et le handball.

12. Donne le .... parents.

**Der Brief von Charlotte enthält viele Informationen über sie.
Notiere, welche.**

Familie: ....

....

Freunde: ....

....

....

Haustiere: ....

Schule: ....

Wohnort: ....

....

Hobbys/Freizeitbeschäftigungen: ....

....

....

HÖRÜBUNG 10 (TRACK 4) *Elles sont allées au commissariat*
Beantworte die Fragen.

Key: 624

Vokabel	
le quai: Bahnsteig	*la carte d'identité*: Ausweis
remonter: wieder hinaufgehen	*déranger*: stören
le château: Schloss	*par cœur*: auswendig
partout: überall	*un porte-bonheur*: Glücksbringer

1. Quel est le problème de Julia?

....

2. Combien d'euros est-ce que Julia a perdu?

....

3. Qu'est-ce que Julia et son amie ont fait pour retrouver son porte-monnaie?

....

....

4. Où est-ce que les filles sont allées ensuite?

....

5. Qu'est-ce que les Bouvier prennent quand on sonne?

....

6. Le garçon devant la porte a quel âge?

....

7. Comment le garçon a-t-il pu avoir l'adresse de Julia à Nantes?

....

8. Combien d'années a-t-il appris l'allemand à l'école?

....

9. Quel sport est-ce qu'il pratique?

....

10. Pourquoi est-ce que le porte-monnaie est un porte-bonheur?

....

HÖRÜBUNG 11 (TRACK 4) *Elles sont allées au commissariat*
Notiere möglichst viele Formen des *passé composé*, die du hörst.

1. les deux filles ....

2. Julia ....

3. elles ....

4. elles ....

5. elles ....

6. elles ....

7. elles ....

8. elles ....

9. elles ....

10. elles ....

11. tu ....

12. on ....

13. elle ....

14. sa carte d'identité ....

15. j' ....

16. le garçon ....

17. tu ....

18. j' ....

19. j' ....

20. j' ....

21. elle ....

22. j' ....

23. j' ....

24. ça ....

25. ça ....

26. je ....

27. mon équipe ....

HÖRÜBUNG 12 (TRACK 4) *Elles sont allées au commissariat*

Bringe die folgenden 13 Sätze in die richtige Reihenfolge, indem du in die Kästchen die Reihung schreibst.

☐ Tu parles allemand?

☐ Les Bouvier prennent leur dessert quand on sonne.

☐ Mon équipe a gagné!

☐ Je ne le sais pas par cœur, ce numéro.

☐ Comment est-ce que tu as trouvé mon nom et mon adresse ici?

☐ Après le rallye, les deux filles sont entrées dans un magasin.

☐ Est-ce que tu es allée au commissariat?

☐ Entrez, Julia va être très contente.

☐ Ils discutent du problème de Julia.

☐ Pour Julia, c'est la catastrophe.

☐ Mais je suis venu tout de suite après le match.

☐ Je ne veux pas vous déranger.

☐ Elle a vite compris le problème.

HÖRÜBUNG 13 (TRACK 5)   *Le lion et le rat*

Nach dem ersten Hören: Wähle die richtigen Antworten aus:

Key: 726

Vokabel	
le trou: Höhle, Loch	*ému(e)*: gerührt
la patte: die Pfote	*un bisou*: ein Küsschen
le lion: der Löwe	*un filet*: ein Netz
chouette: prima	*ronger*: zernagen
perdu(e): verloren	*l'air*: die Luft

1. **Que dit le rat quand le lion l'a attrapé?**
   a) Si tu ne me laisses pas m'en aller, je te mords.
   b) J'ai une femme et dix enfants, je les ai laissés dans le trou.
   c) Oh, je t'ai vu trop tard!

2. **Pourquoi le lion ne mange-t-il pas le rat?**
   a) Il ne mange pas le rat parce qu'il n'a pas faim.
   b) Il ne mange pas le rat parce qu'il a aussi une femme et des enfants qu'il aime.
   c) Il ne mange pas le rat parce qu'il n'aime pas les rats.

3. **Pourquoi est-ce que le rat aide le lion?**
   a) Il l'aide parce qu'ils sont des amis.
   b) Il l'aide parce que sa femme le veut.
   c) Il l'aide parce qu'il ne l'a pas mangé.

4. **Qu'est-ce que le rat et le lion aiment?**
   a) Ils aiment leurs femmes, leurs enfants et leur vie.
   b) Ils aiment leurs enfants et leurs amis.
   c) Ils aiment la liberté.

HÖRÜBUNG 14 (TRACK 5)   *Le lion et le rat*

Nach dem zweiten Hören: Setze die fehlenden Wörter ein:

Un .... est .... de son trou .... les pattes d'un lion.

Il l'a vu ....!

– Chouette, dit le lion, ...!

– Lion, j'ai .... et dix enfants, je les ai laissés ....

Que vont-ils faire sans .... seuls, sous la terre?

Adieu, femme, ...;

Adieu, enfants, ...

Adieu, la vie, je t'ai aimée aussi. Et ...., je t'ai perdue.

– Mais non, dit le lion, ému, je ne t'ai .... mangé, rentre vite

dans ton trou. Pour tes enfants, dix gros bisous.

Un peu après, ... dans un filet.

Il crie, il pleure et dit: .... je t'ai aimée.

Adieu, enfants, je vous ai aimés. Adieu, la vie, ... aussi.

Et maintenant, je t'ai ....

– Mais non, dit le rat, ..., tu n'as rien perdu du tout.

Avec ...., il ronge le filet et le lion, bientôt, est libre comme l'air.

 ## HÖRÜBUNG 15 (TRACK 6)   *Le programme de la soirée*

Erstes Hören: Wie nennen die Sprecher die französischen Fernsehsender, über die sie sprechen?
Zweites Hören: Welche Sendungen gibt es dort?
Drittes Hören: Was halten die beiden von den jeweiligen Sendungen?

Key: 874

Vokabel	
la chaîne: Sender, Programm *la guerre*: Krieg *Maigret*: Name eines Kommissars *une enquête*: Untersuchung	*Courteline, Georges* (1858–1929): frz. Schriftsteller und Dramatiker *la suite*: die Folge, das Weitere *le truc*: ein Ding *Louis Malle*: frz. Regisseur

1. ....
....

2. ....

3. ....
....

4. ....

5. ....
....

6. ....
....

LERNTYPENTEST

Anhand dieses Tests erfährst du, mit welchen **Wahrnehmungskanälen** du normalerweise leichter Informationen aufnimmst. Die Kenntnis darüber ist wichtig: Du kannst damit einerseits (deinen bestehenden Fähigkeiten entsprechend) **Strategien zum „wirkungsvollen Lernen" entwickeln** und andererseits mögliche **„fehlende Strategien"**, deren Wirksamkeit aber erprobt ist, **in dein „Lernstil-Repertoire" aufnehmen**.

Du nimmst deine Umgebung über fünf Sinne wahr:

 1. sehend (visuell)

 2. hörend (auditiv)

 **3. fühlend** (kinästhetisch)

 **4. riechend** (olfaktorisch)

 5. schmeckend (gustatorisch)

Auch beim Lernen sind diese Sinne beteiligt, insbesondere musst du dafür deine sehenden, hörenden und fühlenden Fähigkeiten einsetzen.

TESTVORBEREITUNG

Finde eine Person, die dich testet *(Freundin, Freund, Mutter, Vater ...)*.

Diese TESTPERSON muss nun Folgendes vorbereiten:

- 10 Gegenstände *(zum Sehen)*, die sie versteckt bereithält *(zB in Sack 1)*.

- 10 DIN-A4-Blätter, auf die sie jeweils einen Begriff *(zum Lesen)* groß und deutlich schreibt.
- 10 weitere Begriffe *(zum Hören)*, die sie auf einem Zettel versteckt notiert.
- 10 Gegenstände *(zum Betasten)*, die sie versteckt bereithält *(zB in Sack 2)*. Diese Gegenstände müssen durch Betasten sofort erkennbar sein. Gegenstände und Begriffe dürfen sich dabei nicht wiederholen. Du als getestete Person musst auf den ersten Blick erkennen, worum es sich bei den Gegenständen bzw. Begriffen handelt.

TESTABLAUF
BETRACHTEN (visuell)

SCHRITT 1: Die TESTPERSON zeigt dir aus Sack 1 die zehn Gegenstände im Abstand von 2 (!) Sekunden. Wichtig: Der gezeigte Gegenstand verschwindet wieder, ehe der nächste Gegenstand gezeigt wird.

SCHRITT 2: 30-Sekunden-Ablenkung: Die TESTPERSON stellt dir einfache Rechenaufgaben (plus, minus, mal) mit Zahlen von 1 bis 10 (zB *8 plus 5, 9 minus 1, 3 mal 6 ...*).

SCHRITT 3: Nun musst du die im Gedächtnis behaltenen Gegenstände aufzählen. Dafür hast du 60 Sekunden Zeit. Die TESTPERSON schreibt die von dir genannten Begriffe in die TESTTABELLE auf Seite 150.

LERNTIPP

LESEN (visuell)

SCHRITT 1: Die TESTPERSON zeigt dir
nacheinander die DIN-A4-Blätter mit
den Begriffen. Jeder Begriff bleibt
2 Sekunden für dich sichtbar.
SCHRITTE 2 und 3: wie oben

HÖREN (auditiv)

SCHRITT 1: Die TESTPERSON liest dir
im Abstand von 2 Sekunden die 10
Begriffe vom Zettel vor.
SCHRITTE 2 und 3: wie oben

FÜHLEN (kinästhetisch)

SCHRITT 1: Die TESTPERSON verbindet dir
die Augen. Sie reicht dir nacheinander die Gegenstände aus Sack 2 zum
Betasten. Du zeigst der TESTPERSON
durch Nicken, dass du den Gegenstand
erfühlt hast. Erst danach darf dir die
TESTPERSON den nächsten Gegenstand
reichen. Dafür darfst du auch mehr als
2 Sekunden brauchen.
SCHRITTE 2 und 3: wie oben

TESTTABELLE

	BETRACHTEN	LESEN	HÖREN	FÜHLEN
1				
2				
3				
4				
5				
6				
7				
8				
9				
10				

Du ahnst nun wahrscheinlich, mit welchen deiner Wahrnehmungskanäle du Dinge besser behalten kannst!

Es gibt also **nur fünf Wege**, auf denen die Welt dein Gehirn betritt.
Aber es gibt **zahllose Unterschiede**, wie Menschen Informationen aufnehmen, behalten und wiederholen, und man weiß mittlerweile, dass all diese unterschiedlichen Arten bestimmend für den „äußeren Erfolg" sind.
Eine der Unterscheidungen betrifft etwas, was man überaus vereinfacht mit **„Getreidespeichern"** vergleichen könnte.
Wir haben in unserem Gehirn **Speicher für Bilder, Töne, Empfindungen, Gerüche und Geschmäcker.**
Vieles (angeblich beinahe alles) wird „normalerweise" über Bilder gespeichert, das heißt, **man merkt sich das, was man sieht.**

Menschen, die den **„Bilderspeicher" als Hauptquelle ihrer Erinnerung** benützen, nennt man auch **„visuell"**. Sie haben im herkömmlichen Schulsystem für gewöhnlich kaum Probleme, denn selbst wenn du in der Schule vieles nur hörst und „erzählt bekommst", so **lernst du** doch häufig **„lesend" – also „sehend" – daheim!**

Nun gibt es aber auch Menschen, deren **Speicher** für das, **was sie hören**, überaus stark ist. Sie erinnern sich oft im Detail daran, was jemand sagte, wie etwas klang, welche Geräusche es zu hören gab. Man bezeichnet sie dann als **„auditiv"**. Ist auch ihr Bildspeicher gut gefüllt und wirkungsvoll, so haben sie im Leben und beim Lernen viele Vorteile.

Sind sie jedoch **„hauptsächlich auditiv"** und benützen sie ihren **Bildspeicher nur**

wenig oder kaum zur „Gehirndatensuche", kann es passieren, dass sie schlecht rechtschreiben (denn hier geht es zum Großteil um innere **Erinnerungsbilder!**), dass sie schlecht (und ungern) lesen, dass sie sich daher auch in all den „Lerngegenständen" bzw. bei allen Dingen, die sie sich **lesend erarbeiten** sollen, einfach schwertun.
(Zu bedauern sind auditive Schülerinnen und Schüler auch dann, wenn sie neben „Schwätzern" sitzen, denn diese nehmen ihnen die Möglichkeit, sich daheim beim Lernen einfach an das, was gesprochen wurde, zu erinnern!)

„Auditive Schülerinnen und Schüler" sind übrigens auch jene, die **Fremdsprachen besser sprechen als schreiben**, und von denen schlimmstenfalls die Lehrer entsetzt sind, weil sie auch nach acht Wochen Französischunterricht noch immer *„schö mabelle"* statt *„je m'appelle"* schreiben, weil sie es einfach so hören ...

Auch mit dem Buch „Durchstarten" wird dein visueller Speicher gefüllt – und damit du diese „Füllung" noch besser verwenden kannst, zeigen wir dir eine **Basis-Übung zur Stärkung des visuellen Erinnerungs-Speichers.**

Um sich an Bilder zu erinnern, sehen „visuelle Personen" meist (unbewusst!) **nach links** oben. (Nur etwa 20 % der getesteten Personen sehen nach rechts oben.) Auf diese Art scheint sich **das Tor des visuellen Speichers zu öffnen** und die **gespeicherten Bilder freizugeben**. Du kannst das übrigens testen: Stelle Personen Fragen, bei denen sie sich an Bilder erinnern müssen. Du wirst bemerken, dass viele von ihnen beim Versuch, sich zu erinnern, nach oben sehen!

Wir ersparen dir hier lange Erklärungen. Wichtig ist für dich nun Folgendes:

*Stell dir vor, **es taucht**, wenn du nach links oben siehst (oder nach rechts oben, wenn dir das leichter fällt), **ein großer Bildschirm** auf. Und in diesem Bildschirm ist alles zu sehen, was du dir vorstellen kannst. (ZB winkt dir gerade jemand, den du magst, zu.)*

*Es kann auch dein Name erscheinen – in großen, dicken Buchstaben geschrieben. Es würde dir nun leichtfallen, dieses Wort (indem du so tust, als sähest du es an!) zu buchstabieren. Und wenn du dir vorstellst, dass dieses Wort **wirklich dort oben steht** und du genau hinsiehst, dann kannst du es auch rückwärts buchstabieren, nicht wahr? (Du musst es nicht rückwärts lesen!)*

Wenn du ein Wort **rückwärts buchstabieren kannst**, heißt das, dass du es **vor deinem geistigen Auge** siehst. Und jedes Wort, das du auf diese Weise übst, **stärkt deine visuellen Fähigkeiten!** Und irgendwann wirst du das, was du gelernt hast, **in deiner Erinnerung genauso sehen wie beim Lernen**. Das heißt, vereinfacht und „salopp" gesagt: Du musst es nicht mehr „wissen", du brauchst es nur herunterzulesen!

Gehe **zum Üben** in folgender Weise vor:

- Schreib dir ein Wort mit dicken Buchstaben auf, zB ***famille***.

- „Wirf" es dann in deinen Bildspeicher. Tu so, als ob es (wie von Geisterhand geschrieben) auf deinem Bildschirm erscheinen würde.
- Buchstabiere es in die richtige Richtung.
- Buchstabiere es zurück. Bleib dabei mit den Augen oben. Schau nicht weg! Tu so, als ob es da oben steht, und starre es an!
- Übe das Vorstellen und Buchstabieren mit **ein paar Wörtern täglich** einige Zeit lang bzw. immer wieder.

Unser Gehirn ist so dankbar für neue Strategien, dass es in kurzer Zeit auf „Autopilot" umschaltet und dich das, was du jetzt noch bewusst machst, **unbewusst (eben automatisch) tun lässt**.

Sehr zum Vergnügen deiner visuellen Merkfähigkeit, deiner Lerngeschwindigkeit und damit deiner Freizeit …

„WIEDER HOLEN"

Um Lerninhalte zu „be**halten** und zu er**innern**", brauchst du Zeit.

Ein Drittel der Zeit ist gefüllt mit dem „Aufnehmen von Informationen", die anderen zwei Drittel gehören dem Wiederholen.

Willst du etwas wirklich und **dauerhaft beherrschen**, musst du das bei deiner Zeitplanung berücksichtigen.

Das ist einfach so. Auch wenn du es vielleicht nicht gerne hörst …

la famille

ZEITMANAGEMENT

Was für Manager und Managerinnen gilt, gilt für dich schon lange.
Zeit = Geld = Freizeit.
Also gehört sie gut gemanagt.

TIPP 1 DEINE LEISTUNGSKURVE

Menschen haben zu unterschiedlichen Zeiten ihre Leistungshochs und Leistungstiefs. Wie die Durchschnitts-Tagesleistungskurve aussieht, zeigt dir die Illustration unten.
Zeichne nun mit einem Rotstift deine persönliche Tagesleistungskurve in die Illustration ein. Erledige die anstrengendsten Aufgaben in jenen Zeitbereichen, wo du am leistungsfähigsten bist.

TIPP 2 ZEIT- UND LERNPLAN

Du kannst ihn kostenlos von der Durchstarten-Homepage downloaden:
www.durchstarten.at/lerntipps
Der Planer hilft dir, deine (Frei-)Zeit besser zu nutzen. Er enthält:

1 Termine *(Unterricht, Verabredungen, Freizeitaktivitäten ...)*
2 Aufgaben *(Lernzeiten, Zeiten für Hausaufgaben, Einkaufen, Rasen mähen ...)*
3 Kommunikation *(Menschen, mit denen du kommunizieren möchtest: per SMS, Telefon, E-Mail ...)*
4 Hausaufgaben *(aktuelle Hausaufgaben des Tages)*
5 Prüfungen *(geplante Lernzeiten, Lernstoff)*
6 Zusätzliches Lernen *(„Problemfächer")*

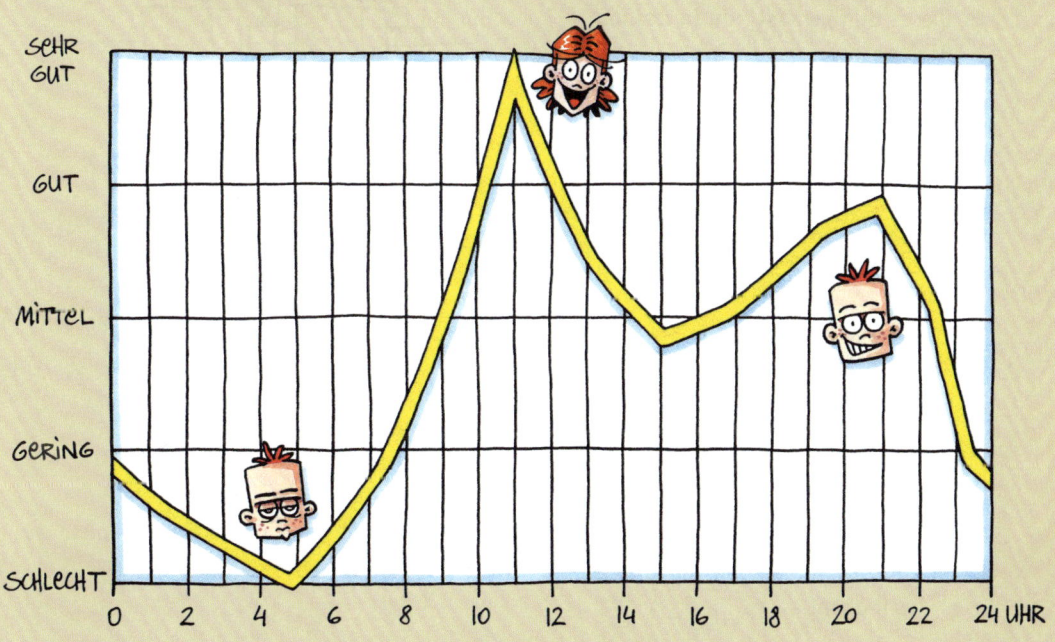

VOKABELLERNEN

Eine Sprache lebt von ihren Wörtern, und selbst wenn du in der Grammatik nicht sattelfest bist, wirst du dich verständigen können.

Umgekehrt ist das nicht so. Wenn du die Grammatikregeln einwandfrei beherrschst, aber einen Wortschatz hast, der nur aus wenigen Wörtern besteht, wird dir das nicht viel helfen.

Also ist **eine der wichtigsten Aufgaben** für dich, **Vokabeln zu lernen**.

Auch dafür gibt es ein paar grundlegende Strategien, die dir das Leben erleichtern können.

DIE BILDSPEICHER-STRATEGIE

1 Suche zu dem deutschen Wort, das du lernen sollst, ein **„starkes" Bild**. D. h. eines, in dem etwas lustig, ekelhaft, skurril oder einfach merkwürdig ist. (zB *rencontrer* = jem. treffen. Ein Bild zu „treffen": Du triffst dich vor deiner Klasse mit einem Zombie. Deiner Professorin stehen die Haare zu Berge ...)

2 Dieses Bild **„wirfst" du in deinen Bildspeicher**. Dazu **wirfst** du das Wort **„treffen"** und darunter das Wort **„rencontrer"**. Dieses **buchstabierst du in beide Richtungen**.

3 Mach das mit den nächsten 9 Wörtern auch so.

4 **Wiederhole die zehn Wörter**, indem du dir
   - das deutsche Wort anschaust;
   - in den Bildspeicher schaust und dort das Bild und die Wörter siehst;
   - sprich das Wort auch aus;
   - dann vergleiche es mit deinem Blatt;
   - wenn du nichts mehr „siehst", hol dir das Wort nochmals aus deinen Aufzeichnungen und wirf es wieder nach oben.

VORTEILE:
   - Ohne Konzentration geht das Ganze nicht, weil du nichts „sehen" wirst. (Bei vielen Arten des „normalen Vokabellernens" kann man auch so tun, als ob man lernt ...)
   - Auf diese Weise vergrößert sich auf jeden Fall die Verarbeitungstiefe!

ASSOZIATIONSMETHODE ODER „ESELSBRÜCKEN"

Die Assoziationsmethode ist eine der wirkungsvollsten für das Vokabellernen!! Du musst sie aber **bewusst einsetzen!** Sie ist außerdem eine gute Gelegenheit, Eltern einzubeziehen und sich helfen zu lassen!

Sie funktioniert, indem du dir
   - entweder zu den französischen Wörtern ähnlich klingende deutsche Wörter suchst und dir daraus Geschichten ausdenkst (zB *hier* = gestern. Gestern war ich hier. Morgen bin ich woanders.)

   - oder indem du die Wörter mit anderen Sprachen oder gebräuchlichen Fremdwörtern vergleichst (engl. simple = *simple*; engl. to arrive = *arriver*; engl. train = *train*)

AHA-ERLEBNISSE UND LACHEN

Ist dir schon einmal aufgefallen, dass viele Menschen lachen, wenn sie ein Aha-Erlebnis haben? Wenn ihnen also irgendwas, was vorher schwierig, kompliziert oder gar unlösbar schien, auf einmal so „klar" ist, dass sie es verstehen.

Gehirnforscher haben herausgefunden, dass der Zeitpunkt **kurz vor dem Loslachen** und derjenige **kurz vor einem Aha-Erlebnis** nahezu völlig gleiche Zustände im Gehirn hervorrufen.

WAS HEISST DAS FÜR DAS LERNEN?

Im Prinzip kann man die Sache **mit dem Klima vergleichen**.
Eine Bergbesteigung bei unpassendem Wetter (zu kalt, zu heiß, Regen, Sturm etc.) kann zwar klappen, ist aber komplizierter, unangenehmer oder schwieriger. Vielleicht braucht sie auch bloß mehr Zeit.
Bei optimalem Klima geht es leichter. Es mag ebenfalls stellenweise anstrengend sein, aber es funktioniert rundherum besser.

Lernen mit Wut, Ärger, Kummer, Verbissenheit oder gar Angst mag funktionieren. Aber besser, leichter und schneller geht es, wenn in deinem Kopf ein lachendes Klima herrscht.
Aha-Erlebnisse und somit Momente, in denen irgendwas einfach „ganz klar" ist, haben dann mehr Chancen aufzutauchen. Und **nach einem Aha-Erlebnis** wird das **Vergessen schwieriger als das Merken!** Merk dir die Zahl 54.321. (Lies sie laut vor!) – Sobald du gesehen hast, dass es sich um die Ziffern 5, 4, 3, 2 und 1 handelt, wird es unmöglich, die Zahl wieder zu vergessen …

WAS IST ALSO ZU TUN?

Lerne so oft wie möglich **mit Menschen, mit denen du auch lachen kannst.** Und selbst „zwei Stunden gelacht und nur eine gelernt" bringt oft mehr als drei Stunden grantig und sauer allein …

Wenn du lieber allein lernst (oder allein lernen musst), **„entspanne dein Denken".** Kaufe dir ein Witzbuch, denke an etwas Lustiges, an etwas, das dich fröhlich macht, telefoniere zwischendurch mit jemandem, der dich zum Lachen bringt, tu irgendetwas, was dich vergnügt.
Und beginne **nach der Pause** mit einer **kurzen Wiederholung** dessen, was du vor der Pause gelernt hast!

ARBEITSPLATZ

Arbeitsplatz und Lernumfeld haben einen großen Einfluss auf deinen Lernerfolg. Berücksichtige daher bei der Gestaltung deines Arbeitsplatzes folgende **TIPPS**:

TIPP 1 WOHLFÜHLEN

In einer angenehmen Atmosphäre lernt es sich leichter. Gestalte daher deinen Arbeitsplatz so, dass du dich wohl fühlst. Dazu können zB angenehme Farben, Pflanzen, Düfte, Bilder, ein Poster deiner Lieblingsband ... beitragen.

TIPP 2 BEQUEMES SITZEN

Wenn du unbequem sitzt, ist dein Körper so damit beschäftigt, nicht vom Sessel zu fallen, dass auch dein Verstand nicht in Ruhe arbeiten kann. Daher darf beim Schreibtischstuhl nicht gespart werden. Sitzhöhe und Rückenlehne sollten verstellbar sein, damit du individuelle Sitzpositionen finden kannst. Du vermeidest so auch Rückenschmerzen und sonstige Sitzfolgeschäden.

TIPP 3 LICHT & SAUERSTOFF

Lerne in einem hellen Raum, in den ausreichend natürliches Sonnenlicht strahlt. Dieses Licht sollte bei starker Sonneneinstrahlung aber weder blenden noch an deinem Arbeitsplatz starke Hitze entwickeln. Berücksichtige dies bei der Standortwahl deines Schreibtisches. Kümmere dich auch um eine Schreibtischlampe, die ausreichend Licht spendet, aber nicht blendet. Das Gehirn braucht Sauerstoff zum Denken. Fehlender Sauerstoff lässt dich ermüden. Öffne daher immer wieder dein Fenster. Pflanzen produzieren auch Sauerstoff!

TIPP 4 ÜBERBLICK

Sorge dafür, dass du jederzeit die **absolute Übersicht** hast und keine Zeit mit unnötigen Suchvorgängen vergeudest. Ein aufgeräumter Schreibtisch macht zwar Sinn, aber Sachen wegzuräumen, die du am nächsten Tag wieder benötigst, ist Zeitverschwendung.

TIPP 5 UNGESTÖRTHEIT

Störungen hindern dich am konzentrierten Lernen, beseitige daher:
- akustische Störungen (Lärm oder Geräusche in der Wohnung; Leute, die dich an deinem Arbeitsplatz stören; Lärm von draußen)
- klimatische Störungen (zu warm, zu kalt; zu trockene oder zu feuchte Luft)
- Geruchsstörungen (Küchenduft; Haustiere; ungelüftetes Zimmer)

TIPP 6 DREI ARBEITSBEREICHE

1 Kreativbereich: eine gemütliche Ecke für Ideen und Konzepte
2 Umsetzungsbereich: der Schreibtisch
3 Kontrollbereich: zum nochmaligen Durchlesen in aller Ruhe, frei gestaltbar

PAUSEN

Konzentriertes Arbeiten ist nur dann möglich, wenn du **Erholungspausen** einplanst. Nach 30 bis 45 Minuten lässt deine Konzentration nach. Lege daher eine etwa 10 Minuten lange **Pause** ein, in der du eine Pausen-Übung machen kannst.

Nach der Pause beginne mit einer **Wiederholung** dessen, was du vorher gelernt hast. „Überflieg" es so, dass du: „Ah, ja! Richtig. Genau! etc." denken kannst. Damit wird das **Gefühl, das dein Lernen begleitet, besser** und **positiver** – und du verhinderst schädliche und somit nutzlose Gedanken.

BEWEGUNGSÜBUNGEN

Überkreuzbewegung

(Dauer der Übung: ca. 2 Minuten)
Diese Übung ist gut zur Koordination der linken und rechten Gehirnhälfte. Bringe den rechten Ellbogen zum linken Knie und danach den linken Ellbogen zum rechten Knie. Achte dabei auf die Bewegung der Schultern.
Variante: Überkreuz-Marschieren auf der Stelle, wobei immer gleichzeitig der rechte Arm und das linke Bein bzw. der linke Arm und das rechte Bein aktiviert werden.

Liegende Acht

(Dauer der Übung: ca. 2 Minuten)
Diese Übung stärkt das beidseitige Sehen und somit die Konzentrationsfähigkeit beim Lesen und Schreiben.
Schreibe mit dem Daumen bei ausgestrecktem Arm eine große liegende Acht vor deinen Augen in die Luft. Verfolge dabei genau deinen Daumen nur mit den Augen.

ENTSPANNUNGSÜBUNGEN

Atemübung

(Dauer der Übung: ca. 5 Minuten)
Konzentriere dich auf deinen Atem. Du atmest durch die Nase langsam und tief ein. Achte darauf, dass du ca. 5 Sekunden einatmest. Am höchsten Punkt hältst du den Atem ca. 2–3 Sekunden an. Dann atmest du durch den Mund langsam wieder aus.

Muskelübung

(Dauer der Übung: ca. 10 Minuten)
Lege dich auf den Rücken.
Balle zuerst die Faust einer Hand und spanne die gesamte Armmuskulatur an. Halte die Spannung ca. 7–10 Sekunden. Löse die Spannung und genieße das Gefühl, wenn die Anspannung aus deinem Arm weicht.
Mache dies nun nacheinander mit dem anderen Arm, mit den Beinen deiner Beckenmuskulatur, deiner Bauchmuskulatur, den Nacken- und Schultermuskeln und deiner Gesichtsmuskulatur. Halte die Spannung jeweils 7–10 Sekunden und genieße immer das Gefühl der Entspannung.

Hirnentleerungsübung

(Dauer der Übung: ca. 10 Minuten)
Unternimm bei deiner Lieblingsmusik eine Fantasiereise im Kopf. Sie führt dich gedanklich an einen Ort, wo du gerne wärst.
Was siehst du dort? Was hörst du dort? Was fühlst du? Wen triffst du? Was riechst du?

AUDITIVE FÄHIGKEITEN NÜTZEN UND VERBESSERN

Lernen mit der eigenen Stimme
Rede laut beim Lernen, **führe Selbstgespräche**, bringe dich dabei zum Lachen, indem du zB mit verstellter Stimme sprichst. Konjugiere die Formen von *aller* mit einer Mickey-Maus-Stimme und mach aus den Pronomen (S. 88) einen Rap. Lies Texte als Radiosprecherin bzw. Radiosprecher und halte dir dabei die rechte Hand als Mikrophon zum Mund. (Das verstärkt die Resonanz in deinem Kopf.)

Lernen mit „Eigenproduktionen"
Auf Kassettenrecorder/CD-Player/MP3-Player aufgesprochene Texte, Fakten oder auch Einzelinformationen wie zB Vokabeln oder Formeln kannst du über das wiederholte Abhören lernen. Vor allem für den Fremdsprachen-unterricht ist das Lernen mit diesen Aufnahmegeräten gut geeignet. Du kannst deine Aussprache verbessern und Sprachhemmungen abbauen, indem du mit einem Freund/einer Freundin Texte liest oder auch frei sprichst und dies aufnimmst.

Lernen mit „Fremdproduktionen"
Kaufe dir französische CDs. Das Hören solcher Aufnahmen fördert dein Sprachgefühl und deine Aussprache. Das Hören und Sehen von Filmen in der Originalsprache verbessert dein Sprachverständnis. Am besten lernst du eine Fremdsprache durch einen längeren Auslandsaufenthalt. Oder wenn du dich in jemanden verliebst, der diese Sprache spricht ...

Gegenseitiges Vorlesen und Erzählen
Zu zweit gibt es verschiedene Möglichkeiten, wie du deine auditiven Fähigkeiten trainieren kannst. ZB liest dir dein Freund/deine Freundin einen Nachrichtentext vor, den du anschließend mit deinen eigenen Worten wiederzugeben versuchst. Du kannst auch mit deinem Freund/deiner Freundin den Lernstoff durch gegenseitiges Befragen wiederholen.

„Simultan-Dolmetschen"
Auch das kann wirksam (und lustig) sein. Stell dir vor, du interviewst deinen Freund/deine Freundin zu einem Thema, das ihr in der Schule durchgenommen habt. Er/Sie antwortet auf Deutsch – und du tust so, als ob du die Antworten für die fremdsprachigen Hörerinnen und Hörer sofort dolmetschen müsstest. Dein(e) Gesprächspartner(in) lernt dabei, sich zu überlegen, was du (ihr) dolmetschen können musst, und du musst rasch reagieren – und wirst recht genau spüren, „wo etwas fehlt" ...

VISUELLE FÄHIGKEITEN NÜTZEN UND VERBESSERN

Mind Map-Methode/Cluster

Eine von zahlreichen Visualisierungs-
techniken, mit der du dir einen tollen
Überblick zu einem Thema erarbeiten
kannst. Gehe folgendermaßen vor:

1 Schreibe das Thema in die Mitte eines
Blattes; nimm Querformat.
2 Von der Mitte ausgehend zeichnest du
für jeden Hauptpunkt einen eigenen
„Ast". Unterpunkte sind Seitenäste
zum Hauptast.
3 Verwende Schlüsselwörter/Stichwörter
zur Bezeichnung.
4 Veranschauliche deine Mind Map
zusätzlich durch Pfeile, Symbole und
Farben.
5 „Fotografiere" deine fertige
Mind Map mit deinen Augen und
speichere dieses Bild auf deinem
visuellen Speicherplatz bzw. deinem
vorgestellten Bildschirm links (oder
rechts) oben.
6 Lies dir laut vor, was dort steht.
Tu so, als ob du es wirklich sehen
könntest! Wenn du „blinde Flecken"
entdeckst, fülle sie mit Hilfe deiner
Notizen auf – damit wiederholst du
bereits!

Lernkartei

Das Lernen mit einer Lernkartei
hilft dir, einen Überblick zu
bekommen über das, was du noch
lernen musst, und über das, was du
schon kannst. Die Beschriftung der
Karteikarten mit Worten, Symbolen,
Zeichnungen usw. spricht viele deiner
Wahrnehmungskanäle an, vor allem sind
deine visuellen Fähigkeiten gefordert.

Lernposter

Mach **Übersichtsplakate** von allem, was
du wissen sollst und möchtest. Hänge
sie an für dich gut sichtbaren Stellen
in der Umgebung deines Arbeitsplatzes
auf, zB links oben … .
TIPP: Die Innenseite der WC-Tür ist
ein wirklich guter Platz für solche
Plakate!

Dokumentarfilme

Stell dir vor, du musst das, was du
lernen sollst, für deine Altersgenossen
in einem Film darstellen. Das erfordert
zwar ein bisschen Übung, wirkt aber
phänomenal! (ZB „Objektpronomen
streiten um ihren Platz" …)

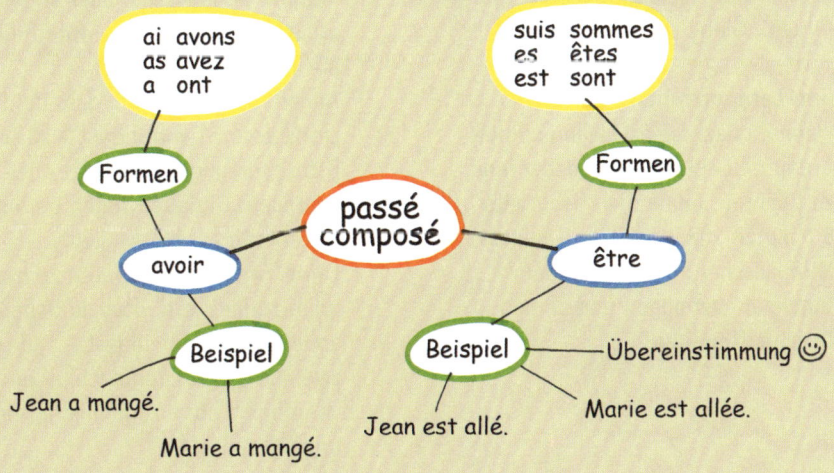

KONZENTRATION

Ein Hinweis zu Beginn

Nur selten stimmt die Behauptung „Ich **kann** mich nicht konzentrieren". Vielleicht **kannst** auch du dich stundenlang auf Computerspiele konzentrieren, kannst in den Fernseher glotzen, ohne etwas zu versäumen, kannst mit Freundinnen und Freunden in völliger Konzentriertheit über Gott und die Welt reden und dabei Zeit und Raum vergessen – und beim Lernen solltest du das auf einmal nicht mehr „können"?

Daher die gute Nachricht: Es geht in den wenigsten Fällen um ein echtes „Kann nicht", meist ist es ein „Will nicht" oder ein „Keine Lust" – und dem ist leichter abzuhelfen, wenn es einem bewusst wird!

Äußere Störungen ausschalten

Wenn du kein eigenes Zimmer und keinen festen Arbeitsplatz hast, solltest du mit deiner Familie besprechen, wo du täglich dein Lernen erledigen kannst. Der Raum sollte von dir geschlossen werden können und in der Zeit, in der du arbeitest, nur für dich zugänglich sein. Du musst dich an deinem Arbeitsplatz ungestört und wohl fühlen. (Siehe auch Seite 156)

Kleine Lernportionen

Wenn du dazu neigst, während der Arbeitszeit schnell aufzugeben und zu flüchten, lehne dich lieber alle 5 Minuten kurz zurück zu einem Minipäuschen. Das fördert dein Durchhaltevermögen und deinen **Durchhaltewillen!**

Gedankenmüll beseitigen

Um „nichtschulische Gedanken", die deine Konzentration stören, loszuwerden, musst du das Gefühl bekommen, dass du sie jederzeit wieder zur Verfügung haben kannst, wenn du das möchtest. Stelle dir eine **„Gedankenschachtel"** neben den Schreibtisch. Wenn dich ein Gedanke ablenken will, schreibst du ihn auf einen Zettel und legst ihn in die Schachtel. Nach dem Lernen liest du alle Zettel durch und überlegst, ob sie jetzt noch bedeutungsvoll sind.

Über Probleme reden

Wenn du einen Streit hattest, dich ungerecht behandelt fühlst usw., solltest du sofort das Gespräch suchen. Das entlastet und du kannst dich danach wieder auf das Lernen konzentrieren. Geht das nicht, so lege das Problem ebenfalls in deine Gedankenschachtel!

Sich selbst motivieren oder „wer kommt wann dran"

Mach dir klar, dass es Teile in dir gibt, die das Lernen durchwegs für sinnvoll halten. Sie möchten, dass du dich „später einmal" richtig wohl fühlst – zB mit einem tollen Job.

Andere Teile möchten, dass du dich „jetzt sofort" wohl fühlst – zB beim Fernsehen oder beim Sport oder mit Freunden. Gib allen Teilen bewusst ihre Zeitanteile an deinem Leben.

Lerne zweimal 45 Minuten konzentriert, ohne zu jammern, dass du lieber etwas anderes machen würdest – und sei dafür zweimal 45 Minuten nachher unbelastet vergnügt – ohne zu jammern, dass du lernen „solltest"!

SCHRIFTLICHE PRÜFUNGEN ERFOLGREICH BESTEHEN

Stoff

Erkundige dich immer genau, was von dir erwartet wird. Das klappt, indem du LehrerInnen „löcherst", andere SchülerInnen fragst, dich darauf einstellst, wie deine LehrerInnen normalerweise prüfen, was genau ihnen wichtig ist etc.

Stoffgliederung und Materialsammlung

Verwende dazu eine Mind Map (siehe Seite 159). Schreibe das Thema der Prüfung in die Mitte eines Blattes und ordne das Stoffgebiet um den Mittelpunkt herum an. Suche dir die Materialien zusammen, die du zur Vorbereitung benötigst (Bücher, Hefte, Kopien usw.).

Zeitplanung

Verwende dazu deinen Zeit- und Lernplan (siehe Seite 153). Wann du mit der Vorbereitung beginnst, hängt u. a. von Stoffumfang, Schwierigkeitsgrad des Prüfungsstoffes und deinen Vorkenntnissen ab. Berücksichtige bei deiner Zeitplanung auch Wiederholungsphasen, gegen Ende der Vorbereitungszeit wird dein Lernaufwand daher größer sein müssen. Für Schularbeiten gilt als „Daumenregel": 1 Woche Vorbereitungszeit

Schummelzettel

Er enthält die wichtigsten Inhalte und Informationen. Gestalte ihn so übersichtlich wie möglich. Dann projiziere ihn auf deinen inneren Bildschirm und lies ihn dir vor – solange, bis du weißt, was dort steht.

Das hat viele Vorteile:

1 Wenn du es schaffst, auf sehr kleinem Raum die wichtigsten Informationen zu notieren, hast du in der Regel einen guten Überblick über das Prüfungsgebiet.

2 Er ist eine mentale und tatsächliche Stütze während der Prüfung. Du musst nur deinen Bildschirm hochfahren und schon siehst du deinen Schummler – den dir auch keiner wegnehmen kann! Denn diese Art, ihn zu verwenden, ist erlaubt.

Verhalten während der Prüfung

Ruhe bewahren: Lass dich von anderen nicht verrückt machen; geh auf keine Fragen mehr ein; lege dir alle Materialien, die du für die Prüfung benötigst, geordnet auf den Tisch; sollte Nervosität aufkommen, atme einige Male tief durch, lehne dich dabei zurück und sieh dir etwas Nettes auf deinem inneren Bildschirm an ...

Positive Erwartungshaltung einnehmen: Wenn du es nicht schaffst, dir vor der Prüfung zB „Ich bin gut vorbereitet und froh, dass es endlich losgeht!" zu sagen, dann versuch es mit dem Satz: „Na, mal sehen!"

Aufgabenstellung genau durchlesen: Verschaffe dir zunächst einen Überblick über die gesamte Prüfung. Danach beurteilst du, welche Aufgaben für dich leicht und welche eher schwerer zu lösen sind.

Ablauf planen – vom Leichten zum Schweren: Lege die Reihenfolge der Aufgabenerledigung fest, fange mit der leichtesten Aufgabe an. Überlegst du lange erfolglos an einer Aufgabe, macht dich das nervös und kostet dich

Zeit. Gehe in so einem Fall weiter zur nächsten Aufgabe.

Zeit im Auge behalten: Kontrolliere die Zeit, ohne dich dabei verrückt zu machen. Berücksichtige zum Ende der Prüfung hin auch noch Zeit zum Korrekturlesen.

Übersicht behalten: Übersichtlichkeit hilft auch dir, nicht nur deinem Prüfer. Schreibe ordentlich, arbeite mit Unterstreichungen und Farben.

Kleine Pausen einlegen: Auch während der Prüfung lässt die Konzentration nach. Lege daher nach einer erfolgreich abgeschlossenen Aufgabe eine kurze Pause ein und genieße den Erfolg. Bei Prüfungen über 50 Minuten solltest du auch etwas essen und trinken.

Mache auch eine kleine Pause, wenn es mal gerade nicht weitergeht.

Notfallprogramm: Sieh immer wieder nach oben! Mit nach oben gerichteten Augen ist es viel schwieriger, sich schlecht zu fühlen! (Sofort ausprobieren! Das „Kopf hoch" macht schon Sinn!)

Zeit voll ausnützen: Wenn du mit der Arbeit fertig bist, nütze die verbleibende Zeit zur Schlusskorrektur und formalen Ausgestaltung (zB Unterstreichungen, schlecht Lesbares neu schreiben …).

Bleibe bei dir: Kümmere dich nicht um die anderen, bevor du nicht wirklich ein sattes Gefühl hast. Es ist gleichgültig, ob dein(e) Nachbar(in) schneller ist also du oder ein anderes Ergebnis hat. Das macht nur nervös – vor allem, wenn es nicht um Hilfestellung für den anderen, sondern für sich selbst geht …

DURCH STARTEN

FRANZÖSISCH

1

COACHINGBUCH LÖSUNGSHEFT

VOKABELHEFT

Oh là là …!

VER1TAS

Gemeinsam besser lernen

1

1. un garçon, une actrice, une amie, une chanteuse, un docteur
2. un groupe, une société, un musicien, un gouvernement, une culture
3. un beurre, un pain, une baguette, un dîner, un jambon, un lait (so nicht verwendet!)
4. une fourchette, une assiette, un couteau, une table, une chaise
5. un bateau, une voiture, un voyage, un train, un vélo, un avion
6. une image, une émotion, une couleur, un problème, une situation
7. une traduction, un médicament, un cœur, une vérité, un message
8. une montre, une affiche, une armoire, une porte, une fenêtre

2

1. avocate 2. architecte 3. ouvrière 4. médecin
5. technicien 6. coiffeuse 7. boulangère
8. enseignant 9. cuisinière 10. femme

3

1. les jeux 2. les marchés 3. les chevaux 4. les oiseaux 5. les bureaux 6. les cheveux 7. les copines 8. les questions 9. les hôpitaux 10. les jus 11. les pommes 12. les bals (– al ist der Wortstamm, nicht nur eine Endung!) 13. les voix 14. les journaux 15. les cas 16. les pays 17. les animaux 18. les couteaux 19. les citrons 20. les fleurs 21. les poissons

4

1. les films	7. la flûte	13. la guitare
2. les idées	8. le bureau	14. le groupe
3. les problèmes	9. le garage	15. la tarte
4. la bière	10. le café	16. les vins
5. la culture	11. les salades	17. la musique
6. l'histoire (f.)	12. la couleur	18. la différence

5

1. La tour – une – des tours – les enfants – des cartes – l'Arc 2. une voiture – La voiture 3. un ordinateur – l'ordinateur – la chambre 4. Les enfants – un atlas – un dictionnaire 5. les fruits – la table – la cuisine 6. le facteur – la porte – une lettre – La lettre 7. des magazines – les magazines – des articles – un magazine 8. des ananas – des fruits 9. un pull-over – le pull-over 10. les livres – les princesses – des robes – des couronnes

6

1. les enfants – des enfants – le poète – l'amie – un ami – des amis 2. la fille – des sœurs – les actrices – une coiffeuse 3. l'année scolaire – les vacances – l'heure – les mathématiques – des devoirs 4. le miel – l'eau – les gâteaux – le beurre – le lait 5. des cœurs – des cadeaux – l'ordinateur – une lettre – des nouvelles 6. des chambres – des lits – la porte – une chaise – les lampes – une affiche 7. une chanson – une région – l'oiseau – les yeux – la mer – le soleil 8. la lune – le ciel – des nuages – la pluie – la neige 9. l'adresse – un numéro – des supermarchés – les maisons – l'hôtel 10. le grand-père – les parents – un frère – la voisine – le Français 11. la minute – des heures – le matin – les soirs – des nuits

7

1. un café – un croissant – les croissants 2. un ami – un voisin – il me fait peur 3. la télé – un CD 4. les courses – le temps – le samedi (le samedi = jeden Samstag!) 5. le vin – le vin – le coca 6. a faim – des frites – les frites – la mayonnaise – elle ne fait pas attention 7. les yeux – les sardines – le lait – Le soir – la rue – une laisse 8. le tennis – la natation – le jogging

8

1. au jardin 2. de l'école – des Galeries – au restaurant – de la gare 3. au parking – de l'aéroport 4. du pressing 5. au théâtre – du métro 6. à la crêperie – aux champignons – Au dessert – au sirop 7. à la cantine – au marché

9

1. le dimanche – du golf – aux cartes – au tennis – du cheval – du jogging 2. au football – la télé – les livres – de la guitare – du saxophone 3. aux poupées – à l'ordinateur – du sport 4. au basket – du volley 5. du vélo – le sport – du saut

10

Lösungsbeispiele:
L'après-midi, je fais la sieste, après je fais des promenades avec mon chien. Souvent j'apprends pour l'école ou je fais mes devoirs. Ensuite je fais du vélo et du jogging. Je regarde la télé et j'écoute la radio. J'aime jouer à l'ordinateur. Je lis des livres et des magazines.
Le mardi soir, je joue au basket avec mes amis. Quand je reste à la maison, je regarde la télé ou je parle avec mes parents. J'aime téléphoner, mais ça coûte cher. J'adore aller au cinéma et regarder de(s) nouveaux films.
Le week-end, je sors avec mes amis. On va souvent en discothèque (oder en boîte), mais je n'aime pas la danse. Mes parents font souvent des promenades et quelquefois je les accompagne. Je m'entends bien avec mes parents (ma sœur, mon frère etc.)

Salut xx. Je trouve ton message très intéressant. Je pense qu'on aime faire les mêmes choses. Je regarde aussi tous les films de (xx) au cinéma. Tu aimes aussi le sport? Moi, je fais de la natation en été et du ski en hiver. De plus, je joue souvent au tennis avec mes amis. Je n'aime pas le jogging.
Moi, je m'intéresse aussi à la musique. Je joue du piano et de la guitare. Je vais souvent au concert et j'écoute de la musique classique et du jazz.

Et bien sûr, j'adore mon ordinateur. J'ai des jeux super et je surfe assez souvent sur Internet. Toi aussi, n'est-ce pas?
Bon, je dois te quitter, il y a encore beaucoup de choses à faire.

11

1. du pain – du beurre – de la confiture – du chocolat – du café – du lait – des biscuits **2.** du thé – des tomates – des œufs – des fruits – du coca – de la limonade – des crêpes – du miel – du sucre – des crêpes – du chocolat – des bananes **3.** de la soupe – de l'eau – de la force **4.** de la viande – du riz – de la salade – du vin – de la force

12

1. des animaux – le temps – les animaux – un chien – les animaux (*préférer, aimer* + bestimmter Artikel) – les chiens **2.** une baguette – du pain – des croissants – Les croissants **3.** du fromage – des légumes – les fruits – des pommes – un melon **4.** une poupée – un jeu – des livres – un ordinateur – un modem – de l'argent **5.** des enfants – de la patience – de l'énergie – Les enfants – de l'attention **6.** les livres – des livres – la bibliothèque – des livres **7.** la télé – un CD – les chansons – des chansons – faire plaisir

13

1. de l' – un peu d'alcool **2.** du – un verre de vin **3.** des – un kilo de pommes **4.** de l' – une carafe d'eau **5.** du – beaucoup de chocolat **6.** du – un peu de sucre **7.** du – un sac de riz **8.** de la – une bouteille de limonade **9.** des – des boîtes de médicaments **10.** de la – beaucoup de confiture

14

1. de la salade – je ne mange pas de salade **2.** de la viande – je ne mange pas de viande **3.** du riz – je ne mange pas de riz **4.** des brioches – je ne mange pas de brioches **5.** de l'eau – je ne bois pas d'eau **6.** des pommes – je ne mange pas de pommes **7.** du poisson – je ne mange pas de poisson **8.** du thé – je ne bois pas de thé **9.** du lait – je ne bois pas de lait **10.** de la confiture – je ne mange pas de confiture **11.** des croissants – je ne mange pas de croissants **12.** du chocolat chaud – je ne bois pas de chocolat chaud **13.** du café – je ne bois pas de café **14.** du champagne

15

Bei den Fragesätzen ist jeweils nur eine Lösungs-variante angegeben.
1. Elle a des amis. Elle n'a pas d'amis. Ce ne sont pas des amis. Elle a beaucoup d'amis. **2.** Benoît achète des pommes. Il achète trois kilos de pommes. Il aime les pommes. Il mange beaucoup de pommes. Son frère ne mange pas de pommes. Il n'aime pas les pommes. **3.** Petra ne boit jamais d'alcool. Elle boit du café et du thé. Elle boit trois litres d'eau. Elle boit trop de coca. Elle boit peu de jus d'orange. **4.** (Est-ce que) c'est du fromage? Non, ce n'est pas

du fromage, c'est du poisson. Je ne mange pas de poisson. Et je mange peu de fromage. Je mange beaucoup de pain. J'aime le beurre. **5.** Vous prenez du vin? – Oui, je prends un verre de vin. Et une bouteille d'eau, s'il vous plaît. Vous prenez aussi de l'eau? Vous aimez le thé? Je ne bois jamais de thé. **6.** Il a de l'argent. Il a beaucoup d'argent. Mais il n'a jamais assez d'argent. Elle n'a pas d'argent. Combien d'argent as-tu? Tu n'as pas encore d'argent? **7.** Il cherche de l'amitié et de l'amour. Il ne trouve pas d'amour. Ce n'est pas de l'amour.

16

1. cet auteur – Ce livre **2.** Ces cousines **3.** cette salade – ces oranges – ce poisson – ce marché **4.** ces verres – cette assiette **5.** ce gâteau – cette sorte **6.** cette idée – Ces projets **7.** cette cassette – cette musique **8.** ce porte-monnaie – cet homme **9.** ce week-end

17

1. quelle heure **2.** quel pays – quelle école **3.** quelle classe – quel âge **4.** Quels – Quelles langues **5.** quelle musique – quel sport **6.** Quelle **7.** Quel – quelle heure – Quel **8.** quelle rue – quel étage

18

Eric hat eine Schwester. Es ist (Sie ist) seine Schwester. Er sagt zu Max: Ich mag meine Schwester. Sie ist sympathisch. Max sagt: Ich mag meine Schwestern auch. Aber ich habe drei (davon). Unsere Eltern haben viel Arbeit mit uns. Unsere Großmutter hilft uns oft.

19

1. ses enfants **2.** ses voitures **3.** sa chemise **4.** son roman **5.** sa maison **6.** mes chevaux **7.** nos rollers **8.** leur chien **9.** leurs cigarettes **10.** leurs films **11.** ses souris

20

1. c'est sa maison. **2.** ce sont ses chaussures. **3.** c'est leur voiture. **4.** ce sont nos anoraks. **5.** c'est son assiette. (Das Wort beginnt mit Vokal – daher männliche Form!) **6.** ce sont vos cadeaux. **7.** c'est mon immeuble. **8.** c'est son violon. **9.** ce sont mes boucles d'oreille. **10.** c'est ton vélo.

21

1. ses parents **2.** sa sœur **3.** Mon nom **4.** mes cassettes **5.** son ordinateur **6.** ta musique **7.** votre chien **8.** mes vacances – mon appartement **9.** tes vacances **10.** ses frères – leur mère **11.** leurs devoirs **12.** vos enfants – Votre fille **13.** sa maison – Ses enfants **14.** votre profession

22

1. son apéritif **2.** notre ami **3.** mes parents **4.** Leur appartement **5.** vos photos **6.** son anniversaire – son anniversaire – sa sœur **7.** tes abricots **8.** ses cigarettes

9. mon lecteur – ma chambre – ton frère **10.** leur mère – leurs valises – leurs vêtements **11.** votre passeport – vos billets **12.** notre fils – ta fille

23

1. leurs tickets – leurs passeports **2.** ses lunettes – son sac **3.** son anorak – ses cartes **4.** son porte-monnaie – ses livres **5.** son amie – leurs vélos – leurs amies **6.** vos petits-enfants – Votre fille – ses enfants – son mari – leurs enfants **7.** vos places – vos tickets **8.** leur mariage – leurs collègues **9.** sa fille – son fils – ses enfants **10.** son amie – Leurs amis (= ihre gemeinsamen Freunde) **11.** son ordinateur – ses amies – ses mails

24
Teil A
1. son ami, nos amis, son/leur amie, votre ami, tes amis **2.** ma vie, sa vie, notre vie, sa/leur vie, votre vie **3.** votre chambre, nos chambres, vos chambres, sa/leur chambre **4.** son assiette, son/leur assiette, vos assiettes, votre assiette, ton assiette **5.** mon atlas, son atlas, son/leur atlas, notre atlas, votre atlas **6.** nos lits, votre lit, vos lits, son lit, mon lit **7.** ton ordinateur, nos ordinateurs, son/leur ordinateur, vos ordinateurs **8.** notre chien, votre chien, votre chien, vos chiens, son chien **9.** vos parents, ses/leurs parents, ses parents, vos parents, tes parents **10.** sa voiture, sa/leur voiture, nos voitures, leurs voitures, vos voitures

Teil B
Bei den Fragesätzen ist jeweils nur eine Lösungs-variante angegeben.
1. Il montre ses films à mes élèves. **2.** Vous donnez vos livres à votre professeur. (Falls du Probleme mit der Verwendung des indirekten Objekts hast – vgl. S. 71) **3.** Quand est-ce que vous (Anredefürwort!) vendez votre maison? **4.** Quand est-ce qu'ils vendent leur maison? Quand est-ce qu'elle vend sa maison? **5.** Mes enfants cherchent leurs livres. (ses livres: da wäre zB Marie (3. P. Sg.) die Besitzerin der Bücher, was hier aber unlogisch wäre) **6.** Quand est-ce que tu montres ton ordinateur à tes parents? **7.** Mesdames, où sont vos devoirs? Qui est votre professeur de français? **8.** Je peux vous présenter mon amie Anne? Elle travaille avec ses sœurs et son frère dans le restaurant (da es ein bestimmtes Restaurant ist = dans le) de vos parents (Ihrer Eltern = Anredefürwort!). **9.** Sa mère et son père attendent dans leur appartement. (son appartement – hier unlogisch, vgl. Satz 4) **10.** Est-ce que c'est votre chien? **11.** Ses enfants aiment beaucoup leur cousin Marcel. **12.** Marcel demande si nous voulons fêter son anniversaire. **13.** Quand est-ce que tu écris à ton amie? Sa mère est très malade. Elle doit passer ses vacances chez elle.

Abschlussübung 1
1. (sa)/ses/les souris – Les/Ses souris – la famille – un chat – le chat – les souris – des plantes **2.** de jeunes – des parents – des amis – ce/le métier – de parents („Nullmenge") – un métier **3.** ses parents – un scooter – son anniversaire – ses parents – les vélos – des scooters – d'accidents **4.** mon/un vélo – à la piscine – ton maillot – Tes vêtements – des vêtements **5.** de coca – le frigo – de coca – de lait – une bouteille de – une/la semaine **6.** le sport – ses enfants – le tennis – Les/Ses filles – au cours – leurs copines **7.** nos/les enfants – à la maison – le dîner – faire plaisir – Vos enfants **8.** de garçons – une fille – les yeux – Ses cheveux – aux garçons – Sa passion – la danse – son avenir – à l'opéra **9.** à la montagne – le temps – aux/à ses grands-parents – leur adresse – à la poste – l'annuaire **10.** au tennis – une pizza au thon – de lait – le soir (= am Abend!) – de pâtes – de desserts – au chocolat – Les calories – un problème (wenn *être* verneint ist, bleibt der Artikel!) (oder: Ce n'est pas son problème.)

25
1. créative – intelligente **2.** mignonne – drôle **3.** jeune – timide **4.** sportive – bronzée **5.** grande – brune – gentille **6.** bavarde – énervante **7.** soigneuse – optimiste **8.** passive – paresseuse **9.** généreuse – riche

26
richtig sind: **1.** gentils **2.** intéressants **3.** cher **4.** grandes **5.** jolies **6.** petite **7.** longs **8.** ennuyeux **9.** connues **10.** marron **11.** bon marché (unveränderlich) **12.** heureux

27
1. bon – bonne – bons – bonnes **2.** heureux – heureuse – heureux – heureuses **3.** jaune – jaune – jaunes – jaunes **4.** gentil – gentille – gentils – gentilles **5.** inquiet – inquiète – inquiets – inquiètes **6.** blanc – blanche – blancs – blanches **7.** long – longue – longs – longues **8.** petit – petite – petits – petites **9.** agréable – agréable – agréables – agréables **10.** méchant – méchante – méchants – méchantes **11.** intéressant – intéressante – intéressants – intéressantes **12.** sûr – sûre – sûrs – sûres

28
1. beau – bel acteur – belle – beaux films **2.** belle voiture **3.** belle fille – belles jambes – beaux – beau – belle famille **4.** bel ordinateur – beau – belles **5.** bel appartement – beau pays

29
1. vieille ville – vieux quartiers **2.** vieille voiture **3.** vieux films **4.** vieil ordinateur – vieux **5.** vieilles chemises – vieux vêtements **6.** vieille maison – vieux quartier – vieux – vieil escalier – vieux meubles – vieux rat – vieilles histoires

30

1. nouveau portable 2. nouvelles chaussures
3. nouveau livre 4. nouvel ordinateur – nouveau
magasin – nouveau jeu 5. nouveau prof – nouveaux
élèves 6. nouvelle correspondante – Nouvelle
Orléans 7. nouvelle voiture – nouvelles voitures
8. nouveaux voisins – nouvelle maison

31

1. nouvelle chambre 2. nouveau secrétaire 3. vieux
portable – nouveau portable 4. nouveau film
5. vieille tante 6. nouvel ami – nouvel ami – vieux
7. nouvelle année 8. vieux livres – nouveaux cahiers
– nouvelles affaires 9. nouveau professeur – vieux
profs 10. nouvelle salle – nouveaux 11. nouvel
anorak – nouvelle mode 12. nouvelles informations
13. nouveau livre

32

1. nouveau parc – belle région parisienne 2. belle
– belles 3. fâché – contents 4. enrhumés
5. jaloux – nouvelle copine – jolie 6. prête
(erkennbar am «ma chérie») – prêt(e)s 7. fatigués
8. mariée – célibataire 9. heureux – nouvelle
maison 10. nerveuse – calme 11. merveilleuse et
sensationnelle 12. bon – bonne – policier

33

1. (Danube) bleu 2. (robes) blanches 3. (épinards)
verts 4. (souris) grises 5. (neige) blanche
6. (tomates) rouges 7. (sang) rouge 8. (chats)
gris 9. (haricots) verts 10. (vêtements) noirs
11. (bananes) jaunes 12. gris(e) (in Frankreich
„grau") 13. (lèvres) rouges 14. (ours) bruns ou
blancs 15. (carottes) orange (!) 16. (vache)
violette

34

1. gros poulets – chauds – jeune homme 2. grande
tablette – petite – chère 3. nouveau CD – horrible
4. pommes vertes – fraises espagnoles – chers
5. épinards frais – bons 6. nouveaux cahiers – vieux
cahiers – complets – formidables 7. vieux stylo
– cassé 8. nouvelles chaussures – vieilles chaussures
– modernes – jolies 9. riches 10. nouveau vélo –
pantalons noirs – bon marché – bonne – 11. injustes
– grandes personnes

35

1. une vieille mobylette 2. d'une fille américaine
3. son quatrième croissant 4. de grosses valises
5. ses grandes vacances – une petite maison louée
6. la cuisine française et italienne 7. mon amie
japonaise – sa petite famille 8. mes deux grands
frères 9. les bonnes tartes 10. les rues grises
et tristes 11. une chaise roulante 12. les vieux
bistrots – des endroits magnifiques 13. les vieilles
voitures anglaises – 14. un gros chien – un animal
doux 15. une belle femme – une mauvaise actrice
16. des livres intéressants

36

1. je gagne, ils gagnent 2. tu demandes, nous
demandons 3. il trouve, ils trouvent 4. tu
entres, elles entrent 5. j'aime, vous aimez 6. tu
téléphones, ils téléphonent 7. elle marche, nous
marchons

37

1. j'entre, nous dansons, ils forment 2. tu gagnes,
elle danse 3. vous donnez, il entre, tu donnes 4. ils
chantent, tu joues 5. tu répares, nous montrons

38

1. Ernesto parle trop vite. 2. La mère de Stéphane
chante bien. 3. Elle prépare un nouveau CD sous le
nom de Fabienne. 4. Jacqueline et Kévin aiment les
CD de Fabienne. 5. Tu cherches toujours tes affaires
d'école. 6. Vous regardez la télé toute la journée.
7. Nous réservons une chambre dans un bel hôtel.
8. Je trouve mon porte-monnaie sous la table. 9. Tu
donnes le cadeau à ma sœur. 10. Les deux dansent
toute la nuit. 11. On dîne ensemble ce soir. 12. Les
touristes montent sur la tour Eiffel. 13. Elle entre
dans la classe à neuf heures.

39

Einige Lösungsmöglichkeiten:
Jean et Philippe jouent au ping-pong devant la
maison.
Sandrine et Emma n'aiment pas le ping-pong.
Sandrine, Emma, Philippe et Jean jouent au football
en famille.
Philippe cherche un grand appartement.
Le petit chat joue avec le skateboard et parle!
Vous discutez avec les copains.
Ils cherchent un beau livre sur les chats.
Emma n'aime pas la soupe.
Les enfants trouvent la belle maison sympathique.
Aujourd'hui, Emma danse dans la maison.
Nous aimons la soupe.
Philippe et Emma entrent bientôt dans un nouvel
appartement.
Je donne une bonne soupe au chat derrière la
maison.
Heureusement, les enfants aiment le sport et parlent
de leurs problèmes aux copains et aux parents.
Jean aime la natation et joue au ping-pong.
Je cherche mon skateboard derrière la maison.
Les enfants donnent le livre à Sandrine. etc.

40

1. Max a un chat. Ce chat est gris. 2. Tu as un
ordinateur? Il est rapide? 3. vous êtes à la maison?
4. Je suis au lit, j'ai la grippe. Oh, tu as aussi mal
5. Nous sommes tristes quand tu es malade. 6. nous
avons soif. Tu as encore 7. vous êtes aussi ... C'est
... nous sommes

41

tu vas	il a	nous cherchons	nous sommes	vous discutez
je vais	j'ai	tu cherches	ils sont	je discute
ils ont	elle va	tu es	nous jouons	ils ont
vous avez	vous allez	vous êtes	je joue	nous avons

42

1. Manon demande …: On reste … On regarde …? … je n'aime pas **2.** On prépare … Tu as de la … j'ai faim **3.** Vous réservez … nous aimons … **4.** Elle parle … Nous n'avons pas **5.** j'ai une amie qui m'aide quand j'ai **6.** Où est … Elle est dans … Elle prépare … **7.** Tu nous montres … qui est-ce? Nous aimons … Elles sont … **8.** Elle parle … **9.** Le professeur n'est pas … les élèves ne montrent pas … **10.** Roselyne regarde … et réserve … **11.** Nous sommes étudiants … nous préparons … Nous sommes … nous parlons … **12.** Luc reste … et regarde … Il joue … **13.** Vous êtes … vous m'aidez … je suis désolé … je ne suis pas …

43

1. vont demander **2.** Je vais rencontrer **3.** Nous allons écrire **4.** Ils vont chercher **5.** Elle va trouver **6.** Elle va avoir … elle va regarder **7.** Le prof va rendre … Ils vont être **8.** Je vais avoir **9.** Pierre va rentrer … Anne va être **10.** Elle va arriver **11.** Tim va aller … Il va donner **12.** Elles vont faire … Elles vont chercher **13.** Nous allons camper … Nous allons allumer **14.** Ils vont offrir **15.** Tu vas aimer **16.** Nous allons boire

44

1. Je vais traverser la rue de Clichy. Je ne vais pas traverser … **2.** Je vais aller … Je ne vais pas aller … **3.** Madame Renoir va arriver … Madame Renoir ne va pas arriver … **4.** Mes amis vont écouter … Mes amis ne vont pas écouter … **5.** je vais regarder … je ne vais pas regarder … **6.** Elle va manger … Elle ne va pas manger … **7.** Nous allons jouer … Nous n'allons pas jouer … **8.** Vous allez être contents … Vous n'allez pas être contents **9.** Ils vont avoir … Ils ne vont pas avoir peur **10.** Nous allons traverser … Nous n'allons pas traverser … **11.** Je vais rentrer … Je ne vais pas rentrer … **12.** Tu vas manger … Tu ne vas pas manger … **13.** Il va jouer … Il ne va pas jouer … **14.** Vous allez aimer … Vous n'allez pas aimer … **15.** Il va donner … Il ne va pas donner …

45

1. Nous allons la chercher. Nous n'allons pas la chercher. **2.** On va lui offrir … On ne va pas lui offrir **de verre** de vin. (kein = Nullmenge!) **3.** Tu vas le finir le soir? Tu ne vas pas le finir le soir. **4.** Je vais les accompagner … Je ne vais pas les accompagner … **5.** Henri le consulte … Henri ne le consulte pas … **6.** Il l'aime beaucoup. Il ne l'aime pas beaucoup. **7.** Nelly va leur proposer un apéritif. Elle ne vas pas leur proposer **d'apéritif. 8.** Sophia Coppola le tourne … Sophia Coppola ne le tourne pas … **9.** Elle lui

fait … Elle ne lui fait pas **de cadeau** d'anniversaire. **10.** Je l'emporte en classe. Je ne l'emporte pas … **11.** Tanguy lui prête … Tanguy ne lui prête pas … **12.** Je vais le prendre … Je ne vais pas le prendre … **13.** … vous allez la montrer … vous n'allez pas la montrer **14.** Maman leur montre le journal. … ne leur montre pas …

46

tu entres	il sort	nous parlons	elle dort	vous partez
j'entre	je sors	tu parles	ils dorment	je pars

je trouve	je sers	tu choisis	nous finissons	tu réagis
vous trouvez	vous servez	il choisit	je finis	ils réagissent

tu mens	je sens	tu as	tu es	tu vas
ils mentent	ils sentent	ils ont	ils sont	ils vont

47

1. il ouvre, ils ouvrent, nous ouvrons **2.** je vais, ils vont, tu vas **3.** j'offre, il offre, nous offrons **4.** je suis, vous êtes, tu es **5.** nous sentons, je sens, il sent **6.** je viens, nous venons, ils viennent **7.** tu dors, vous dormez, il dort **8.** ils finissent, tu finis, nous finissons **9.** il choisit, ils choisissent, nous choisissons **10.** nous sortons, je sors, ils sortent **11.** vous jouez, tu joues, ils jouent

48

1. je va**is**, je choisi**s**, je parl**e**, je par**s**, j'ouvr**e** **2.** tu dor**s**, tu vien**s**, tu sen**s**, tu offr**es**, tu a**s** **3.** il v**a**, il **a**, il part, il fin**it**, il offr**e**, il est **4.** nous ve**nons**, nous sent**ons**, nous **allons** **5.** nous parl**ons**, nous **sommes** **6.** vous parl**ez**, vous v**enez** **7.** vous all**ez**, vous ouvr**ez**, vous **êtes** **8.** ils **ont**, ils **vont**, ils parl**ent**, ils dorment **9.** ils offr**ent**, ils **viennent**, ils tien**nent**

49

Mögliche Lösungen:

1. Je suis chez Max. Ses parents sont à la maison. Ils parlent avec moi et ils m'offrent quelque chose à boire. Ils sont sympathiques. Sa mère dit: Salut, (Paul)! Tu vas bien? Tu veux boire quelque chose? Je réponds: Oui, merci. Je prends un verre d'eau, s'il vous plaît.
Après, la mère de Max me demande: Alors, qu'est-ce que tu aimes faire, Paul?
– J'aime bien jouer au foot et jouer du piano. Et j'aime bien discuter et jouer avec Max. Je vais dans sa chambre. D'accord?
– Oui, vas-y. Il a un nouvel ordinateur.
J'arrive dans la chambre de Max et je lui demande: Qu'est-ce qu'on fait?
Il propose: On va surfer sur Internet. J'adore mon nouvel ordinateur.
Je suis d'accord.

2. Anne arrive au collège. Sa copine Alice est triste. Elle lui demande: Mais tu es triste? Qu'est-ce qu'il y a? Raconte!

Alice dit: Bertrand part aux Etats-Unis avec ses parents, pendant un an. Il va même aller à l'école là-bas. Et je suis sûre qu'il va m'oublier et trouver une autre amie!
Anne ne dit rien. Elle pense que son amie a raison.

3. Mes parents disent: Nous partons pour trois jours, mon chéri.
Je dis: Alors, c'est bien. Je vais m'amuser.
Ils disent: Non, tu vas apprendre. Et en plus on vous dit ce que tu dois faire. Voilà, tu réponds au téléphone et tu fermes la fenêtre et tu mets le répondeur en marche quand tu quittes la maison. C'est clair?
Oui, bien sûr. Et je mange quoi? (Qu'est-ce que je mange?)
Tu vas trouver une ratatouille au frigo, tout est prêt, tu la mets seulement au four. Et tu fais tes devoirs! D'accord?
Je suis un peu énervé. Mais je dis: Mais oui, évidemment, ne vous inquiétez pas!

4. Mes parents partent et j'ai une bonne idée. Je vais organiser une fête chez moi. D'abord j'appelle mon amie Alice.
Allô Alice? Ecoute, mes parents sont partis! On va faire une petite fête. Tu viens?
Comme elle est d'accord tout de suite, je téléphone à Philippe.
Allô Philippe? Je t'invite à faire une boum! Tu emportes quelque chose à manger? Merci. A tout à l'heure. Puis je parle avec Anne.
Allô Anne! Mes parents sont partis! Philippe apporte quelque chose à manger. Tu apportes de la bière? ... Comment? Tu dis que ta cousine apporte du coca et prépare des sandwiches avec du fromage. Super!
On s'amuse vraiment bien. Et quand mes parents appellent pour me dire qu'ils vont rentrer deux heures plus tôt que prévu (vorhergesehen), on range vite la maison. Tout le monde aide et mes parents sont contents.

50
1. je prends, nous comprenons, tu es, ils/elles vont, vous attendez, il répond **2.** vous êtes, tu descends, ils/elles prennent, il a, nous apprenons, tu vas **3.** vous vendez, je réponds, il rend, ils/elles attendent, il surprend **4.** j'attends, j'apprends, ils/elles ont, vous êtes, je suis, il apprend, vous prenez

51
1. je prends le métro **2.** ton père fait la cuisine **3.** nous faisons du sport **4.** il fait froid ... tu mets un manteau et tu prends **5.** vous prenez un steak **6.** ils font du jogging. **7.** Nos pères ne mettent jamais ... nous mettons **8.** Qui fait le ménage ... qui font le ménage ... Nous faisons du tennis **9.** Les élèves entrent ... et mettent leurs livres **10.** je bois

52
1. grand-mère lit **2.** vous lisez **3.** il me plaît ... me plaisent aussi **4.** Nous écrivons **5.** ... te plait? **6.** Elle dit bonjour **7.** Mes filles lisent **8.** Les bons résultats plaisent **9.** Ces auteurs écrivent **10.** ... vous dites?

53
1. Vous faites ... **2.** Tu nous attends ... je vous attends **3.** Ils ne comprennent pas **4.** Je crois que **5.** Nous faisons ... **6.** nous ne comprenons rien **7.** Les élèves attendent **8.** Vous buvez ... nous buvons **9.** les enfants ne font rien **10.** nous ne croyons pas

54
1. Cette maison plaît à mes parents. **2.** Je pense que le tableau va plaire au professeur. **3.** Nathan? Il me plaît. Et il plaît aussi à mes amies. **4.** (Est-ce que) vous voulez/Voulez-vous dire que ces pantalons vous plaisent? **5.** Avec ces cheveux, vous ne plaisez pas à votre tante. **6.** Les voitures françaises nous plaisent beaucoup. **7.** Un été à la plage plaît à des enfants. (den Kindern = aux enfants; Kindern = à des enfants) **8.** Je pense que ce chien va plaire à la dame.

55
1. vous buvez **2.** nous lisons **3.** Mes parents m'écrivent **4.** Mon ami Tobias va **5.** nous ne buvons **6.** Tu mets **7.** Les enfants ont froid, je leur fais **8.** Ces filles disent **9.** vous faites **10.** M. Scriabin lit **11.** vous ne dites pas **12.** ils font ... Ils attendent **13.** Vous écrivez **14.** mes parents prennent **15.** Vous êtes **16.** Je prends **17.** Ils mettent ... et lisent **18.** elle a **19.** Nous sommes

56
vous lisez, il/elle vend, il/elle descend
nous plaisons, il/elle a, ils/elles croient
il/elle dit, ils/elles comprennent, ils/elles vont
je/tu réponds, vous dites, ils/elles font
je/tu ris, ils/elles ont, vous faites
je vais, je/tu bois, je/tu fais
nous sommes, j'/tu attends, il/elle boit
vous êtes, nous mettons, nous buvons
je/tu crois, il/elle sent, nous venons
ils/elles conduisent, il/elle plaît, vous mettez
je/tu vends, il/elle vit, je suis (oder: *je/tu suis* von *suivre*)

57
1. on fait ... Tu as ... J'attends ... On peut regarder ... J'ai ... J'emporte **2.** Tu as ... Nous allons ... je viens ... tu nous attends (Achtung: nous = uns, nicht wir!) **3.** Je vais ... nous faisons ... Nous prenons ... Tu nous expliques ... Tu nous écris **4.** Les deux garçons font ... ils rencontrent ... qui sont ... Ils leur demandent où elles vont. Elles leur disent qu'elles cherchent ... ils vont ... Ils boivent ... ils rient beaucoup **5.** M. Fred est ... on expose ...

Ces statues ne lui plaisent pas. Il écrit ... qu'il ne comprend pas ... **6.** Grégory lit ... Il parle ... Ça tombe bien! Il aime ... il n'habite qu'à ... (ne ... que = nur) Il prend ... et y va ... il rencontre ... Il n'en croit pas ses yeux (= Er traut seinen Augen nicht) Elles sont ... et visitent **7.** Tu as ... Tu apprends ... Une copine téléphone ... Elle t'invite ... Tu dis que tu dois ... c'est son anniversaire. ... vous passez **8.** Les parents téléphonent. Ils rentrent ... Vous êtes surpris. Vous attendez ... La maison n'est pas en ordre. Bernard range ... Marie fait ... Pierre descend ... les parents arrivent, ils trouvent ... Ils sont contents. **9.** Tu es malade. Tu as ... Une amie sonne ... Elle apporte ... Elle révise ... Elle montre ... Vous écoutez ... ta mère arrive, elle se met ... Tu te couches ... La fièvre monte. **10.** Ta classe fait ... Tu n'as pas ... Tu fais ... tes copains et ton prof arrivent ... tu tombes ... Les autres rient ... ton prof est fâché. **11.** Ta cousine te rend ... Elle habite ... Elle vient rarement. Tu ris ... Tu prépares

58

j(e) ai, sais, vais, fais
nous avons, savons, allons, faisons
ils ont, savent, vont, font
il veut, peut, est, doit
nous voulons, pouvons, sommes, devons
ils veulent, peuvent, sont, doivent

59

1. Vous allez bien ... vous faites ... Vous êtes ... il n'est pas ... il doit rester ... avez-vous ... vous pouvez rester ... qu'il va faire ... **2.** ... tu vas ... Je vais ... je dois préparer ... mes parents sont ... Tu m'accompagnes ... je ne peux pas ... je dois ... qui est malade. Il a ... il doit rester ... Je veux lui écrire ... **3.** ... tu sais où nous pouvons ... vous descendez ... vous allez ... il y a ... je ne vous permets pas **4.** ... il ne fait pas beau. Je vais ... nous voulons ... Nous prenons ... nous ne trouvons pas ... Jean demande ... elle sait où est ... Elle lui répond ... la balle doit être ... nous pouvons ... **5.** Je peux parler ... je vais te la passer. Elle doit ... Mes amies veulent manger ... je n'ai pas ... Tu es ... tu la connais ... **6.** Max part ... Sa mère sait ... il ne veut pas ... Elle dit ... Je te mets ... Tu dois ... Je vais bien ... répond le garçon ... Tu écris ... Tout va bien ... ça ne va pas bien ... je ne vous envoie pas ...

60

1. nous voulons croire, il peut venir, ils/elles doivent rire, il reçoit **2.** je ne peux pas savoir, ils/elles ne veulent pas partir (aller), ils/elles ne doivent pas plaire **3.** il veut vendre, tu dois travailler, ils/elles peuvent comprendre, je ne peux pas **4.** nous savons, nous recevons, je dois, nous voyons, vous pouvez voir **5.** tu veux partir, nous pouvons dire, vous êtes, il a, tu vas, elle sait

61

Bei den Fragesätzen ist jeweils nur eine Lösungsvariante angegeben.
1. Qu'est-ce que vous faites? Vous voulez jouer à l'ordinateur chez nous? Ou est-ce que vous devez préparer votre interrogation de français? Nous devons rester à la maison parce que notre chien est malade. Il ne peut pas rester seul. **2.** Je peux prendre le bus aujourd'hui, je ne dois pas aller à l'école à pied. **3.** Je sais que tu vas recevoir la lettre de mon professeur d'anglais aujourd'hui. Il croit que je dois apprendre plus. Je veux apprendre, mais je ne peux pas quand Jean et son ami font du bruit. Ils ne doivent pas faire de bruit. **4.** Je ne veux pas aller à l'école aujourd'hui parce que le professeur veut voir les devoirs de la semaine dernière. Je vais dire à ma mère que je suis malade et que je ne peux pas aller à l'école. **5.** Est-ce que tu comprends l'exemple de mathématiques? – Non, je ne peux pas comprendre ces exemples. Mais notre professeur ne veut pas expliquer les exemples deux fois. Il dit que nous devons faire attention quand il parle. – Est-ce qu'il a raison?

62

1. Nous buvons du thé parce qu'il fait froid. **2.** J'ai mal à la tête. – Si tu veux **4.** Je vois que vous travaillez ... Vous avez besoin **5.** Il mange de la glace parce qu'il fait beau. **6.** Il a 14 ans ... Il invite ses amis. **7.** ... mon chat est mort. **8.** Nous nous appelons ... nous sommes Autrichiens.

Abschlussübung 2
1. Tu sais ... je ne sais pas ... J'apprends ... **2.** Vous apprenez ... vous ne me comprenez pas ... Nous ne vous comprenons pas ... vous parlez ... **3.** Les enfants font ... ils ont soif. Je vais ... je leur offre ... Ils ne boivent pas ... Ils veulent ... **4.** Vous êtes ... nous sommes ... **5.** tu dors ... Tu ne sors ... Nous allons ... Henri nous attend ... je me veux plus ... J'ai mal ... Je vais rester ... Tu dis à Henri qu'il doit me téléphoner ... **6.** les jeunes sortent ... Ils disent ... personne n'arrive ... **7.** La petite fille est triste. Ses amies ne viennent pas parce qu'elles doivent ... Leurs mères disent ... on ne peut pas ... **8.** Nous voulons aller ... Il fait beau. Nous mettons ... nous prenons ... nous partons. **9.** Les filles offrent ... Maurice ne veut pas ... il boit ... **10.** Elle écrit ... Elle est ... elle n'attend pas ... **11.** Le professeur sort ... les élèves doivent ... **12.** elle part ... Elle a ... qui veulent ... Elle est ... **13.** Nous faisons ... nous allons ... nous prenons ... Ce pays est ... **14.** le boxeur dit ... Je peux ... tu crois ... répond l'entraîneur ... tu continues ... il va finir ... **15.** Il fait ... Je ne vais pas ... je joue ... **16.** Nous partons ... Nos grands-parents nous accompagnent. Nous voulons ... **17.** Notre chat est ... il vit ... Il court ... **18.** vous faites ... qui tombe ... je la vends ...

63

1. Je rejette 2. Nous mangeons 3. Nous jetons 4. J'essaie/j'essaye 5. Je préfère 6. Nous espérons 7. Je change 8. Nous levons 9. J'appelle 10. Nous nettoyons 11. Nous dirigeons 12. Je l'achète. 13. Je paye/paie 14. Nous commençons 15. Je t'envoie 16. Nous nous appelons

65

1. J'espère ... tu vas ... Tu es là 2. je viens d'arriver ... nous faisons 3. Tu as faim? Je veux ... Il sait bien 4. c'est une bonne idée. J'ai ... Et j'aime ... On va où? 5. Nous allons ... C'est le grand parc 6. Je connais ... J'aime faire 7. Tu fais ... On peut en faire ... 8. je veux ... 9. J'aime ... Tu sais ... On entre. 10. Le restaurant me plaît ... Je prends ... J'ai ... 11. je préfère ... Tu es ... 12. Je te trouve ... nous aimons ... nous adorons ... n'est-ce pas? 13. Nous faisons ... Je vais juste payer ... nous partons. 14. ... il y a? Le garçon attend ... 15. Je suis désolé ... je ne trouve pas ... 16. c'est moi qui paye/paie ... je rentre ... j'ai ... Je dois aller ... On se voit ... 17. je ne sais pas si je peux ...

66

1. Mangeons ... 2. ... faites ... 3. ... achète ... 4. ... joue ... 5. ... n'apprends pas ... 6. ... soyez plus sportifs. 7. ... ne partez pas ... 8. ... cache ... 9. Enervons ... 10. ... sortez ... 11. ... promène ... 12. Offrons ...

67

1. Travaillez plus. 2. Sois poli. 3. Finissons notre jeu. 4. Faites d'autres projets. 5. N'ouvre pas la fenêtre. 6. Ne dites pas la vérité. 7. Ne pars pas demain. 8. N'allez pas au concert. 9. Ne quitte pas ton amie. 10. Ecrivez des mails à vos parents. 11. Tiens ton chien en laisse. 12. Ne jette pas les journaux. 13. Faisons du sport. 14. Appelle la police. 15. Cherchons les cigares pour grand-père.

68

1. je lis, j'ai lu, nous choisissons, nous avons choisi, tu attends, tu as attendu 2. je prends, j'ai pris, ils doivent, ils ont dû, elle plaît, elle a plu 3. ils savent, ils ont su, vous rendez, vous avez rendu, je crois, j'ai cru 4. nous avons, nous avons eu, tu vends, tu as vendu, je sors, je suis sorti(e) 5. tu offres, tu as offert, vous dites, vous avez dit, ils font, ils ont fait 6. ils peuvent, ils ont pu, tu es, tu as été, nous devons, nous avons dû

69

1. Ma mère a vendu sa vieille voiture. 2. Bernadette a mis la table. 3. Vous avez répondu au téléphone. 4. Il a offert un apéritif à Max. 5. J'ai acheté des carottes. 6. Elle a été à la maison. 7. J'ai attendu mon amie. 8. Nous avons dit merci à nos parents. 9. Hervé a parlé à sa mère. 10. Tu as vu mes lunettes? 11. Elle a ouvert la porte. 12. Tu as appris la chimie. 13. Vous avez bu tout le vin. 14. Nous avons fait les achats.

70

1. vouloir, offrir, prendre 2. vendre, mettre, devoir 3. plaire, écrire, sortir 4. dire, pouvoir, avoir 5. connaître, choisir, partir

71

1. Tu es allée à la plage? 2. Elle est restée ... 3. Les enfants ont joué ... 4. Lucie est sortie ... 5. Madame, vous êtes venue de Prague? 6. Nous avons marché ... 7. J'ai oublié ... 8. Tu es allé(e) voir ... 9. Valentin et Paul, vous êtes partis ... 10. Elle est arrivée ... 11. Max est revenu ... 12. Nous avons écouté ... 13. Les enfants ont fait ... 14. Il a été ... Il a dit ... 15. Les chats sont entrés ... Ils ont cherché ... 16. Nous, les deux familles, nous sommes parties ... 17. Nous avons pris ... 18. Ils ont bu ... 19. J'ai attendu ... 20. Mesdames, vous êtes parties ... 21. Vous êtes sorti(-e, -s, -es) samedi? (Man weiß nicht, wer genau angesprochen wird! Möglich: eine Person im Singular oder mehrere Personen) 22. Ils ont dit ... 23. J'ai appris ... 24. Les deux ont dansé ... 25. Maman, tu as écrit ... 26. Tu as offert ... 27. Elle a pris ... 28. Ils sont montés ... 29. Elles sont descendues ...

72

1. La vendeuse pose une question au client. 2. Papa raconte une histoire aux enfants. 3. La grand-mère achète ces jouets à la petite-fille. 4. Un homme montre le chemin aux touristes. 5. Le professeur explique les exemples aux élèves. 6. La tante offre la limonade à la nièce. 7. La fille lit la revue à la grand-mère. 8. Le garçon écrit une lettre à sa correspondante.

73

1. les – à l' 2. aux – le 3. à l' 4. les – aux 5. les – aux 6. les – aux 7. aux – les (Es geht hier nur darum, dass du übst, wie die jeweils bestimmten Artikel auszusehen haben! Es geht nicht darum, ob die Sätze gut klingen ...)

74

1. Mes parents écrivent des cartes postales à tous leurs amis. 2. Jean téléphone à Françoise plusieurs fois par jour. 3. Ma mère veut parler au prof de maths. 4. J'aide les voisins l'après-midi. 5. Mes amis et moi écoutons la radio dans ma chambre. 6. Nous appelons les amis le matin. 7. Nous montrons les photos aux copains après les vacances. 8. L'élève lit le texte au professeur. 9. Je demande au prof si l'interrogation est difficile. 10. Vous attendez Mara à la cantine.

75

1. à vos – à notre – les/des 2. les courses – les pommes – à Madame – aider Madame 3. au directeur – à sa – à sa – le temps 4. présente ton ami – à ta – aux parents 5. aux amis – à la grand-mère 6. attendons les amis – les tickets 7. aident les amis 8. à son – à sa

76

Bei den Fragesätzen ist jeweils nur eine Lösungs-
variante angegeben.
1. Tu aides tes amis? **2.** Il attend son amie devant le
cinéma. **3.** Nous téléphonons à notre grand-père./Nous
appelons notre grand-père. **4.** Tu demandes à ta grand-
mère (à Mémé) si elle prête sa voiture à tes amis?
5. Les élèves montrent les cahiers aux professeurs.
6. Je demande à Tarik quand il va parler à M. Thevoz.
7. Il dit à son ami qu'il doit expliquer le problème à son
père. **8.** Tu écoutes ton père quand il explique quelque
chose à tes frères? **9.** Tu dis bonjour aux voisins.
10. Je parle avec/à la dame qui cherche la poste.

77

1. au restaurant – au centre-ville **2.** à la maison
– à l'estomac **3.** à l'université **4.** à Paris – au
Quartier **5.** à la fin **6.** à M. – à la cantine **7.** aux
Galeries **8.** au café – au parc **9.** au Parlement – à la
Cathédrale **10.** au bistro

78

1. Pour regarder un match de football, on va au stade.
2. Pour voir une pièce de Molière, on va au théâtre.
3. Pour visiter le Louvre, on va à Paris. **4.** Pour avoir
une carte d'identité, on va au commissariat. **5.** Pour
acheter du pain, on va à la boulangerie. **6.** Pour
apprendre les maths, on va à l'école. **7.** Pour lire des
livres, on va à la bibliothèque. **8.** Pour regarder des
fleurs, on va au jardin. **9.** Pour vendre des choses, on
va au marché aux puces. **10.** Pour nager, on va à la
piscine. **11.** Pour visiter Manhattan, on va aux Etats-
Unis. (vgl. Buch, Seite 81 – Ländernamen)

79

1. Tu préfères aller à la mer ou à Grenoble? **2.** Je
reste au bord de la mer pour me faire bronzer au soleil.
3. Nous montrons les photos du bébé au professeur.
4. Je peux parler au chef? **5.** Nous prenons le bus
pour aller à la plage. **6.** Elle montre les monuments
aux élèves. **7.** Vous devez demander aux parents de
donner un peu d'argent à votre amie. **8.** Qui peut
aider Philippe à faire ses devoirs? **9.** Les deux vont
au grand magasin où ils achètent une poupée à la
nièce. **10.** Mlle Franc, quand allez-vous dire la vérité à
votre famille? **11.** Ils disent à leur mère qu'ils vont au
musée avec leurs amis. **12.** Tu offres le café aux amis
à la maison. **13.** Mme Breiter demande aux élèves
de montrer leurs textes à la directrice. **14.** Séverine
habite à Versailles depuis deux mois. **15.** Mara veut
manger à la cantine chaque jour. **16.** Elle explique les
détails des tableaux aux élèves. **17.** Nous demandons
aux amis de venir à la fête. **18.** Ils invitent les amis
à la maison. **19.** Les enfants aiment rencontrer leurs
amis au parc. **20.** Nous allons au concert.

80

1. de la – du – de la **2.** du – du – de **3.** de la – des
4. de – de **5.** des – d' – de l' **6.** du – de la **7.** des
– du (oder: des) **8.** de – de **9.** de la – de la

81

1. au bord – de la mer – à la montagne **2.** à Berlin
– aux parents – de son **3.** de Luc – au chômage
4. des Arméniens **5.** du prof – de Juliette **6.** aux
élèves – de la seconde **7.** au théâtre – de la ville
8. de Ville – aux portes **9.** au café – au musée
10. de Marie – à Vienne **11.** des enfants – des
voisins **12.** du livre – de tâches **13.** de Vincent – à
la cave **14.** de Brad – aux murs – de sa chambre

82

1. Monsieur Märki vient de Génève. Maintenant il
habite (vit) près de Grenoble. Il est content/satisfait
de sa vie. **2.** Berni est amoureuse du cousin de Lisa.
Il habite en face de l'école. **3.** (Est-ce que) vous
parlez/Parlez-vous de vos problèmes avec vos mères?
4. Je rencontre Marie devant le restaurant de Gérard.
Elle nous accompagne au restaurant. **5.** (Est-ce que)
vous rentrez (Rentrez-vous) du café à minuit? – Oui,
nous avons parlé des examens. Nous ne sommes pas
contents de nos résultats. **6.** Il ouvre la porte de
la voiture à Brigitte (Achtung: Brigitte = indirektes
Objekt!) et (lui) demande si elle s'occupe de sa
valise.

83

Mehdi qui vient de Téhéran vit à Mantes-la-Jolie près
de Paris. (Oder: Mehdi vient de … et vit …) **2.** Je
vais au café du quartier parce qu'on y offre un accès
Internet aux clients. **3.** Il dit au garçon du café qu'il
prend un café noir. **4.** L'enfant joue avec la montre
de la mère. **5.** David prend la voiture des voisins?
6. Non, c'est la voiture de Magdalena. **7.** Le stade
est loin du centre-ville. Il se trouve près du marché.
8. Ils habitent à côté du musée. **9.** Ils viennent de
la banlieue, mais ils aiment la grande ville. **10.** Les
élèves sont contents de leurs notes.

84

1. au jardin – à Paris **2.** attend ma mère – des
grands-parents **3.** au cinéma – de mon amie **4.**
au théâtre – du bureau de mon père **5.** des enfants
6. à Madame – à Madame **7.** aidez les voisins – au
parc **8.** au prof – aux élèves **9.** des vacances – aux
amis **10.** du voisin

85

1. au **2.** à – en **3.** en **4.** en – à – de **5.** En **6.** de
– en Iran (Vokal!) **7.** aux **8.** d' – au **9.** au – en
10. au – en **11.** au – aux **12.** en – d' **13.** aux – à
14. en

86

Richtig sind: **1.** De Vienne **2.** En Allemagne **3.** De la
gare **4.** Aux Etats-Unis. **5.** A côté du collège **6.** A
l'hôtel **7.** Au lycée

87

1. Maïa téléphone à sa sœur qui vit à Nice. Elle va rester en France pour (pendant) trois années. 2. Nous voulons aller à l'exposition qui se trouve à côté du musée. Nous demandons le chemin à nos amis. 3. Je montre le cadeau que j'ai acheté à Philippe en Italie aux frères de Philippe. 4. Nous attendons le professeur en face de la gare. Nous allons aller à Berlin où nous allons visiter plusieurs théâtres. 5. La mère de Benoît téléphone au collège et parle au directeur parce que Benoît est malade. 6. Où est-ce que tu vas en été? (Tu vas où en été? Où vas-tu en été?) Nous allons en France. D'abord nous restons à Cannes, puis nous passons une semaine près de Grenoble et allons enfin en Normandie. 7. J'emmène mon ami en Ecosse. Mais d'abord, nous allons aller à Londres et nous allons habiter dans un bel hôtel.

88

Freies Schreiben

Da diese Übung so individuell ist, lassen sich keine Lösungen dafür angeben. Bitte entweder deine Lehrerin/deinen Lehrer oder Freunde um Hilfe oder vergleiche das, was du geschrieben hast, mit deinem Buch. Wichtig ist zu wissen, was du schon schreiben können solltest!

89

1. Je les lis … 2. Il la présente 3. Vous le visitez. 4. Tu l'aides … 5. Emmy les cache. 6. Vous la montrez … 7. Elle le rencontre … 8. Nous l'écoutons. 9. Maïa les écrit. 10. Enzo le cherche. 11. Papa les aime. 12. Je la donne …

90

1. Oui, je le lis. 2. Oui, nous les aimons. 3. Oui, il l'aime. 4. Oui, nous l'apprenons. 5. Oui, elle les offre à mes amies. 6. Oui, nous te rencontrons devant le cinéma. 7. Oui, nous vous attendons ce soir. (Achtung: Subjekt = nous!) 8. Oui, il les explique à ses élèves. 9. Oui, il nous cherche. 10. Oui, elle les lit à sa nièce. 11. Oui, nous le passons à Nice. 12. Oui, il m'invite … (In der Angabe: vous = Anredefürwort = Sie)

91

Bei den Fragesätzen ist jeweils nur eine Lösungsvariante angegeben.
1. Voilà des timbres. Tu les donnes à ton frère? 2. Tu prends ce train? – Oui, je le prends. 3. Nous aimons la nature. – Nous l'aimons aussi. 4. M. Martin aime ses enfants. Nous les aimons aussi. 5. Madame Huber, je pense que mon cousin vous aime. 6. J'achète deux croissants. Vous les mangez tout de suite ou un peu plus tard? 7. Regarde cet homme! – Bon, je le regarde. Pourquoi? 8. Où est ma salade? – Oh, notre chien la mange. (Da *salade* weiblich ist, gehört hier *la*.) 9. Papa apporte du pain. Vous le donnez à votre tante? 10. Nous avons acheté des poissons. Tu les prépares?

92

1. Il / la / leur 2. Elle / les / lui 3. Il / le / leur 4. Elle / les / leur 5. Elles / la / lui 6. Ils / les / lui 7. la / leur 8. Elle / les / leur

93

1. Il la raconte aux enfants. Il leur raconte l'histoire. 2. Elle les achète à sa petite-fille. Elle lui achète ces jouets. 3. Il le montre aux touristes. Il leur montre le chemin. 4. Elle les explique à ses amies. Elle leur explique les exercices. 5. Elles la lisent à notre grand-mère. Elles lui lisent la revue. 6. Ils les écrivent à Maïa. Ils lui écrivent ces lettres. 7. Je la prête à mes cousins. Je leur prête ma voiture. 8. Elle les présente à ses parents. Elle leur présente ses nouveaux copains.

94

Bei den Fragesätzen ist jeweils nur eine Lösungsvariante angegeben.
1. D'abord, je t'aide. Et ensuite je les aide. 2. Qui vous aide? 3. Tu lui demandes si elle t'achète des chaussures. 4. Il les appelle (leur téléphone) et leur dit qu'il les attend devant le collège. 5. Le vendeur vous demande si le chemisier vous plaît. Vous lui demandez combien il coûte. 6. Vous m'attendez où? (Où est-ce que vous m'attendez?) – Je vous attends à la maison. 7. Il l'écoute et ensuite il parle avec elle. 8. Nous vous écrivons et nous vous demandons si vous nous aidez. (Achtung: Subjekt bestimmt Personalform!) 9. Myriam t'attend devant la gare. 10. Le professeur leur parle aujourd'hui à l'université. 11. Nous leur demandons quand nous les rencontrons. 12. Je vous achète un grand melon. – Tu nous apportes aussi des pommes? 13. Je lui montre mes nouvelles chaussures. Elles lui plaisent.

95

1. Nous lui montrons les photos du bébé. 2. Tu lui parles. 3. Vous leur demandez de donner un peu d'argent à votre amie. 4. Catherine l'aide à faire ses devoirs. 5. Les enfants leur présentent leurs amis. 6. Votre chat lui offre la souris. 7. Anselme l'achète à sa nièce qui a 16 ans. 8. Vous leur laissez les clés. 9. Votre mari vous offre ces fleurs. 10. Tu lui envoies le dossier par fax. 11. Mémé nous emmène à l'opéra. 12. Nora lui parle en français. 13. Vous leur dites au revoir quand vous les quittez. 14. Suzanne lui téléphone souvent. 15. Les enfants leur posent énormément de questions. 16. Nous les rangeons dans un album. (rangeons – vgl. Buch, Seite 61)

96

1. Je l'embrasse et je lui dis que le cadeau me plaît beaucoup. 2. Elle lui a offert un coca. 3. Tu nous expliques la grammaire? Je pense que tu la comprends. 4. Jean achète une rose et la donne à Eve. 5. Florence lui a donné un gros cadeau. 6. Alex vous vend sa nouvelle voiture. 7. Elle m'a envoyé les dossiers par fax. 8. Myriam l'a présenté à ses parents. 9. Les clients nous ont envoyé du champagne. 10. Le prof leur donne beaucoup d'exercices. 11. Ils lui ont prêté leur voiture. 12. Il l'invite/les invite au cinéma. 13. Vous leur montrez les photos. 14. Je vous fais le café. 15. Vous choisissez une voiture et vous l'achetez. 16. Mémé vous a écrit 60 SMS?

97

1. Oui, nous les aimons. 2. Oui, elle leur a écrit des lettres. 3. Oui, elle lui a déjà téléphoné. 4. Oui, d'accord, je te téléphone. 5. Oui, elle les montre à sa grand-mère. 6. Oui, je leur ai lu ces histoires. 7. Oui, je vous aide … 8. Oui, nous l'avons fait au collège. 9. Oui, elle lui donne des vitamines. 10. Oui, il m'offre souvent des fleurs. 11. Oui, je t'accompagne à Lyon. 12. Oui, elle l'achète. 13. Oui, nous le promenons. 14. Oui, ils lui offrent un cadeau. 15. Oui, elle l'apporte. 16. Oui, elle l'a rencontré au café.

98

1. Oui, je vais lui acheter … 2. Oui, il doit leur parler. 3. Oui, je vais l'acheter. 4. Oui, tu peux la prendre. 5. Oui, je vais le rencontrer. 6. Oui, je peux lui dire qu'il doit l'appeler. 7. Oui, nous voulons les inviter aussi. 8. Oui, il va lui plaire. 9. Oui, il veut la montrer à Carmen. 10. Oui, il veut lui montrer cette photo. 11. Oui, je vais lui écrire une carte postale. 12. Oui, il sait le parler. 13. Oui, il faut lui expliquer le problème. 14. Oui, nous adorons les lire. 15. Oui, il ose le manger. 16. Oui, elles veulent les rencontrer.

99

1. Non, je ne l'aime pas. Non, je ne lui donne pas le pull. Non, je ne veux pas m'acheter d'autre pull. (= keinen anderen!) Oui, il leur plaît. Non, je ne vais pas le mettre. 2. Non, je ne veux pas lui offrir ces fleurs. Non, je ne vais pas les offrir à ma mère. Je les offre à ma fille qui a seize ans. 3. Oui, je la connais. Non, je ne lui parle pas souvent. Oui, ils peuvent lui raconter leurs problèmes. Oui, elle leur donne des conseils. 4. Non, elle ne m'a pas envoyé le fax. Non, elle ne va pas lui expliquer pourquoi elle ne m'a pas téléphoné à temps. Non, elle n'a pas essayé de me parler.

100

1. Non, je ne vais pas lui acheter **de** cadeau. 2. Non, il ne doit pas leur parler. 3. Non, je ne veux pas l'acheter. 4. Non, tu ne peux pas la prendre.

5. Non, je ne vais pas le rencontrer. 6. Non, je ne peux pas lui dire qu'il doit l'appeler. 7. Non, nous ne voulons pas les inviter. 8. Non, il ne va pas lui plaire. 9. Non, il ne veut pas la montrer à Carmen. 10. Non, il ne veut pas lui montrer cette photo. 11. Non, je ne vais pas lui écrire **de** carte postale. 12. Non, il ne sait pas le parler. 13. Non, il ne faut pas lui expliquer le problème. 14. Non, nous n'adorons pas les lire. 15. Non, il n'ose pas le manger. 16. Non, elles ne veulent pas les rencontrer.

101

1. pour eux. 2. chez elle. 3. avec elles. 4. de lui. 5. contre eux 6. devant elle. 7. C'est lui 8. sans elles?

102

Teil A

1. Oui, je leur explique … 2. Non, je ne vote par pour lui. 3. Oui, je t'aide à trouver un cadeau pour lui. 4. Oui, vous pouvez repartir en voiture avec moi. 5. Non, je ne lui envoie pas ce message. 6. Oui, elle part pour Paris sans eux. 7. Oui, c'est lui qui va avec elle. 8. Oui, ce sont eux qui plaisent à Max. 9. Non, je ne suis pas vraiment amoureux d'elle. 10. Oui, c'est elle qui s'intéresse à lui. 11. Non, je ne vais pas lui raconter cette histoire. 12. Oui, c'est nous qui les réservons.

Teil B

1. Oui, il est assez grand pour elle. 2. Non, nous ne voulons pas l'acheter. 3. Non, elle ne lui plaît pas. 4. Oui, ils faut les faire pour demain. 5. Oui, tu dois le laisser sur la table. 6. Non, on ne va pas dîner chez eux. 7. Oui, nous lui avons donné le bouquet de fleurs. 8. Oui, nous avons emporté une bouteille de vin pour lui. 9. Oui, c'est à lui. 10. Oui, je veux les inviter. 11. Oui, elle les passe chez eux au Canada. 12. Non, je ne vais pas la danser avec lui. 13. Oui, il leur a écrit de lui envoyer de l'argent. 14. Oui, nous voulons lui proposer d'aller nous voir. 15. Oui, ils les accompagnent à la piscine. 16. Non, ils ne se baignent pas avec eux. 17. Oui, c'est à eux que nous la donnons. 18. Oui, elles sont folles de lui. 19. Oui, c'est moi qui l'adore.

103

1. Ich liebe Sie (euch). Ich möchte Sie (euch) sehen. 2. Er fragt sie, ob er sie gesehen hat. 3. Ich frage Sie (euch), ob Sie (ihr) uns begleiten (begleitet). 4. Er erwartet sie (ihn) vor dem Bahnhof. Nach zwanzig Minuten ruft er sie (ihn) an, um sie (ihn) zu fragen, wann sie ankommt. 5. Dieses Foto? Er wird es Fred zeigen. Es wird ihm nicht gefallen. 6. Sie zeigt ihnen, wo sie für sie arbeiten werden. 7. Wir werden Sie (euch) besuchen. 8. Er erklärt seinen Eltern, dass sie sich nicht genug um ihn kümmern. 9. Sie helfen uns sehr. (Ihr helft uns sehr.)

104

Bei den Fragesätzen ist jeweils nur eine Lösungs-variante angegeben.

1. Papa a acheté un vélo à Emmy. C'est une surprise pour elle. **2.** J'ai aussi une surprise pour vous. Mais vous devez encore l'attendre. Elle va vous plaire aussi, M. Montand. **3.** Vous aimez la mer ? Voulez-vous passer une semaine chez nous? Nous vous offrons du confort et du silence. **4.** Séverine arrive aujourd'hui. Nous allons avec elle chez Sylvie parce qu'elle veut (voudrait) la voir. Ensuite nous leur montrons notre nouvelle maison. Elles vont l'aimer. **5.** Séverine nous demande souvent comment vous allez, M. Huber. Je crois qu'elle va vous appeler (téléphoner). Et elle veut (voudrait) demander à votre femme si elle va aller la voir à Versailles.

105

Bei den Fragesätzen ist jeweils nur eine Lösungs-variante angegeben.

1. Je vais vous aider. **2.** Je vais les aider. (Zur Erinnerung: *aider* verlangt direktes Objekt!) **3.** Je vais l'aider. **4.** Je vais lui demander. (*demander*: verlangt indirektes Objekt) **5.** Je vais leur demander. **6.** Qu'est-ce que tu achètes pour elle? (auch: Qu'est-ce que tu lui achètes?) **7.** Qu'est-ce qu'il achète pour eux? (Qu'est-ce qu'il leur achète?) **8.** Tu les appelles. (Tu leur téléphones.) **9.** Quand est-ce qu'elle l'appelle? (... elle lui téléphone?) **10.** Quand est-ce que vous nous appelez? (... vous nous téléphonez?) **11.** Tu dois la rencontrer. **12.** J'ai du fromage pour eux. **13.** As-tu du fromage pour elle aussi? **14.** Nous l'attendons. (Nous les attendons.) Nous ne vous attendons pas. **15.** Je dois vous parler. Je ne veux pas lui/leur parler. **16.** Nous habitons chez vous. **17.** Nous ne voulons pas habiter chez elles. **18.** Tu vas en France sans lui? **19.** Nous allons en Italie sans elle? **20.** Ils vont en Italie sans eux? **21.** Nous pouvons te dire que nous venons avec toi. **22.** Ils peuvent lui dire qu'ils viennent avec elle. **23.** Vous pouvez leur expliquer le problème. **24.** Elle peut vous expliquer le problème.

106

1. se regardent **2.** vous habillez **3.** se rase **4.** me repose **5.** vous lavez **6.** nous appelons **7.** me souviens **8.** nous ennuyons **9.** se lève / se douche **10.** nous couchons / nous amusons **11.** se moquent

107

1. Catherine ne s'habille pas en noir. **2.** L'enfant veut se cacher sous le lit. **3.** Vous vous appelez comment? **4.** Rébecca ne peut pas se laver. **5.** Ils ne se souviennent pas de notre discussion. **6.** Vous ne devez pas vous dépêcher. **7.** Mon mari ne veut pas se raser. **8.** Nous ne nous habituons pas à la vie parisienne. **9.** Le dernier single de Maria Carey se vend très bien. **10.** Les enfants veulent se laver dans l'étang. **11.** Le parachute ne peut pas s'ouvrir. **12.** Les cigognes doivent s'envoler pour l'Afrique.

108

1. Tarik cherche sa montre qui a déjà 45 ans. **2.** Eve achète une horloge au marché aux puces qui se trouve près de la gare. **3.** Henri, qui est notre voisin depuis un mois, va aussi au marché aux puces. **4.** Il a une fille qui s'appelle Claudine. **5.** Elle est élève dans un collège qui se trouve à Versailles. **6.** Claudine aime parler avec Susanne et Klaus qui viennent de Munich. **7.** Bert va dans un cours de chinois qui commence à six heures du matin. **8.** M. Hu, qui habite en France depuis dix ans, sait très bien parler le français. **9.** Le père raconte une fable aux enfants qui aiment les histoires. **10.** C'est Mme Mayer qui écrit ces romans.

109

1. Les élèves autrichiens qui vont à Lyon vont loger chez des familles. **2.** Ce sont huit familles que M. Cervin va voir avant l'arrivée des enfants. **3.** Bernadette habite chez Mme Lévi qui a deux enfants. **4.** Sylvie, qui ne parle pas bien le français, habite chez Mme Noir. **5.** Etienne apporte un cadeau qui plaît beaucoup à la famille. **6.** M. Märki a des problèmes avec son ordinateur qu'il a acheté sur eBay. **7.** Mme Andouille raconte un tas d'histoires qu'elle invente. **8.** Manon est une jeune fille française qui adore jouer au football. **9.** Je viens de trouver une annonce que je montre à Emmy. **10.** Guy achète une voiture qui n'a que deux places. (*ne … que* = nur) **11.** Gisèle, qui part en séminaire à St. Tropez, déteste la mer. (Oder: Gisèle, qui déteste la mer, part ...)

110

1. qui **2.** que **3.** que **4.** qui – qui **5.** que **6.** que **7.** que **8.** qu' **9.** qui **10.** qu' **11.** que **12.** qui

Abschlussübung 3

1. qui **2.** te – te **3.** leur **4.** lui – lui **5.** lui – l' **6.** qui – que **7.** que – eux **8.** les **9.** le – elle **10.** que – m' – l' – l' – qui **11.** que – nous **12.** lui – qui – le **13.** qui – eux – nous **14.** vous qui – vous – vous – l' **15.** que – s' – le – s'

111

1. Vous n'êtes pas **2.** Elena n'est pas venue **3.** Il n'a pas passé **4.** Véro n'a pas fêté **5.** Vous ne prenez pas **6.** Je n'ai pas rencontré **7.** Elle ne doit pas faire **8.** Trixie n'a pas écrit **9.** Je n'adore pas **10.** Max ne veut pas visiter **11.** Ils n'ont pas **12.** Nous n'allons pas partir

112

1. Non, je ne vais pas au cinéma avec toi. **2.** Non, on ne reste pas ... **3.** Non, je ne vais pas sortir ... **4.** Non, ce n'est pas le copain de Maresa. **5.** Non, nous n'allons pas ... **6.** Non, tu ne comprends pas. **7.** Non, je ne lis pas. **8.** Non, je n'apprends pas. **9.** Non, je ne dois pas travailler ... **10.** Non, je ne vais pas ranger ... **11.** Non, je ne joue pas ... **12.** Non, je ne veux pas te fâcher. **13.** Non, nous n'allons pas fréquenter … **14.** Non, on ne peut pas s'inscrire … **15.** Non, il n'y a pas beaucoup … **16.** Non, elle n'offre pas la possibilité … **17.** Non, ils ne viennent pas … **18.** Non, ce n'est pas une école de langue **19.** Non, nous n'allons pas partir … **20.** Non, nous n'aimons pas … **21.** Non, ils ne partent pas avec nous. **22.** Non, ils ne vont pas rester chez eux. **23.** Non, je ne veux pas te dire où je vais.

113

1. Je ne vous dis pas la vérité. **2.** Il ne nous a pas rencontrés au café. **3.** Nous ne les montrons pas à Paul. **4.** Je ne leur donne pas les films. **5.** Nous ne l'avons pas promis. **6.** Tu ne les as pas vues? **7.** Colette ne lui raconte pas tout. **8.** Vous ne l'avez pas entendu. **9.** Il ne m'embrasse pas. **10.** Ils ne t'ont pas envoyé beaucoup d'argent?

114

1. Non, on ne le fête pas. **2.** Non, je ne lui donne pas les fleurs. **3.** Non, nous ne les donnons pas à Maïa. **4.** Non, il ne les achète pas. **5.** Non, je ne le prépare pas. **6.** Non, ils ne m'achètent pas ces chaussures. **7.** Non, ils ne les montrent pas. **8.** Non, nous ne leur disons pas bonjour. **9.** Non, elle ne la mange pas. **10.** Non, je ne te fais **pas de** café. **11.** Non, nous ne leur rendons pas visite. **12.** Non, ils ne nous emmènent pas en Egypte.

115

1. Non, on ne va pas l'écouter. **2.** Non, nous ne lui rendons pas visite. **3.** Non, je ne veux pas t'accompagner. **4.** Non, il ne faut pas vraiment le voir. **5.** Non, je ne sais pas le parler. **6.** Non, je ne peux pas vous expliquer ce problème. **7.** Non, ils ne vont pas nous (oder m') attendre. **8.** Non, elle ne va pas la ranger. **9.** Non, elle ne va pas les inviter chez elle.

116

1. Non, on ne la visite pas. **2.** Non, il ne doit pas les laver. **3.** Non, nous n'allons pas lui acheter la cassette. **4.** Non, elle n'aime pas les faire. **5.** Non, je n'arrive pas à l'écrire à temps. **6.** Non, je ne peux pas lui demander **d'**argent **7.** Non, elle n'adore pas l'écouter. **8.** Non, ils ne veulent pas leur parler. **9.** Non, nous ne commençons pas à le comprendre.

117

1. Non, elle n'a pas de petit ami. **2.** Non, je ne prends pas de vin. **3.** Non, je ne vous (te) sers pas de thé. **4.** Non, ils n'écrivent pas de lettres. **5.** Non, je ne vous fais pas de crêpes. **6.** Non, ce n'est pas une escalope … **7.** Non, nous ne faisons pas de sport en été. **8.** Non, ce ne sont pas des livres d'école … **9.** Non, je ne prends pas de café le matin … **10.** Non, nous n'avons pas d'enfants. **11.** Non, ce n'est pas un livre français … **12.** Non, nous n'avons pas de famille en Allemagne. **13.** Non, je ne fais pas de voyage sur la lune.

118

1. Non, je ne suis pas arrivée en voiture. **2.** Non, je n'ai pas de voiture. **3.** Non, il n'y a pas d'élèves espagnols dans mon cours. **4.** Non, il ne nous donne pas de devoirs aujourd'hui. **5.** Non, ils n'aiment pas le sport. **6.** Non, ce ne sont pas des élèves … **7.** Non, je ne veux pas prendre de glace avec toi. **8.** Non, on n'écoute pas de cassettes … **9.** Non, je n'ai pas d'idée. **10.** Non, je ne peux pas aider Sylvie … **11.** Non, il n'a pas de problèmes. **12.** Non, je n'ai pas compris le texte. **13.** Non, je ne veux pas t'acheter ce livre. **14.** Non, ce n'est pas une surprise. **15.** Non, nous n'avons pas d'affiches … **16.** Non, il n'y a pas de vent. **17.** Non, je ne peux pas te (vous) prêter mes rollers. **18.** Non, nous n'avons pas de rollers. **19.** Non, elle ne va pas faire le ménage … **20.** Non, nous n'avons pas acheté de cadeaux. **21.** Non, ce n'est pas une souris, … **22.** Non, nous n'avons pas de souris.

119

1. Non, je ne dois plus rentrer … **2.** Non, elle n'est plus … **3.** Non, je ne sors plus … **4.** Non, nous ne devons plus aller … **5.** Non, nous ne mangeons plus **de** pâtes. **6.** Non, elle ne se sent plus mal … **7.** Non, il ne fume plus de cigarettes. **8.** Non, elle ne révise plus … **9.** Non, nous ne cherchons plus nos clés.

120

1. Non, nous n'allons jamais … **2.** Non, elle n'achète jamais de fruits … **3.** Non, elle ne mange jamais au restaurant. **4.** Non, nous ne prenons jamais d'aperitif. **5.** Non, nous n'allons jamais en Corse. **6.** Non, nous ne voulons jamais sortir … **7.** Non, ils ne prennent jamais de photos. **8.** Non, ils ne se comportent jamais mal. **9.** Non, il ne va jamais à l'église.

121

1. Non, nous n'avons pas encore parlé … **2.** Non, je n'ai pas encore lu … **3.** Non, je ne lui ai pas encore envoyé le fax. **4.** Non, nous ne voulons pas encore manger. **5.** Non, elle ne dort pas encore. **6.** Non, nous ne devons pas encore apprendre ces mots. **7.** Non, ils ne gagnent pas encore **d'**argent. **8.** Non, il n'a pas encore trouvé **d'**emploi. **9.** Non, je n'ai pas encore essayé ce pull bleu.

122

1. Non, nous ne voulons pas encore manger. **2.** Non, je ne suis plus à la maison. **3.** Non, je ne sors jamais avec mes cousins. **4.** Non, ils ne vont jamais me voir. **5.** Non, il n'a plus faim … **6.** Non, elle n'est pas encore partie. **7.** Non, il ne travaille jamais au jardin. **8.** Non, elle ne fait plus sa sieste. **9.** Non, il n'est plus devant la porte. **10.** Non, il n'a pas encore apporté le courrier. **11.** Non, elles ne me plaisent plus (*toujours* kann auch *noch immer* heißen.) **12.** Non, nous n'avons pas encore vu ce film extraordinaire. **13.** Non, ils ne sont jamais gentils.

Abschlussübung 4
Bei den Fragesätzen ist jeweils nur eine Lösungsvariante angegeben.
1. Je n'écris pas de SMS à mes amis. Je les appelle. (Oder: Je leur téléphone.) **2.** Ils ne m'appellent jamais. (Oder: Ils ne me téléphonent jamais.) Ils m'envoient des e-mails. **3.** Pourquoi est-ce que tu ne veux pas lui donner le cadeau? **4.** Je ne l'aime plus. Je ne veux plus sortir avec lui. **5.** Papa ne lui apporte pas de fleurs. Elle n'aime pas les fleurs. **6.** Tu peux venir chez moi, je ne travaille pas encore. **7.** Les photos? Il ne les regarde jamais. **8.** Nous ne les (oder: la) connaissons pas depuis longtemps. **9.** Est-ce que tu bois le café avec un peu de sucre? **10.** Cette montre me plaît bien/beaucoup, mais je ne vais pas l'acheter. **11.** Pierre ne vous offre pas de bière. Vous ne buvez pas de bière? **12.** Il ne va pas leur offrir de bière. Ce n'est pas de la bière, c'est du jus de pommes. **13.** Enzo ne veut jamais faire de promenade (oder: se promener) avec ses parents. **14.** Claude n'a plus rencontré ses amis en Suisse. **15.** Nous n'avons jamais visité la Suisse. **16.** Mes enfants n'ont pas encore dormi sous une tente. Je ne veux plus dormir sous une tente. **17.** Nous ne faisons jamais les courses ensemble. **18.** Vous ne devez plus apprendre le week-end.

Abschlussübung 5
1. Non, je ne l'ai pas acheté au supermarché. **2.** Non, il ne l'a pas détruit. **3.** Non, elle ne travaille jamais sur ordinateur. **4.** Non, ils ne leur achètent pas de jeux vidéo. **5.** On ne peut pas l'ouvrir. **6.** Non, je ne vais pas la donner à Emile. **7.** Non, je ne lui ai pas donné mon adresse e-mail. **8.** Non, nous ne travaillons jamais avec cette souris rouge. **9.** Non, il ne l'a pas encore installé. **10.** Non, il ne l'a pas acheté. **11.** Non, ce n'est pas moi qui l'ai acheté. **12.** Non, il n'est plus cassé. **13.** Non, je n'ai pas encore écrit sur ce nouveau clavier. **14.** Non, elle n'est pas très performante. **15.** Non, il n'est pas super. **16.** Non, elle ne m'envoie pas de CD-ROM avec ses nouvelles photos. **17.** Non, on ne peut pas aller sur Internet avec mon portable. **18.** Non, je ne les aime pas. **19.** Non, on ne peut pas vivre sans ordinateur aujourd'hui. **20.** Non, je ne l'aime pas. **21.** Non, nous n'aimons pas téléphoner partout. **22.** Non, elle ne l'a pas encore utilisé. **23.** Non, il n'est plus permis au volant en France. **24.** Non, il ne faut pas leur donner de portables. **25.** Non, il ne va pas le remplacer. **26.** Non, il ne l'a pas encore remplacé.

123
1. Est-ce qu'elle est arrivée? Est-elle arrivée? **2.** Est-ce qu'on va à Nice? Va-t-on à Nice? **3.** Il aime le jazz? Est-ce qu'il aime le jazz? **4.** C'est bon? Est-ce que c'est bon? **5.** Il vient? Vient-il? **6.** Tu vas bien? Est-ce que tu vas bien? **7.** Est-ce qu'ils se lèvent tôt? Se lèvent-ils tôt? **8.** Il dort? Dort-il? **9.** Est-ce que vous rêvez? Rêvez-vous? **10.** Il veut danser? Est-ce qu'il veut danser? **11.** Tu écris le message?

Écris-tu le message? **12.** Est-ce que tu habites à Metz? Habites-tu à Metz? **13.** Est-ce que vous voulez dîner chez moi? Voulez-vous dîner chez moi? **14.** Est-ce que nous lisons ce livre? Lisons-nous ce livre? **15.** Est-ce que vous dînez avec Philippe? Dînez-vous avec Philippe?

124
1. Est-ce qu'il s'appelle André? S'appelle-t-il André? **2.** Est-ce que vous êtes de Vienne? Etes-vous de Vienne? **3.** Est-ce que c'est en Suisse? Est-ce en Suisse? **4.** Est-ce que vous faites du sport? Faites-vous du sport? **5.** Est-ce qu'il boit de l'alcool? Boit-il de l'alcool? **6.** Est-ce que vous voulez manger cette salade? Voulez-vous manger cette salade? **7.** Est-ce que vous êtes fatigués? Etes-vous fatigués? **8.** Est-ce que vous dites toujours la vérité? Dites-vous toujours la vérité? **9.** Est-ce que nous sommes gentils? Sommes-nous gentils? **10.** Est-ce qu'elle est ta/votre meilleure amie? Est-elle ta/votre meilleure amie? **11.** Est-ce qu'elle mange de la viande? Mange-t-elle de la viande?

125
1. Est-ce que ta mère n'aime pas les poissons? **2.** Mange-t-elle de la viande? **3.** N'allez-vous pas à Venise cet été? **4.** Est-ce que tu ne vas pas trouver ta carte d'identité? **5.** Est-ce qu' Alain Delon est ton acteur préféré? **6.** Dois-tu faire la vaisselle? **7.** Est-ce que vous achetez du chocolat pour moi? **8.** Est-ce que vous allez prendre des haricots verts? **9.** Boit-il encore du vin? **10.** Est-ce que vous ne vous amusez pas bien ici? **11.** Vas-tu finir tes exercices bientôt?

126
1. Pour combien de temps est-ce que Julie va rester à Strasbourg? **2.** Pourquoi est-ce qu'elle va à Strasbourg? **3.** Les filles au pair viennent d'où? **4.** Comment est-ce que la fille au pair de vos voisins s'appelle? **5.** Où est-ce qu'elle habite normalement? **6.** C'est où? **7.** Quand est-ce qu'elle va rentrer? **8.** L'école de langue est où? **9.** Pourquoi est-ce que Charlotte ne veut plus rester? **10.** Quand est-ce qu'elle a travaillé dans un café? **11.** Pourquoi est-ce qu'elle doit travailler? **12.** Son père est au chômage depuis quand? **13.** Il a travaillé où? **14.** Charlotte a combien de frères? **15.** Combien de fois par semaine est-ce qu'elle travaille dans ce café? **16.** Où est-ce que tes parents passent leurs vacances? **17.** Pour combien de temps est-ce qu'ils vont rester? **18.** Combien de fois par jour est-ce qu'ils mangent des pizzas? **19.** Ils rentrent quand? **20.** Pourquoi est-ce qu'ils aiment Rome?

127
1. Quand est-ce que tu vas rentrer ce soir? **2.** Comment est-ce que tu t'appelles? **3.** D'où est-ce que Hélène est partie? **4.** Pourquoi est-ce que tu aimes la Provence? **5.** Combien de livres est-ce que vous lisez par mois? **6.** Où est-ce qu'on va ce soir? **7.** Où est-ce que vous voulez travailler? **8.** Depuis

quand est-ce que vous habitez en Chine? **9.** Combien d'heures est-ce que tu dors par nuit? **10.** Jusqu'à quand est-ce que quand tes parents vont rester chez toi? **11.** Jusqu'où est-ce que vous allez encore?

128

1. Comment vas-tu? (Comment allez-vous?)
2. Quand rentre-t-il? **3.** D'où vient Carmen?
4. Quand rentrent les amis? **5.** Combien d'argent gagne-t-il? **6.** Combien de semaines restes-tu?
7. Où vont tes parents? **8.** Quand pars-tu? **9.** Où mange-t-il? **10.** Depuis quand est-il malade?

129

1. Combien est-ce que … Wie viel hast du für dieses Auto bezahlt? **2.** Combien d'églises … Wie viele Kirchen werdet ihr (werden Sie) besichtigen?
3. Comment peut-on … Wie kann man wissen, wo man das findet? **4.** Où est … Wo befindet sich die Schule Ihrer Tochter, gnädige Frau? **5.** Combien d'élèves … Wie viele Schüler gibt es in Ihrer/eurer Klasse? **6.** Combien … Wie viel (Was) verdient er? **7.** Comment … Wie habt ihr (haben Sie) eure (Ihre) Ferien verbracht? **8.** Combien d'habitants … Wie viele Einwohner gibt es in deinem Dorf (hat dein Dorf)? **9.** Comment … Wie kommt ihr (kommen Sie)? Zu Fuß oder im (mit dem) Auto? **10.** Où … Wo werdet ihr (werden Sie) diesen (in diesem) Winter Schi fahren? **11.** Combien … Wie viel wiegen Sie (wiegt ihr)? **12.** Comment … Wie geht es ihnen?

130

1. Comment est-ce que tu vas? Comment vas-tu? Est-ce que tu n'es pas fatigué(e)? N'es-tu pas fatigué(e)? **2.** Quand est-ce que tu es rentré(e) hier? Quand es-tu rentré(e) hier? **3.** Est-ce que tu as déjà appris la chimie? As-tu déjà appris la chimie? Combien de pages est-ce que tu dois apprendre? Combien de pages dois-tu apprendre? **4.** Quand est-ce que tu veux apprendre? Quand veux-tu apprendre? **5.** Pourquoi est-ce que tu ne ranges pas ta chambre? **6.** Où est-ce que tu vas maintenant? Où vas-tu maintenant? **7.** Quand est-ce que tu rentres? Quand rentres-tu? **8.** Où est-ce que tu rencontres tes amis? Où rencontres-tu tes amis? **9.** Combien de temps est-ce que vous restez? Combien de temps restez-vous? **10.** D'où est-ce que l'amie de Marc vient? **11.** Est-ce que ses parents sont à la maison? **12.** Pourquoi est-ce que ses parents ne sont pas à la maison? **13.** Où est-ce qu'ils sont? Où sont-ils? **14.** Combien d'amis est-ce que Marc va inviter? **15.** Pourquoi est-ce que tu ne réponds plus? Pourquoi ne réponds-tu plus? **16.** Quand est-ce que tu vas me parler? Quand vas-tu me parler?

131

1. Qui est absent? **2.** Qui n'a pas fait ses devoirs?
3. Nicole, qu'est-ce que tu fais sous la table? Que fais-tu sous la table? **4.** Qui chante encore quand je parle? **5.** Qui joue à son portable? **6.** Qu'est-ce

que c'est? Qui fait un tel bruit? **7.** Qu'est-ce que je vais vous expliquer aujourd'hui? **8.** Inès, tu dessines quoi? **9.** Qui emploie du parfum maintenant? **10.** Tu cherches quoi dans le sac de ton voisin? **11.** Qu'est-ce que tu dis? Pourquoi est-ce que tu parles avec ton voisin? **12.** Où est-ce que je suis ici? Au secours!

132

1. Qui **2.** Que **3.** Qui **4.** Qu'est-ce que **5.** Qu'est-ce que **6.** Qui **7.** Qu'est-ce que **8.** Qui **9.** Que **10.** Qu'est-ce que **11.** Que **12.** Qu'est-ce que **13.** Qui

133

1. Qui parle à la télé ce soir? Où est-ce que le Premier Ministre parle ce soir? **2.** D'où est-ce que vous partez à six heures du soir? Quand partez-vous de Vienne? **3.** Qui est-ce? **4.** Qu'est-ce qu'elle écrit? **5.** Qui va arriver dimanche? Quand est-ce que Kevin va arriver? **6.** Où est-ce que Séverine travaille depuis deux ans? Depuis quand est-ce que Séverine travaille à Versailles? **7.** Qui aide sa mère à peindre la maison? **8.** Qu'est-ce qu'elle va peindre en orange? Comment va-t-elle peindre la maison? **9.** Où est-ce que son père ne veut pas habiter? **10.** Que fait-il? Où va-t-il? **11.** Pour combien de personnes est-ce que leur appartement est trop petit? **12.** Qu'est-ce que vous aimez parler à la maison? Où est-ce que vous aimez parler français? **13.** Qui s'amuse énormément dans sa (!) chambre? Où est-ce que les enfants s'amusent énormément? **14.** Qu'est-ce qu'il mange après le plat principal? Quand est-ce qu'il mange de la mousse au chocolat? **15.** Qu'est-ce que tu vas lire maintenant?

134

1. Dans quelle ville vivez-vous? **2.** Dans quelle rue est-ce que tu habites? **3.** Quelle est ta matière préférée? **4.** Quel chanteur est-ce que tu aimes?
5. On te trouve dans quels cafés? **6.** Quel est ton animal préféré? **7.** Pour quelle organisation est-ce que ton père travaille en Angleterre? **8.** Quels livres lis-tu? **9.** Quel cours est-ce que tu fréquentes à Dijon? **10.** Tu te lèves à quelle heure? **11.** Quelle confiture est-ce que tu manges? **12.** Quel parfum met ta mère? **13.** (Qu'est-ce qu'elle a comme voiture?) Quelle voiture a-t-elle? **14.** Qu'est-ce que tu veux? Qui es-tu? **15.** Pourquoi est-ce que tu me poses ces questions?

135

1. A quelle heure est-ce que tu es née? **2.** Quel âge est-ce qu'elle a? **3.** De quel pays est-ce que Maurice vient? **4.** Pour quelle entreprise est-ce que tu travailles? **5.** Quels romans est-ce que vous lisez?
6. Dans quelle maison est-ce que vous habitez?
7. Quels sports est-ce qu'ils pratiquent? **8.** Quels vêtements est-ce que Bernadette porte seulement?
9. Quelle couleur est-ce que Rébecca préfère?
10. Quels films est-ce qu'elle regarde seulement?
11. Quelle voiture est-ce que vous achetez?

12. Quelles chaussures est-ce qu'il porte toujours?
13. Quels opéras est-ce que tes amis adorent?
14. Quel temps est-ce que qu'il fait chez vous?

136
1. Quel 2. Quel 3. Quelle 4. Quel 5. Quel
6. quelle 7. Quels 8. Quels 9. Quel 10. quelle
11. Quels 12. Quel 13. Quelles 14. Quel
1. Wie ist deine Telefonnummer? 2. Wie ist das Wetter bei euch/Ihnen? 3. Welches ist dein Auto? Das rote? 4. Wie alt seid ihr (sind Sie)? 5. An welchem Tag gehst (fährst) du weg? 6. Um wie viel Uhr wirst du ankommen? 7. Welche Zeitungen lest ihr (lesen Sie) regelmäßig? 8. Welche sind eure Lieblingssänger? 9. Welchen Wein wollt ihr (wollen Sie) trinken? 10. Welche Nationalität haben Sie (habt Ihr)? 11. Welche französischen Autoren magst du am liebsten? 12. Welches Buch wird er kaufen?
13. Welche Marmeladen macht deine Mutter?
14. Welchen Sport betreibst du?

Abschlussübung 6
1. Est-ce que tu parles français? 2. Est-ce que tu restes encore longtemps? 3. Pour combien de temps (combien de jours) est-ce que tu restes encore?
4. Est-ce que tu es ici avec tes parents? 5. Comment est-ce que je peux t'appeler? 6. D'où est-ce que tu viens? 7. Quel âge as-tu? 8. Est-ce que tu travailles (déjà)? 9. Qu'est-ce que tu fais en ce moment?
10. Tu ne veux pas m'accompagner dans ce petit café? 11. Tu prends aussi un café? 12. Est-ce que tu habites (dans) une grande ville? 13. Est-ce que la vie en France te plaît bien? 14. Est-ce que tu as des frères et sœurs? 15. Est-ce que vous avez des animaux (domestiques)? 16. Qui s'occupe de ces animaux? 17. Je peux te rendre visite un jour?
18. Qu'est-ce que tu fais demain? (Quand est-ce qu'on se revoit?) 19. Tu ne me trouves pas sympa?

Abschlussübung 7
1. Combien 2. Pourquoi 3. Qui 4. Où 5. Comment
6. Quel 7. Qui 8. Qu'est-ce que 9. Combien 10. Où
11. Quelle 12. Pourquoi 13. Qu'est-ce que 14. Que

1. Test
1. vas-tu – je vais – es-tu – je suis – nous travaillons – qui s'appelle – vous allez – nous mangeons – vous avez – c'est (*appeler* und *manger* vgl. S. 61. Genau sein – bis ins Detail!)

2. **a)** une bouteille de bière – un verre de vin – des sandwichs – Combien de (!) **b)** les fruits (nach *aimer*) – des fraises – un melon – les melons – un kilo de **c)** beaucoup de – le chocolat – le sel – assez de – trop de

3. **a)** Non, ils ne mangent pas de soupe. **b)** Non, ce ne sont pas des films pour enfants. **c)** Non, ils ne prennent pas d'oranges. **d)** Non, ce n'est pas du sucre. (Wenn *être* verneint wird, bleibt der Artikel!)

4. **a)** Papa va au théâtre. **b)** Nous restons à la maison. **c)** Vous êtes à Berlin. **d)** Elles parlent aux enfants. **e)** Tu montres la photo aux amis. **f)** Ils achètent le cadeau aux Galeries Lafayette.

5. **a)** Les parents vont au marché avec Paul. (Zuerst Ortsergänzung, weil *aller* eher danach verlangt als nach der Antwort auf die Frage „mit wem?") **b)** Vous avez ce livre au lycée. **c)** Nous sommes chez Fabienne au café. (bei/zu: bei Personen *chez*). **d)** Tu donnes ces photos à Max. (indirektes Objekt!)

6. **a)** Où est-ce que vous restez? Pourquoi est-ce que vous restez à la maison? **b)** Qu'est-ce que tu quittes à trois heures? Quand est-ce que tu quittes la maison? **c)** Qui doit aller à la gare avec sa tante? Où est-ce que Dominique doit aller avec sa tante? (où = wo/wohin)

2. Test
1. **a)** Comment allez-vous? **b)** Avez-vous faim? **c)** Combien **de** cartes postales est-ce qu'il écrit? **d)** Quelle musique aime-**t**-elle? **e)** Tu ne vas pas rentrer aujourd'hui? (Antwort: **doch**) **f)** Qu'est-ce que tu prends? **g)** Qui **a** écrit cette lettre?

2. **a)** à (Stadt) – en (weibl. Land) – en **b)** du (= von, männl. Land) – en – au (= in, männl. Land) **c)** à – en (männl. Land, das mit Vokal beginnt) **d)** aux (Plural) – de (= von, weibl. Land)

3. **a)** beaux **b)** belles **c)** beaux **d)** Bel **e)** nouvelle **f)** nouveaux **g)** nouvel **h)** nouveau **i)** vieille **j)** vieil **k)** vieux **l)** vieux

4.
a) tu as – vous avez – ils ont
b) tu vie**ns** – vous venez – ils **vienn**ent
c) tu vas – vous allez – ils vont
d) tu finis – vous fin**iss**ez – ils fin**iss**ent
e) tu ouvr**es** – vous ouvrez – ils ouvrent
f) tu peu**x** – vous pouvez – ils **p**euv**e**nt
g) tu dis – vous **dites** – ils di**s**ent
h) tu lis – vous lisez – ils lisent
i) tu s**ais** – vous savez – ils savent
j) tu fais – vous **faites** – ils **font**
k) tu bois – vous b**uve**z – ils boivent
l) tu sors – vous sortez – ils sortent

5. **a)** qui **b)** qu'on (on = Subjekt!) **c)** qui **d)** qui **e)** que **f)** que
(Wenn der Satz ein Subjekt hat, kann nur *qui* gehören. Ob ein Wort ein Subjekt ist oder nicht, erkennt man an der Personalform.)

6. Pourquoi est-ce que tu ne présentes pas ton nouvel ami à ta mère aujourd'hui?

3. Test

1. a) Je parle souvent **du** nouveau projet. **b)** Nous voulons parler **au** chef. **c)** Ils demandent un peu d'argent **aux** parents. **d)** Vous attendez vos amis devant la gare. **e)** Nous lisons cette histoire **aux** enfants. **f)** Ils aident leur mère à laver la voiture. **g)** Xavier téléphone **à** Nathalie **le** soir. (= am Abend) **h)** Les filles s'occupent **des** chats. **i)** Notre père est content **de la** nouvelle voiture.

2. a) ma famille – Mes parents – leur vieille maison (auch: notre vieille maison) – mon propre appartement – mon amie (Vokal!) **b)** son parapluie – son sac – ses tickets – sa carte **c)** leur maison – leurs fils **d)** votre passeport – vos valises – vos cigares **e)** tes voisins – leur chien

3. a) Tu veux rentrer (aller) à la maison. **b)** Nous devons dire à Max où nous voulons aller. **c)** Il peut boire un coca avec moi. **d)** Je vais acheter le cadeau au marché.

4. a) Paulette les rencontre au café. **b)** Nous ne le regardons pas. **c)** M. Lévi lui achète le foulard. **d)** Frédérique leur dit au revoir. **e)** Marianne lui raconte tout. **f)** C'est pourquoi ses collègues ne l'aiment pas.

5. a) au volley – à la piscine – de Norvège – à Vienne **b)** de mon frère – au cybercafé – le week-end (= am Wochenende) – de l'argent (Teilungsartikel) – de la mer – de Bordeaux **c)** de la ville – au centre-ville – de la gare – en face des magasins **d)** fait du cheval – ne fait plus de sport

4. Test

1. a) Non, elle n'aime pas les inviter. **b)** Non, je ne dois pas lui montrer **m**es vêtements quand je sors. **c)** Oui, nous les connaissons. **d)** Oui, je leur téléphone encore. **e)** Non, elle ne va pas l'acheter. **f)** Oui, nous leur lisons cette histoire. **g)** Oui, je vais le lire. (Auf die veränderten Personalformen bei der Antwort achten!)

2. a) Paul s'intéresse à elle. **b)** Nous faisons une promenade avec lui. **c)** Tu achètes ces fleurs pour elle? **d)** Nous voulons faire une promenade sans eux. **e)** Fred pense souvent à elles. **f)** Vous sortez avec eux?

3. a) Non, nous ne voulons plus aller … **b)** Non, nous ne prenons jamais le train … **c)** Non, nous ne buvons plus de pastis. **d)** Non, je n'ai pas encore appelé mon oncle. **e)** Non, il ne boit jamais d'alcool. **f)** Non, ce ne sont pas des amis. (Hast du daran gedacht, dass Nullmengen Mengenangaben sind und nur *de* verlangen? Nur bei der Verneinung von *être* ist das nicht der Fall.)

4. a) un petit homme, mais un grand acteur. **b)** sont des appareils pratiques, mais des objets chers. **c)** une voisine réservée, mais une femme curieuse. **d)** mon nouveau numéro de téléphone. **e)** une femme intéressante. **f)** de grosses lunettes. **g)** une chanteuse italienne. **h)** un bel appartement avec une petite terrasse. **i)** ces pommes vertes et ces vieilles fraises.

5. a) ils vont – allé(e, s, es) **b)** ils viennent – venu(e, s, es) **c)** ils mettent – mis **d)** ils peuvent – pu **e)** ils voient – vu **f)** ils sont – été **g)** ils ont – eu **h)** ils apprennent – appris **i)** ils font – fait **j)** ils disent – dit

6. Qui vend cette photo intéressante et ces vieux livres?

5. Test

1. a) Non, je ne vais pas le promener. **b)** Oui, je leur envoie toutes ces cartes postales. **c)** Oui, il l'a acheté pour elle. **d)** Non, il ne sait pas le prendre tout seul. **e)** Oui, nous allons à la piscine avec eux. **f)** Oui, nous lui avons montré nos photos. **g)** Oui, nous aimons les regarder à la télé. **h)** Non, je ne lui ai pas expliqué la grammaire. **i)** Oui, nous sommes allés derrière lui.

2. a) Non, il n'a pas encore fermé la porte. **b)** Nous n'allons pas lui raconter cette histoire. **c)** Vous ne lui écrivez jamais (pas toujours) de lettres. **d)** Pourquoi est-ce qu'il ne leur a pas dit la vérité? **e)** Gérard ne fait plus de sport. **f)** Nous ne sommes pas encore allés à Deauville.

3. a) Elle s'est levée **b)** Elle a téléphoné **c)** Elle a quitté **d)** Elle a pris **e)** Elle est descendue **f)** Elle a acheté **g)** Elle est allée voir **h)** Elles ont travaillé **i)** Elles sont sorties **j)** Elle est rentrée

4. a) Invitez vos voisins. **b)** Reste à la maison. **c)** Soyez à l'heure. **d)** Dors, ma chérie. **e)** Prenez de l'eau. **f)** Apprenons à danser la valse. **g)** Va chez ton ami.

5. a) C'est Antoine qui est un ami de mon frère que mes parents aiment bien aussi. (Oder: Mes parents aiment bien Antoine qui est un ami de mon frère.) **b)** Je ne veux pas avoir de chien parce que je n'ai pas assez de temps pour un chien. **c)** Christine aime Biarritz parce que c'est une ville magnifique où elle a rencontré son mari. **d)** Ce dimanche, ma mère me fait un gâteau que j'adore. **e)** Quand il pleut, tu dois prendre un parapluie. **f)** Il veut savoir comment tu t'appelles. (indirekte Rede – gerade Wortfolge) **g)** Nous allons jouer dans le parc qui se trouve juste derrière l'église.

6. a) Quelle **b)** cet **c)** ces **d)** quel **e)** Quels **f)** cette

6. Test

1. a) Tu mets beaucoup de sucre dans ton café.
b) Mettez vos assiettes sur la table. **c)** Bernadette
ne met jamais de pantalons rouges. **d)** Mettez vos
noms sur ma liste. **e)** Mettez les phrases au pluriel.

2. a) elle a été – elle est **b)** il a eu – il a **c)** tu as
offert – tu offres **d)** nous avons fini – nous finissons
e) elles sont parties – elles partent **f)** nous avons
bu – nous buvons **g)** ils ont voulu – ils veulent
h) je suis venu(e) – je viens

3. a) Je suis arrivée **b)** Je suis allée voir **c)** Nous
avons visité **d)** Le copain de Véronique nous a
montré **e)** Nous sommes sortis **f)** J'ai appris **g)** Je
suis allée voir **h)** Son père m'a préparé **i)** Véronique
m'a acheté **j)** On a fêté

4. Mögliche Lösungen: **a)** Comment t'appelles-tu?
Tu t'appelles comment? **b)** Tu as quel âge? Quel
âge as-tu? **c)** D'où viens-tu? D'où est-ce que tu
viens? Tu viens d'où? **d)** Je viens de … **e)** J'ai
… ans. **f)** (Jeweils auch mit Est-ce que) On fait
quelque chose ensemble? **g)** On va au cinéma et
puis on mange une glace? **h)** Tu joues souvent
à l'ordinateur? **i)** Quelle musique est-ce que tu
préfères? **j)** Qu'est-ce que tu aimes faire le soir?

5. a) Je veux (voudrais) aller au cinéma avec xx
vendredi soir. **b)** Est-ce que je peux avoir un peu
d'argent? **c)** J'ai déjà fait mes devoirs. **d)** Merci
pour l'argent et (je vous souhaite) une bonne soirée.
e) Salut xx. On se rencontre (on se voit / tu viens)
devant le cinéma (chez moi etc.) à huit heures (sept
heures et demie etc.)?

TRACK 1 – FAIRE DU SPORT

1. Sébastien habite à Grenoble. Il fait du ski et du
   surf à Val d'Isère.
2. Amélie habite à Brest. Elle fait de la voile avec
   ses parents.
3. Maryline de Clermont-Ferrand fait du VTT en
   Auvergne avec ses copains.
4. Paul et Tarik habitent à Lyon. Ils font du foot
   avec l'équipe de leur école.
5. Nouredine est Parisien. Il fait de l'athlétisme dans
   un stade de son quartier.
6. Fabienne est à l'école de cirque de Nantes. Elle
   fait de l'acrobatie.
7. Fatou est de Besançon. Elle fait du kayak sur le
   Doubs.

HÖRÜBUNG 1 (TRACK 1)

Folgende Sportarten werden betrieben:
on fait du ski, on fait du surf, on fait du foot, on
fait du kayak, on fait de l'athlétisme, on fait de
l'acrobatie, on fait du VTT

HÖRÜBUNG 2 (TRACK 1)

Lösung siehe Text oben!

TRACK 2 – L'ÉCHANGE

Les correspondants vont arriver et rester une semaine.
Les élèves de la cinquième A préparent le programme
avec leur professeur d'allemand, Mme Lecoq.
Charlotte: Est-ce qu'on a cours quand les corres sont
là?
Mme Lecoq: Oui. Mais vos correspondants aussi ont
cours le matin.
Mehdi: Mais pas l'après-midi. Ce n'est pas juste!
Mme Lecoq: Tu dis toujours que ceci ou cela n'est
pas juste. Mais vous allez faire aussi deux excursions
ensemble. Bon alors, qu'est-ce que vous proposez?
Yann: Pas de devoirs après l'école.
Mme Lecoq: Hm … en allemand, c'est d'accord. Va au
tableau, s'il te plaît et écris le programme … Enfin,
tu notes d'abord les idées.
Yann: J'écris comme un chat, Madame. Prenez une
fille, elles écrivent bien!
Mme Lecoq: Eh bien, tu vas faire un effort pour écrire
comme il faut!
Charlotte: Il faut d'abord aller à Nantes.
Claire: Oui, on pourrait visiter le Jardin des plantes.
Clémence: D'accord pour Nantes, mais pas pour le
Jardin des plantes. On fait un rallye …
Yann: Encore! Moi, je suis pour une excursion à la mer!
Charlotte: Pour quoi faire?
Yann: Ben, pour faire un tour! Et puis, ils n'ont pas
l'océan Atlantique à Sankt Ingbert.
Charlotte: Très drôle. Mais en octobre, il fait trop
froid pour nager … et il pleut souvent. Je trouve que
ce n'est pas génial.
Mehdi: J'ai une idée pour le soir, Madame, il y a un
festival de hip-hop à Nantes.
Clémence: Je suis contre. Ça ne m'intéresse pas, le
hip-hop … Ça t'intéresse, Yann?
Yann: Pourquoi pas?
Mehdi: Ah! Vous n'êtes pas seules, les filles. C'est cool,
le hip-hop! Je pense que les Allemands adorent ça.
Une heure après, on est d'accord sur le programme
… Enfin, presque.
Yann: Attendez, est-ce qu'on ne pourrait pas aller à
Noirmoutier? Ils ne prennent pas souvent le bateau à
Sankt Ingbert! … Ben, Madame, pourquoi est-ce que
vous me regardez comme ça?

HÖRÜBUNG 3 (TRACK 2)

1. Les élèves de la cinquième A parlent avec leur
   prof.
2. Ils se trouvent dans une classe.
3. Ils parlent de leurs correspondants.
4. Ils parlent du programme.

HÖRÜBUNG 4 (TRACK 2)

1. Les correspondants ont cours le matin.
2. Les élèves vont faire deux excursions ensemble.
3. Yann doit aller au tableau et écrire le programme.
4. Il doit faire un effort pour écrire comme il faut.

HÖRÜBUNG 5 (TRACK 2)
1. pas de devoirs après l'école
2. aller à Nantes
3. visiter le Jardin des plantes
4. faire un rallye
5. une excursion à la mer pour faire un tour
6. un festival de hip-hop
7. aller à Noirmoutier

HÖRÜBUNG 6 (TRACK 2)
1. faux
2. vrai
3. vrai
4. faux
5. vrai
6. vrai
7. faux
8. faux
9. faux
10. faux
11. vrai

TRACK 3 – *LA LETTRE DE CHARLOTTE*
le 25 septembre
Chère Julia,
Merci de ta lettre. Moi, je préfère écrire en français
parce que j'écris encore assez mal l'allemand. Je
réponds à tes questions: Tu demandes si j'ai des
frères et sœurs et si j'aime les animaux. Mon frère
Loïc a 15 ans, ma sœur Isabelle a 11 ans.
Moi, avec mes treize ans, je suis entre les deux. Je
trouve que c'est dur, dur.
Nous avons une chienne, Aspirine. Elle est drôle,
mais elle n'est pas facile: elle a un caractère de
chien!
Et nous avons un cochon d'Inde, Nestor. Il dort et
mange du matin au soir. Je ne sais pas comment on
dit «cochon d'Inde» en allemand. Ce n'est pas dans
mon dictionnaire.
Ma mère travaille dans une librairie et mon père chez
Auchan. C'est un supermarché.
Tu veux savoir si je pratique un sport et si je joue
d'un instrument.
J'ai des rollers et je vais souvent en rollers à l'école.
Je joue de l'accordéon. Et j'aime bien chanter.
Je voudrais jouer du piano mais ma mère dit que
notre appartement est trop petit pour un piano.
L'accordéon est un cadeau de mon père.
Et toi? Est-ce que tu joues d'un instrument? Mon
copain Yann joue de la guitare. On chante et on joue
ensemble.
Quand il fait beau et chaud, nous allons à La Baule.
J'aime bien nager. Et toi?
Le mercredi après-midi, avec mes amis Mehdi et
Clémence, nous jouons aussi au tennis de table et
aux cartes ensemble. Nous écrivons aussi des articles
pour le magazine de notre école, «As de Cœur».
Je lis beaucoup. Avec le prof de français, nous lisons
un livre de Tahar Ben Jelloun. Et toi? Tu aimes lire?
Tu demandes où est notre ville. Saint Herblain est
près de Nantes. Nantes est une ville sur la Loire,
près de la mer. Je suis sûre que tu vas l'aimer. Tu vas
bientôt arriver et je suis très contente. Mon frère et
ma sœur aussi. Loïc veut savoir si tu aimes le foot et
le handball.
Écris vite! (charl1@yahoo.fr) Donne le bonjour à tes
parents.
Bises, Charlotte

HÖRÜBUNG 7 (TRACK 3)
1. Elle a un frère et une sœur.
2. Elle a treize ans.
3. Son cochon d'Inde Nestor dort et mange du matin
au soir. (C'est son cochon d'Inde.)
4. Elle travaille dans une librairie.
5. Leur appartement est trop petit pour un piano.
6. Elle joue de l'accordéon.
7. Elle écrit des articles pour ce magazine.
8. Ils lisent un livre avec le prof de français.
9. Saint Herblain se trouve près de Nantes.

HÖRÜBUNG 8 (TRACK 3)
1. écrire en français
2. une chienne – drôle – un caractère de chien
3. ne sais pas comment
4. des rollers – en rollers à l'école
5. de l'accordéon – chanter
6. un cadeau de mon père
7. joue de la guitare
8. jouons aussi au tennis de table et aux cartes
ensemble
9. lisons un livre de
10. une ville sur la – prés de la mer
11. savoir si tu aimes le foot
12. bonjour à tes

HÖRÜBUNG 9 (TRACK 3)
Familie: Elle a un frère et une sœur. Elle est entre
les deux. Sa mère travaille dans une librairie et son
père dans un supermarché.
Freunde: Son copain Yann joue de la guitare. Ils
chantent et jouent ensemble. Ils vont nager quand
il fait beau et chaud. Ils jouent aussi au tennis de
table et aux cartes. Ils écrivent des articles pour le
magazine de leur école.
Haustiere: Ils ont une chienne et un cochon d'Inde.
Schule: Il y a un magazine d'école qui s'appelle «As
de Cœur». Avec le prof de français ils lisent un livre
de Tahar Ben Jelloun.
Wohnort: Saint Herblain est près de Nantes et
Nantes est une ville sur la Loire.
Hobbys: Elle joue de l'accordéon et elle aime
chanter. Elle aime nager. Elle joue au tennis de table
et aux cartes. Elle écrit des articles de magazine.

TRACK 4 – *ELLES SONT ALLÉES AU COMMISSARIAT*
Die in Klammer stehenden Zahlen beziehen sich auf
Hörübung 11.
Les Bouvier sont à table. Ils discutent du problème
de Julia. Après le rallye, les deux filles sont entrées

(1.) dans un magasin, Julia a cherché (2.) son porte-monnaie dans son sac … Pas de porte-monnaie. Elles sont vite sorties (3.) du magasin et elles sont retournées (4.) sur les quais, elles sont remontées (5.) au château, elles sont redescendues (6.) du château, elles ont retrouvé (7.) la cabine téléphonique, mais pas le porte-monnaie. Elles ont été (8.) partout, elles ont regardé (9.) partout, puis elles sont rentrées (10.), déprimées.
– Est-ce que tu es allée (11.) au commissariat?
– Oui, on a été (12.) au commissariat.
Pour Julia, c'est la catastrophe: Elle a perdu (13.) cinquante euros. Sa carte d'identité est restée (14.) dans sa valise. C'est déjà ça!
Les Bouvier prennent leur dessert quand on sonne. C'est un garçon de seize ou dix-sept ans.
– Bonjour. Je m'appelle Anthony Garenne. Je ne veux pas vous déranger, mais j'ai trouvé (15.) un porte-monnaie …
– Entrez, Julia va être contente.
Oui, Julia est heureuse, très heureuse, mais elle ne comprend pas comment le garçon a pu (16.) avoir son adresse à Nantes.
– Merci beaucoup. Comment est-ce que tu as trouvé (17.) mon nom et mon adresse ici?
– J'ai trouvé (18.) un papier dans le porte-monnaie avec un numéro de téléphone. Alors, j'ai fait (19.) le numéro.
– C'est le numéro de Nora, ma copine. Les numéros de téléphone et moi, ça fait deux. Je ne le sais pas par cœur, ce numéro.
– Eh bien, j'ai appelé (20.) ta copine, elle a vite compris (21.) le problème. Voilà comment j'ai eu (22.) ton nom et ton adresse ici.
– Tu parles allemand?
– Un peu, j'ai fait (23.) quatre ans d'allemand. Ça a été (24.) un peu dur pour expliquer tout ça … mais ça a marché (25.). Je viens un peu tard parce que je joue au foot le mercredi après-midi, mais je suis venu (26.) tout de suite après le match. Ton porte-monnaie est un porte-bonheur. Mon équipe a gagné! (27.)

HÖRÜBUNG 10 (TRACK 4)
1. Elle a perdu son porte-monnaie.
2. Elle a perdu cinquante euros.
3. Elles sont retournées sur les quais, elles sont remontées au château, elles sont redescendues, elles ont retrouvé la cabine téléphonique, elles ont regardé partout.
4. Elles sont allées au commissariat.
5. Ils prennent le dessert.
6. Il a seize ou dix-sept ans.
7. Il a trouvé le numéro de téléphone de son ami Nora dans le porte-monnaie. Il a appelé la copine.
8. Il a fait quatre ans d'allemand.
9. Il joue au foot.
10. Son équipe a gagné.

HÖRÜBUNG 11 (TRACK 4)
Lösungen siehe die in Klammern stehenden Zahlen im Text zu CD Track 4 in der linken Spalte.

HÖRÜBUNG 12 (TRACK 4)
In den Kästchen – stehen von oben nach unten gereiht – folgende Zahlen:
11, 5, 13, 9, 8, 2, 3, 7, 1, 4, 12, 6, 10

TRACK 5 – LE LION ET LE RAT
Un rat est sorti de son trou
entre les pattes d'un lion.
Il l'a vu trop tard!
– Chouette, dit le lion, mangeons!
– Lion, j'ai une femme et dix enfants,
je les ai laissés dans le trou.
Que vont-ils faire sans leur père
seuls, sous la terre?
Adieu, femme, je t'ai aimée.
Adieu, enfants, je vous ai aimés.
Adieu, la vie, je t'ai aimée aussi.
Et maintenant, je t'ai perdue.
– Mais non, dit le lion, ému,
je ne t'ai pas encore mangé,
rentre vite dans ton trou.
Pour tes enfants, dix gros bisous.
Un peu après,
le lion tombe dans un filet.
Il crie, il pleure et dit:
Adieu, femme, je t'ai aimée.
Adieu, enfants, je vous ai aimés.
Adieu, la vie, je t'ai aimée aussi.
Et maintenant, je t'ai perdue.
– Mais non, dit le rat, qui sort de son trou,
tu n'as rien perdu du tout.
Avec sa femme et ses enfants, il ronge le filet
et le lion, bientôt, est libre comme l'air.

HÖRÜBUNG 13 (TRACK 5)
1. b) 2. b) 3. c) 4. a)

HÖRÜBUNG 14 (TRACK 5)
rat – sorti – entre – trop tard – mangeons – une femme – dans le trou – leur père – je t'ai aimée – je vous ai aimés – maintenant – pas encore – le lion tombe – Adieu, femme, – je t'ai aimée – perdue – qui sort de son trou – sa femme et ses enfants

TRACK 6 – LE PROGRAMME DE LA SOIRÉE
Lui: Qu'est-ce qu'on regarde après les informations?
Elle: Sur la première chaîne, il y a un bon film. «Au revoir, les enfants». C'est …
Lui: Je sais! Non, c'est trop triste. Tu as pleuré quand on a regardé ce film de guerre l'autre jour, tu sais ce …
Elle: Parle pour toi! Alors, on regarde Maigret sur la Deux?
Lui: Bof! Les enquêtes de Maigret, c'est toujours la même chose …
Elle: Eh bien, il y a du théâtre sur la Trois: Courteline …

Lui: Oh là là, ça c'est le théâtre que ma grand-mère adore …

Elle: Hum … Sur Canal Plus, il y a un film qu'on a déjà vu … sur la Six, il y a une série …

Lui: Je déteste les séries. Il faut attendre la semaine prochaine pour connaître la suite … Et ils arrêtent toujours le film quand ça devient intéressant …

Elle: Sur la Cinq, il y a un film de science-fiction.

Lui: Encore un truc américain, non, merci!

Elle: Bon, il reste le foot, mais ça ne t'intéresse pas, moi non plus. Alors, on ne regarde rien. D'accord? On lit ou on parle …

Lui: Oh là là, surtout pas ça! Qu'est-ce qu'il y a sur TF1?

Elle: «Au revoir, les enfants» de Louis Malle. Mais c'est trop triste, tu pleures quand on regarde des films tristes.

Lui: Parle pour toi. Qu'est-ce que tu penses de Maigret sur la 2?

Elle: Tu sais, quand on a vu un Maigret, on les connaît, ses enquêtes …

Lui: Eh bien, il y a encore …

HÖRÜBUNG 15 (TRACK 6)

1. la première chaîne, TF1: Au revoir, les enfants, film de guerre; trop triste.
2. La Deux: Maigret; les enquêtes sont toujours la même chose.
3. La Trois: Courteline; théâtre pour les grands-mères.
4. Canal Plus: un film; ils l'ont déjà vu.
5. La Six: une série; ils détestent les séries; les films s'arrêtent quand ça devient intéressant.
6. La Cinq: un film de science fiction; ils n'aiment pas les films américains.

VOCABULAIRE – VOKABELVERZEICHNIS

à cause de	wegen	avion	Flugzeug
à côté de	neben	avocat	Rechtsanwalt
à pied	zu Fuß	avoir accès	Zugang haben
à point	durchgebraten	avoir besoin de	brauchen
à temps	rechtzeitig	avoir envie de	Lust haben (auf)
abricot	Marille	avoir raison	Recht haben
accident	Unfall	bac (fam.)	Matura
accompagner	begleiten	baigner, se	baden
accrocher	aufhängen	bal	Ball
achat	Einkauf	banlieue f.	Vorort
acheter	kaufen	bateau	Schiff
acteur, -trice	Schauspieler, -in	battre	schlagen
adorer	sehr mögen	bavard, -e	geschwätzig
aéroport	Flughafen	beau, bel, belle	schön (S. 31)
affiche f.	Poster	beaucoup de	viel
âge	Alter	beauté f.	Schönheit
agent de police	Polizeibeamter	beurre	Butter
agiter l'air	„wacheln", fächeln	bicyclette f.	Fahrrad
aide	Hilfe	bien	gut
aider	helfen	bientôt	bald
alcool	Alkohol	bière f.	Bier
Allemagne f.	Deutschland	billet	Fahrkarte
aller voir	besuchen	blague f.	Witz
allumer	anzünden	blanc, -che	weiß
Alsace f.	Elsass	blesser, se	sich verletzen
ami, -e	Freund, -in	boire	trinken (S. 52)
amoureux, -se de	verliebt in	boisson f.	Getränk
an, année	Jahr	boîte f.	Schachtel; Disco
animal	Tier	bol	Schale
de compagnie	Haustier	bon, -ne	gut
année scolaire f.	Schuljahr	boucle d'oreille f.	Ohrring
anniversaire	Geburtstag	boulanger, -ère	Bäcker, -in
annuaire	Telefonbuch	bouquet de fleurs	Blumenstrauß
août	August	bouteille f.	Flasche
appeler, (s')	nennen, (heißen) (S. 61)	bronzer	bräunen
apporter	bringen	bruit	Lärm
apprendre	lernen (S. 51)	brun, -e	braun
après	nach, danach	cacher	verstecken
après-midi	Nachmittag	cadeau	Geschenk
argent	Geld	café crème	Milchkaffee
Arménien	Armenier	cahier	Heft
armoire f.	Kasten	calme	ruhig; Ruhe
arrêter	aufhören	campagne f.	Land (Stadt)
arriver	ankommen	Canaries f.	die Kanarischen Inseln
art	Kunst	cantine f.	Kantine
assez	ziemlich, genug	carafe f.	Karaffe
assiette f.	Teller	caravane f.	Wohnwagen
attendre	warten	carte postale f.	Ansichtskarte
attention f.	Aufmerksamkeit	cas	Fall
attraper	auffangen	cascade f.	kleiner Wasserfall
aujourd'hui	heute	cassé, -e	kaputt
aussi	auch	cave f.	Keller, Höhle
auteur	Autor	célibataire	Junggeselle
automne	Herbst	certitude f.	Gewissheit
autour de	um ... herum	chaise roulante f.	Rollstuhl
Autriche f.	Österreich	chaise f.	Sessel
autrichien, -ne	österreichisch	chambre f.	Zimmer
avec	mit	chanson f.	Lied
avenir	Zukunft	chanter	singen
aventure f.	Abenteuer	chanteur	Sänger
aveugle	blind	chat	Katze

château	Schloss	*dater de*	stammen von
chatter	„chatten"	*décision f.*	Entscheidung
chaud, -e	warm	*défaire*	auspacken
chaussure f.	Schuh	*déjà*	schon
chemin	Weg	*déjeuner*	Mittagessen
chemise f.	Hemd	*demain*	morgen
chercher	suchen	*demander*	fragen; verlangen
chéri, -e	Liebling	*dépêcher, se*	sich beeilen
cheval	Pferd	*depuis*	seit
cheveu	Haar	*dernier, dernière*	der/die Letzte
chez	bei	*derrière*	hinter
chien	Hund	*désolé, -e (être)*	leid tun
chimie f.	Chemie	*dessin*	Zeichnung
choisir	auswählen (S. 47)	*détester*	verabscheuen
chômage	Arbeitslosigkeit	*détruire*	zerstören (wie *plaire*)
cigogne	Storch	*devant*	vor
clavier	Tastatur	*devenir*	werden (S. 48)
clé f.	Schlüssel	*devoir*	Hausaufgabe
client	Kunde	*devoir*	müssen (S. 57)
cœur	Herz	*dictionnaire*	Wörterbuch
coiffeur, -euse	Friseur, -in	*différence f.*	Unterschied
collègue	Kollege	*dimanche*	Sonntag
colonie f.	Ferienlager	*dîner*	Abendessen
combien	wie viel	*dire*	sagen
commander	bestellen	*diriger*	führen (S. 61)
comme	wie; da	*disque dur*	Festplatte
comment	wie	*donner*	geben
compliqué, -e	kompliziert	*dormir*	schlafen (S. 47)
comporter, se	sich benehmen	*douleur f.*	Schmerz
comprendre	verstehen (S. 51)	*doux, -ce*	sanft
conduire	Auto fahren	*drôle*	witzig
confortable	gemütlich	*dure*	hart
connaître	kennen (S. 52)	*eau f.*	Wasser
connu, -e	bekannt	*école f.*	Schule
conseil	Ratschlag	*écouter*	hören
consulter	befragen	*écran*	Bildschirm
conte de fée	Märchen	*écrire*	schreiben
contenir	beinhalten (wie S. 48)	*église f.*	Kirche
content, -e	zufrieden	*embrasser*	umarmen
continuer	weitermachen	*emmener*	mitnehmen (Personen)
contre	gegen	*emploi*	Stelle (Arbeit)
correspondant, -e	Brieffreund, -in	*emporter*	mitbringen
costume	Anzug	*emprunter*	ausleihen
coucher, se	sich niederlegen	*en face de*	gegenüber von
couleur f.	Farbe	*en ligne*	„online"
couramment	fließend (sprechen)	*en vente*	im Verkauf
couronne f.	Krone	*encore*	noch
cours	Kurs	*endroit*	Platz, Ort
courses f. pl.	Einkäufe	*énervant, -e*	nervig
couteau	Messer	*enfant*	Kind
coûter	kosten	*ennuyer, s'*	sich langweilen (wie S. 61)
couvrir	bedecken (S. 48)	*enrhumé, -e*	verkühlt
crêpe f.	Art Palatschinke	*enseignant, -e*	Lehrer, -in
croire	glauben (S. 52)	*enseigner*	unterrichten
croissant	Kipferl	*ensemble*	gemeinsam
cuisine f.	Küche	*entendre*	hören
cuisinier, -ière	Koch, Köchin	*entraînement*	Training
d'accord	einverstanden	*entraîneur*	Trainer
dangereux, -se	gefährlich	*entreprise f.*	Unternehmen
danser	tanzen	*entrer*	eintreten, betreten
Danube	Donau	*envoler, s'*	wegfliegen

envoyer	schicken	*glace f.*	Eis
épinards, m. pl.	Spinat	*glace f.*	Spiegel
escalier	Stiege	*gouvernement*	Regierung
escalope f.	Schnitzel	*grand, -e*	groß
espagnol, -e	spanisch	*grand-mère f.*	Großmutter
espérer	hoffen (S. 61)	*grand-père*	Großvater
estomac	Magen	*grave*	schwer
étage	Stockwerk	*grec, -que*	griechisch
étang	Teich	*Grèce f.*	Griechenland
été	Sommer	*gris, -e*	grau
étoile f.	Stern	*groupe*	Gruppe
étudiant, -e	Student, -in	*guichet*	Schalter
excellent, -e	hervorragend	*guignol*	Kasperl
excuser	entschuldigen	*gym aquatique f.*	Wassergymnastik
expliquer	erklären	*habiller, s'*	sich kleiden
exposer	ausstellen	*habitant*	Einwohner
fâché, -e	verärgert	*habiter*	wohnen
fâcher q.	jem. verärgern	*habituer, s' (de)*	sich gewöhnen an
facile	einfach, leicht	*haricot*	Bohne
facteur	Briefträger	*hâter, se*	sich (be)eilen
faim f.	Hunger	*hébergement*	Unterbringung
faire ses études	studieren	*heure f.*	Stunde
fameux, -se	berühmt	*heureusement*	glücklicherweise
farine f.	Mehl	*heureux, -se*	glücklich
fatigant, -e	langweilig	*hier*	gestern
fatigué, -e	müde	*histoire f.*	Geschichte
femme f.	Frau	*hiver*	Winter
fenêtre f.	Fenster	*homme*	Mensch, Mann
fer	Eisen	*Hongrie f.*	Ungarn
ferme f.	Bauernhof	*hongrois, -e*	ungarisch
fêter	feiern	*hôpital*	Krankenhaus
feu de bois	Holzfeuer	*horloge f.*	Uhr, Turmuhr
fille f.	Tochter	*ici*	hier
fils	Sohn	*il faut*	man muss
fin f.	Ende	*il pleut*	es regnet
finir	beenden (S. 47)	*image f.*	Bild, Vorstellung
fleur f.	Blume	*immeuble*	Gebäude
force f.	Kraft	*important, -e*	wichtig
formidable	großartig	*imprimante f.*	Drucker
fou, folle de	verrückt nach	*inconnu, -e*	Unbekannte(r)
foulard	Schal	*injuste*	ungerecht
four	Herd	*inquiet, -iète*	beunruhigt
fourchette f.	Gabel	*inscrire, s'*	sich einschreiben (wie S. 52)
frais, fraîche	frisch	*insulter*	beleidigen
fraise f.	Erdbeere	*interrogation f.*	schriftl. Prüfung
fréquenter	besuchen	*inventer*	erfinden
frère	Bruder	*inviter*	einladen
frigo (fam.)	Kühlschrank	*jaloux, -se*	eifersüchtig
froid, -e	kalt	*jambe f.*	Bein
fromage	Käse	*jambon*	Schinken
fruit	Frucht	*jardin*	Garten
fumer	rauchen	*jeter*	(weg)werten (S. 61)
gagner	gewinnen, verdienen	*jeu*	Spiel
gant	Handschuh	*jeune*	jung
garçon	Junge	*joli, -e*	hübsch
garder q.	auf jem. aufpassen	*jouer*	spielen
gare f.	Bahnhof	*jouet*	Spielzeug
gâteau	Kuchen	*jour*	Tag
gauche	links	*jus*	Saft
généreux, -se	großzügig	*lac*	See
gentil, -le	nett	*laisse f.*	Leine

lait	Milch	*montagne f.*	Gebirge
langue f.	Sprache	*monter*	hinaufsteigen
laver	waschen	*montre f.*	Armbanduhr
lecteur MP3	MP3-Player	*montrer*	zeigen
léger, -ère	leicht	*moquer, se (de)*	sich lustig machen über
légumes, m. pl.	Gemüse	*mur*	Mauer
lendemain, le ...	am nächsten Tag	*musée*	Museum
lent, -e	langsam	*musicien, -ienne*	Musiker, -in
lettre f.	Brief	*nager*	schwimmen (S. 61)
lever, se	aufstehen (S. 61)	*natation f.*	Schwimmen
lèvre f.	Lippe	*ne ... pas du tout*	überhaupt nicht
libre	frei	*ne ... que*	nur
lire	lesen	*né, -e*	geboren
lit	Bett	*neige f.*	Schnee
livre	Buch	*nettoyer*	reinigen (S. 61)
loger chez	wohnen bei	*nièce f.*	Nichte
loin	weit weg	*noir, -e*	schwarz
long, -ue	lange	*nom*	Name
longtemps	lange	*nouveau, nouvelle*	neu (S. 33)
loué, -e	gemietet	*nuit f.*	Nacht
lourd, -e	schwer	*numéro*	Nummer
lune f.	Mond	*obéir*	gehorchen (S. 47)
lunettes f. pl.	Brille	*obligatoire*	verpflichtend
magasin	Geschäft	*observer*	beobachten
magazine	Magazin, Illustrierte	*occasion f.*	Gelegenheit
magnifique	wunderbar	*occuper, s' (de)*	sich kümmern um
maigre	mager	*oeuf*	Ei
mail	E-Mail	*offrir*	anbieten (S. 48)
maillot de bain	Badeanzug	*oiseau*	Vogel
maintenant	jetzt	*onze*	elf
mais	aber	*opéra*	Oper
maison f.	Haus	*ordinateur*	Computer
mal à la gorge	Halsschmerzen	*oser*	wagen
malade	krank	*où*	wohin, wo
malheureusement	leider	*oublier*	vergessen
manger	essen	*ours*	Bär
maquiller, se	sich schminken	*ouvrier, -ière*	Arbeiter, -in
marché	Markt	*ouvrir*	(er)öffnen (S. 48)
marché aux puces	Flohmarkt	*page d'accueil f.*	Startseite
mari	Ehemann	*page f.*	Seite
mariage	Hochzeit	*paix f.*	Friede
marié, -e	verheiratet	*pané, -e*	paniert
Maroc	Marokko	*pantalon*	Hose
matelas	Matratze	*par cœur*	auswendig
matin	der Morgen	*parachute*	Fallschirm
méchant, -e	böse	*parapluie*	Regenschirm
ménage	Haushalt	*parce que*	weil
mentir	lügen (S. 47)	*parents, m. pl.*	Eltern
mère f.	Mutter	*paresseux, -se*	faul
merveilleux, -se	wunderbar	*parler*	sprechen
message	Nachricht	*partir (pour)*	abreisen (S. 47)
métier	Beruf	*partout*	überall
mettre la table	aufdecken	*passeport*	Reisepass
mettre	setzen, legen, stellen (S. 52)	*passer*	vorbeigehen, verbringen
meubles pl.	Möbel	*passion f.*	Leidenschaft
miel	Honig	*pâté*	Pastete
mignon, -ne	herzig	*pâtes f. pl.*	Teigwaren
mobylette f.	Mofa	*patience f.*	Geduld
modèle	Modell	*payer*	zahlen (S. 61)
mois	Monat	*pays*	Land
monde	Welt	*Pays-Bas, m. pl.*	Niederlande

peindre	hier: ausmalen	quand	wenn, wann
peinture f.	Malerei	quartier	Viertel
pendant	während	quelquefois	manchmal
penser	denken	question f.	Frage
Père Noël	Weihnachtsmann	raconter	erzählen
père	Vater	ranger	aufräumen, ordnen
performant, -e	leistungsfähig	rarement	selten
permettre	erlauben (S. 52)	rat	Ratte
peser	wiegen	recette f.	Rezept
pétanque f.	Boulespiel	recevoir	erhalten (S. 57)
petit, -e	klein	recommander	empfehlen
petit déjeuner	Frühstück	réfléchir	nachdenken (S. 47)
petit-enfant	Enkelkind	regarder	anschauen
peu de	wenig	regretter	bedauern
peur f.	Angst	régulièrement	regelmäßig
piscine f.	Schwimmbad	remplacer	ersetzen
plage f.	Strand	rencontrer	treffen
plaire	gefallen (S. 52)	rendre visite	besuchen
plaisir	Vergnügen	rendre	zurückgeben (S. 51)
planche à voile f.	Surfbrett	rentrer	zurückkommen
plante f.	Pflanze	réparer	reparieren
plat principal	Hauptspeise	répondre	antworten (S. 51)
plat	Speise	réponse f.	Antwort
plein été, en ...	im Hochsommer	reposer, se	sich ausrasten
pneu	Reifen	rester	bleiben
pneumonie f.	Lungenentzündung	retard	Verspätung
poisson	Fisch	rêver de	träumen von
poivre	Pfeffer	réviser	wiederholen
poli, -e	höflich	revoir	wiedersehen (wie S. 57)
police judiciaire f.	Kriminalpolizei	riche	reich
pomme f.	Apfel	rire	lachen (S. 52)
pont	Brücke	risquer	riskieren
portable	für: Mobiltelefon	riz	Reis
portable	tragbar	robe f.	Kleid
porte f.	Tür	rôle	Rolle
porter	tragen	roller	Inline-Skate
poser	stellen	rouge	rot
poubelle f.	Mistkübel, Mülleimer	rue f.	Straße
poulet	Huhn	ruiner	ruinieren
poupée f.	Puppe	sac à dos	Rucksack
pour	für	sale	schmutzig
pourboire	Trinkgeld	samedi	Samstag
pourquoi	warum	sang	Blut
pouvoir	können (S. 57)	sans doute	zweifelsohne
pratiquer	ausüben	saut à ski	Schispringen
préférer	bevorzugen (S. 61)	savoir	wissen (S. 57)
prendre	nehmen (S. 51)	scooter	Motorroller
près de	nahe bei	seconde f.	2. Klasse
présenter	vorstellen	séjour	Aufenthalt
pressing	Reinigung	semaine f.	Woche
prêt, -e	bereit	sentir (se)	fühlen; riechen (S. 47)
prêter	borgen	sérieux, -se	ernsthaft
princesse f.	Prinzessin	serpent	Schlange
prix	Preis	servir	servieren
problème	Problem	seul, -e	allein
prochain, -e	nächste(r, -s)	seulement	nur
profession f.	Beruf	sévère	streng
projet	Plan, Projekt	siècle	Jahrhundert
promener	spazieren führen	sieste	Nachmittagsschlaf
promettre	versprechen (S. 52)	sirop d' érable	Ahornsirup
proposer	vorschlagen	site internet	Webseite

sœur f.	Schwester	*traduction f.*	Übersetzung
soif	Durst	*train*	Zug
soigneux, -se	sorgfältig	*tranquille*	ruhig
soir	Abend	*travail*	Arbeit
sonner	läuten	*travailler*	arbeiten
sorte f.	Art	*traverser*	überqueren
sortir	(hin)ausgehen (S. 47)	*triste*	traurig
soupe f.	Suppe	*trop (de)*	zu viel, zu sehr
souris f.	Maus	*trouver (se)*	(sich be)finden
sous	unter	*une fois*	einmal
souvenir, se (de)	sich erinnern an (wie S. 48)	*utiliser*	verwenden
souvent	oft	*vacances f.*	Ferien
stade	Stadion	*vache f.*	Kuh
stage	Praktikum	*vaisselle f.*	Geschirr
stylo	Kugelschreiber	*valise f.*	Koffer
sucre	Zucker	*valse f.*	Walzer
suffire	ausreichen (wie *finir*)	*vélo*	Fahrrad
Suisse f.	Schweiz	*vendeur, -euse*	Verkäufer, -in
suivre	folgen (S. 52)	*vendre*	verkaufen (S. 51)
sur	auf	*venir*	kommen (S. 48)
sûr, -e	sicher	*ver*	Wurm
surpris, -e	überrascht	*vérité f.*	Wahrheit
surtout	vor allem	*vernis*	Lack
table f.	Tisch	*verre*	Glas
tableau	Bild	*vers*	gegen
tache f.	Fleck	*vert, -e*	grün
tapis	Teppich	*vêtement*	Kleidungsstück
tard	spät	*viande f.*	Fleisch
temps	Zeit; Wetter	*vie f.*	Leben
tenir	halten (S. 48)	*vieux, vieil, vieille*	alt (S. 32)
tente f.	Zelt	*village*	Dorf
tête f.	Kopf	*ville f.*	Stadt
thé	Tee	*vin*	Wein
thèse f.	Doktorarbeit	*violon*	Geige
thon	Thunfisch	*vivre*	leben (S. 52)
timbré, -e	mit Marken versehen	*voir*	sehen (S. 57)
timide	schüchtern	*voisin, -e*	Nachbar, -in
tomber	fallen	*voiture f.*	Auto
tôt	bald	*voix f.*	Stimme
toujours	immer	*voter pour*	stimmen für
tour	Tour, Reise	*vouloir*	wollen (S. 57)
tour f.	Turm	*voyage*	Reise
tourner	drehen	*vraiment*	wirklich
tous, toutes	alle	*week-end*	Wochenende
tout droit	geradeaus	*yeux, m. pl.*	Augen

5. Auflage 2020
ISBN 978-3-7058-7560-9

MÜNDLICHE PRÜFUNGEN ERFOLGREICH BESTEHEN

Fragenkatalog erstellen

Erstelle einen Fragenkatalog zum Prüfungsstoff. Schreibe dir Fragen, die dir während der Vorbereitung in den Sinn kommen, auf die Vorderseite einer Karteikarte, die Antworten auf die Rückseite. Verwende für jede Frage eine Karteikarte.

Prüfungssituation nachspielen

Bitte jemanden, für dich „Prüfer zu spielen". Der „Prüfer" stellt dir Fragen aus dem Prüfungsstoff, indem er die Karteikarten aus dem Fragenkatalog verwendet. Lege die Prüfungszeit vorher fest und überschreite sie nicht. Idealerweise „spielt" der „Prüfer" deinen Lehrer/deine Lehrerin nach (du weißt sicher, wie dein Lehrer/deine Lehrerin prüft, wie lange er/sie etwa prüft, ob er/sie Zwischenfragen stellt etc.). Gib dem „Prüfer" klare und deutliche Antworten auf die gestellten Fragen; versteht der „Prüfer" etwas nicht, ist das ein Signal dafür, dass du deine Antwort besser formulieren musst. Findest du keinen „Prüfer", kannst du die Übung auch alleine machen. Du übernimmst auch die Rolle des „Prüfers".

Körpersprache

Körpersprachliche Signale können eine Prüfung positiv oder negativ beeinflussen. Achte auf folgende Punkte:

- aufrechte Körperhaltung, Prüfer freundlich und erwartungsvoll anschauen;
- setze beim Reden deine Hände (Gestik) und deinen Gesichtsausdruck (Mimik) ein;
- sprich laut, deutlich und nicht zu schnell; verwende kurze Sätze.

Nachfragen

Hast du eine Frage nicht verstanden, frage nach. Nachfragen bringt dir auch einen Zeitgewinn, wenn du dir über deine Antwort noch nicht im Klaren bist.

Nachdenken

Eine gute Antwort muss gut überlegt sein. Nimm dir Zeit zum Nachdenken und überlege dir die Formulierungen, ehe du zu reden anfängst. Sollte dich ein Prüfer antreiben, mache ihn höflich darauf aufmerksam, dass du erst nachdenken musst.

Falsche Antworten

Keine Angst davor! Sage alles, was dir zur Frage einfällt und nicht direkt falsch erscheint. Lieber mal auch eine falsche Antwort geben als sich nach der Prüfung ärgern, wenn man bemerkt, dass die verschwiegene Antwort richtig gewesen wäre.

Ehrlichkeit

Gib zu, wenn du etwas nicht weißt. Langes Schweigen steigert die Nervosität. Der Prüfer stellt dir möglicherweise Zusatzfragen zu diesem Stoffgebiet. Auch darauf keine Antworten zu geben, erzeugt beim Prüfer die Vermutung, dass du nichts kannst. Daher möglichst schnell weg aus diesem Stoffgebiet. Wenn du dein Nicht-Wissen zugibst, hat der Prüfer die Gelegenheit, dir eine andere Frage zu stellen und das „lästige Nachbohren" fällt weg.

STICHWORTVERZEICHNIS